REGIONAL ANALYSIS AND
PLANNING

区域分析与规划

邓光奇◎主编　喻芬芬◎副主编

经济管理出版社
ECONOMY & MANAGEMENT PUBLISHING HOUSE

图书在版编目（CIP）数据

区域分析与规划/邓光奇主编. —北京：经济管理出版社，2017.8

ISBN 978-7-5096-5260-2

Ⅰ.①区… Ⅱ.①邓… Ⅲ.①区域开发—中国—高等学校—教材 ②区域规划—中国—高等学校—教材 Ⅳ.①F127

中国版本图书馆 CIP 数据核字（2017）第 173487 号

组稿编辑：张永美

责任编辑：杨国强 张瑞军

责任印制：司东翔

责任校对：赵天宇

出版发行：经济管理出版社

　　　　　（北京市海淀区北蜂窝 8 号中雅大厦 A 座 11 层　100038）

网　　址：www. E-mp. com. cn

电　　话：(010) 51915602

印　　刷：三河市延风印装有限公司

经　　销：新华书店

开　　本：710mm×1000mm /16

印　　张：16.75

字　　数：264 千字

版　　次：2017 年 8 月第 1 版　　2017 年 8 月第 1 次印刷

书　　号：ISBN 978-7-5096-5260-2

定　　价：58.00 元

目录

第一章

区域规划概论

区域是区域规划的出发点和归宿。本章主要对区域、规划、区域规划及区域分析的基本概念进行梳理。

第一节 区域

一、区域的概念

"区域"是一个普遍的概念，不同学科有不同的理解：地理学把"区域"作为地球表面的一个地理单元；经济学把"区域"理解为一个在经济上相对完整的经济单元；政治学一般把"区域"看作国家实施行政管理的行政单元；社会学把"区域"看作具有人类某种相同社会特征（语言、宗教、民族、文化）的聚居社区。区域经济学家埃德加·胡佛认为，"区域就是对描写、分析、管理、规划或制定政策来说，被认为有用的一个地区统一体"。

就区域的本质而言，它是地球表面的一个范围，是地球表面各种空间范围的泛称或抽象。对于区域，可简要表述为：区域是一个空间概念，是地球表面上占有一定空间的、以不同的物质客体为对象的地域结构形式。其基本属性如下：

（1）地球表面的一部分，并占有一定的空间（三维）。这些空间可以是自然的、经济的、社会的，等等。

（2）具有一定的范围和界线，其范围有大有小，是依据不同要求、不同指标体系而划分出来的；其界线往往具有过渡性特征，是一个由量变到质变的"地带"（自然界区域界线有时是截然的，但大部分是过渡性的）。

（3）具有一定的体系结构形式。分级性或多级性、层次性。因而区域具有上下左右之间的关系（纵向的、横向的），每个分区都是一个区域的组成部分。

（4）区域是客观存在的，是人们按照不同的要求、对象加以划分的，是主观对客观的反映。

二、区域的基本特征

（一）内在整体性

区域的内在整体性是由其内部一致性和强烈的联系性决定的。对均质区域而言，指形态特征的一致性；对结节区而言，指中心与腹地经常的、稳定的联系。也正是因为区域具有整体性，所以也被称为区域系统。区域的整体性使区域内部某一局部的变化而导致整个区域的变化。例如，某一区域某种资源的发现和生产（如大庆油田），会影响整个区域经济结构的变化；近代上海的崛起改变了整个长江三角洲的城市格局和系统。

（二）结构性

区域的构成单元按一定的联系产生结构，如城乡结构、城镇结构、环境结构。区域的结构性具有层次性（例如城镇体系结构，具有自上而下的递阶控制的特征）、自组织性和稳定性。后者是与整体性相关联的，没有稳定的结构，也就没有一致性和整体性。区域结构源于区域的联系。由于区域内部的区域功能不同，所处的经济发展阶段不同，资源与产品不一致，从而产生多种联系，形成不同结构。

（三）空间界限的客观性与模糊性

区域是客观存在的空间系统。区域界限是存在的，也是变化的，人类对区域界限的认识是逐渐深入的[①]。

不论存在的形式如何，区域都具有一系列的特点，如地域性、层次性、综合性等。然而，人们对区域性质的认识并不一致，人们对区域本身是否独立于人类的意识之外而客观存在存在着两种对立的看法，划分为主观派和客观派两大阵营。主观派以美国学术界为大本营，其代表人物是普林斯顿·詹姆斯。詹姆斯认为："一切区域都是假定的。它们是为一定的目的划分的，只要它们达到目的，就被判定是好的。区域方法就是选取指标来划分区域种类；验证这些指标，即从相关要素的综合整体中，选取与特定的问题最相关的事物作为指标。没有'真正的区域'。区域仅仅作为一种理智概念而存在，用于特定的目的，只能按照要考察的问题的观点来评定它的得失。"因此，在主观学派看来，区域既不是独立存在的客观实体，也不是社会经济发展的产物，而是由思维构成的精神上的观念。

---

① 孙尚清等. 经济结构的理论、应用与政策 [M]. 北京：中国社会经济出版社，1991.

与主观学派相对立，以苏联为大本营的客观学派则认为，区域是独立存在的客观实体，是社会分工发展的必然产物，是不以人的意志为转移的客观存在。苏联著名经济学家、地理学家 H. H. 科洛索夫斯基指出：并不是任何具有地方化经济特征的地域都可以叫作经济区。只有在某个区的产品按其产量和作用在国内总平衡中占有很重要的地位时，才能把这个地域看作是特殊的经济区。因此，经济区是地域分工体系中的一个环节，是具有全国意义的专门化的地域生产综合体。苏联经济地理学家萨乌什金从四个方面论证了区域的客观性：

（1）区域发展的阶段性。从区域发展可以看到区域"萌芽"如何逐渐成熟，区内联系和区际联系如何扩大，新区如何代替旧区等。这表明区域是历史性的范畴，随着社会生产的发展而不断向前发展。要追溯作为"精神概念"的区域的发展历史是不可能的，只有具有丰富物质内容的实际存在的客体才能做到这一点。

（2）相互联系的、有规律的地区体系的存在。比如，只有客观存在经济区才能形成独特的相互关联的完整体系。这种体系是一个国家各专门化部门的体系，依靠这种体系可以提高社会劳动生产率，如果区域是一种精神概念，便不可能具有这种作用。

（3）区域的可预测性。它今后的发展方向以及通过预测同实际情况对比进行的实地检验，都是对区域客观性最好的论证。因此，区域发展是可以预测的。

（4）不同时期不同学者所进行的区域划分工作的继承性。这说明经济区的发展一脉相承，经济区是与特定的地段上各种物质要素联系在一起的。

因此，区域是客观存在的，但明确的区域之间的界限是不存在的，任何标定的区域界限都是由思维构成的精神上的概念，都是假定的。区域的客观性和区界的主观性是由社会地域分工所决定的。社会生产地域分工一方面使各个区域生产专门化，另一方面通过产品的交换而使各区域相互开放、相互关联并形成完整的社会生产地域分工体系。由于社会生产地域分工是一个历史的、客观的过程，因此区域是客观存在的。在社会生产地域分工体系这个超大系统中，尽管各个区域的专门化方向和经济中心是明确的，但各个区域之间边界相互开放、相互关联而非截然分明，企图在模糊的客观面前确定明确的界限会带有很大的主观性和相对性。从这个意义上讲，任何区划的界限是主观的、相对的，没有绝对正确和不正确之分。但不能因此而否定区域的客观存在以及经济区划的科学意义和实践意义。区域界限的确定并不是区划中唯一重要的，最重要的是大致反映地域分异规律和整个社会生产地域分工体系。

三、区域的类型

按划分标准的不同，区域可分为多种类型体系。

（一）按构成要素划分：可分为自然区域和社会经济区域

自然区域：根据自然地理环境的地域分异规律，依照一定的目的去揭示自然地理环境结构的特定性质而划分出来的自然地理综合体。其中又可分为生态系统自然区域和非生态系统自然区域。前者如太平洋生态系统、长白山区森林生态系统等，后者如流域、大地貌单元（山区、平原区、高原区等）。

社会经济区域：包括经济区域和社会、文化区域等。经济区域是人类利用科学技术、工程措施等对自然环境进行利用、改造和建设过程中形成的具有特定性质的生产地域综合体。如长江三角洲经济区、东北经济区等，就是由生产、分配、交换等环节构成的区域。社会、文化区域是根据人类社会活动的特征，在政治、民族、宗教、语言、人口等因素交互影响下而产生的附加在自然景观上的"人类活动形态"——按照文化景观特定性质的相似性与差异性而划分出来的地域单元，如穆斯林文化圈、华人文化圈等。

自然区域与社会经济区域的划分不是绝对的，两者往往相互交叉，后者或多或少有人类的活动，前者总是打上自然环境的烙印。

（二）按内在结构（形态特征）划分：可分为均质区和结节区（枢纽区）

（1）均质区。指具有单一面貌的区域。根据划分的标准，其特征在区内各个部分都同样表现出来。均质区如三大经济地带、老少边穷地区等，其内部结构均一，要素分布相对均衡。农业区、气候区也都具有均质区的性质。如果是多种面貌的区域，要根据区内各个要素的组合来确定均质区的存在，认识性的综合自然区和综合经济区也是这种区域。

（2）结节区。其形成在于内部结构或组织的协调，这种结构包括一个或多个聚焦点即中心，以及环绕聚焦点的地域，二者被流通线路所联结，区的边界处于联结的末梢。结节区如京津冀都市圈、东北经济区以及流域经济区、港口经济区、城市经济区等，都是在中心与腹地相互作用下形成的，或由物质能量聚集所致。

认识结节区需要把握三个概念，即结节性、结节点和吸引区（腹地）。其中，一定地域范围中某些地段对人口、物质、信息、能量等交换所产生的聚焦作用，称为结节性；这些具有聚焦性能的特殊地段称为结节点；结节点按其有效半径服务于一个或大或小的地域空间，这个地域空间称为吸引区（腹地）；吸引区和结节点的组合称为结节区（结节地域）。

第二节 规划

目前规划可划分为诸多类型，如区域规划、战略规划、产业规划等，多样化的规划类型使得人们对规划的理解各不相同，对规划的基本内涵作出统一的界定有助于系统认识规划。

一、规划的含义

规划，规者，有法度也；划者，戈也，分开之意。牛津词典和爱问词典指出，规划的含义是考虑如何处理正在发生和未来发生事情的一种认知过程。世界文化遗产中心的区域恢复议程（2004 年）对规划的定义是："规划是对一项特定活动程序制定的规则和政策。"孙久文认为，规划是一种思路、目标和政策，在此指导下制定实施的细则和步骤①。

这些定义从两个方面对规划进行了阐释：一是认为规划是一种静态的结果，包括思路、目标、规则、政策等；二是认为规划是一种动态的活动，如认知过程、制定过程等。其差异性反映了各自对规划认识的单一性和片面性。

从规划的产生和形成看，规划是动态的思考、认知、达成共识、指导行动的一系列活动的组合，必须通过形成纲领性、指导性和系统性的文件、文字等可表达和可意会的知识才能有效达到指定规划的目的。规划活动的过程必须通过预先性的活动（调查、起草文件、民主商讨、审议等）形成具有指导意义的方案、步骤、规则、政策等。具体表现为：

一是就规划本身而言，规划是对事情的认知过程，且这一过程应具有超前性和对未来的指导性。

二是规划的过程是对特定目标进行思路设计、规则政策编制、实施步骤制定的认知过程。

三是规划活动的结果必然形成具有一定权威的成果，包括规划文件、规划方案等。

如我国"十三五"规划，是通过认真调研、有关部门测算、起草小组起草、充分商讨论证、中央全会批准的一项议案，体现了对我国经济社会发展进行思路设计、规则政策编制、目标实施步骤制定的认知过程，是解决为什么发展、靠什么发展、如何发展的重要文件。

二、规划含义辨析

（一）规划与计划

从英语词源上看，规划和计划都是"Planning"一词，但由于我国和英美等国在国家发展战略及制度选择上的不同，特别是我国经历了从严格的计划调节到以规划来实现科学发展的过程，对规划和计划的理解不同，其区分也反映了汉语词汇的丰富性。

---

① 孙久文. 区域经济规划［M］. 北京：商务印书馆，2005.

（1）从制定和执行程序上看。计划是一种严格、自上而下地命令和传达的过程，执政者和权威部门根据自身意志和以往经验进行制定；规划则强调自下而上的民主决策和多方参与，减少强势集团的垄断性，增强决策的科学性。

（2）从侧重点看。计划虽也包括宏观调控，但主要侧重于政府主体对经济的直接干预；规划则主要侧重于战略性和指导性，特别强调对区域协调和城乡协调的指导意义及长期调控。区域规划是引导城市发展的主要手段和城市发展政策的主要工具，通过土地使用的合理规划，克服市场失灵以实现区域的协调发展。

（3）从法律保障看。计划主要是通过政府权威来进行制定和实施，具有一定的随意性和主观性，难以排除人为因素干扰；从世界各国情况看，任何一项规划的产生都伴随着相应法律条文的出现，通过法律对规划进行保护和制约。

（4）从主体看。计划的主体是各级政府，包括中央和地方政府。规划是一个民主参与的过程，主体多样，包括政府、中介、专家、民众等。

（二）规划与规制

规制是政府或社会为实现某些社会经济目标而对经济主体做出的各种直接或间接、具有法律约束力的限制、约束和规范，以及由此引起的政府或社会为监督经济主体活动符合这些限制、约束和规范而采取的行动及措施。

（1）规划与规制的共同点。一是从产生原因看，两者都是由市场失灵引发的，其出现都是为实现对市场失灵的矫正；二是从执行主体看，都主要以政府为主体；三是从内容看，两者都体现了一种规范、规则、措施等；四是从作用范围看，两者都包括经济和社会方面，如经济规制和社会规制、经济规划和社会规划等。

（2）规划与规制的不同点。一是规划带有约束性，更侧重于预期性、前瞻性和指导性，而规制主要以约束和监督为主；二是作用对象不同，规制侧重对中观产业和微观主体的规制，由其对影响产业、企业的要素进行限制、约束和规范，如进入门槛规制、价格规制等，而规划则侧重宏观层次的战略、政策和规则等，对企业的具体行为和活动不加干预。

（三）规划与政策、战略

政策是政府用以规范、引导有关机关团体和个人行动的准则或指南①。规划是宏观层面的战略步骤和方案，而政策是准则和指南，是规划的实施手段之一，规划的实施最终要通过不同层面的政策实现。如区域规划必须通过国家或地方制定的、分类指导的各项政策才能落实。

战略是对全局进行的总体筹划和布局，是根据现状和对未来的预测，结合自身的资源状况，对谋划主体的目标、发展步骤、实现途径作出的规划。战略具有指导性、全局性、系统性、长远性、竞争性和风险性。战略不仅是规划的内容，也体现了规划的性质，规划一般应具有战略性。如深入推进西部大开发、大力推动东北地区等老工业基地振兴、促进中部地区崛起、支持东部地区率先崛起以及推动京津冀协调发展、推进长江经济带发展、扶持特殊类型地区发展、拓展蓝色经济空间等战略，是我国"十三五规划"第九篇——推动区域协调发展的重要内容，同时这些战略也保证规划的前瞻性和指导性。

因此，战略和政策都是规划的应有之义，也是规划的实施手段之一，规划的实现和落实最终要通过不同层面的政策及战略实现。

第三节　区域规划

一、区域规划的含义

（一）区域规划的内涵

综观国内外政府部门和学者对区域规划的多种定义，主要形成了有关区域

---

① 张金马. 政策科学导论［M］. 北京：中国人民大学出版社，1992.

规划目的、内容、性质的三个切入视角。

（1）从区域规划的目的看，相关定义有：区域发展规划是区域生产力和区域经济发展到一定历史阶段的产物，是对未来一定时间和空间范围内经济、社会、科技等发展所做的总体部署（毛汉英等，1997）；区域规划是指一定地域范围内对国民经济建设和土地利用的总体部署（崔功豪，1999）；区域规划是在一定地区范围内对整个社会经济建设的总体部署，是区域经济开发和布局的具体安排，并提出区域社会经济开发和布局的具体安排和对策措施（彭震伟，1998）；区域规划主要目的是对区域内的国土资源提出综合开发的步骤、规模、程序以及在一定的社会、经济、技术条件下所能达到的最高水平，对国土资源进行有效合理的保护来达到社会的可持续发展，以及生产力的合理布局和区域内城镇体系的发展（赵洪才，1999）；区域规划是指地区或国家的经济、社会、人口、资源、环境的协调发展以及地区发展等（陈雯，2000）。

（2）从区域规划的内容和任务看，相关定义有：区域规划的主要任务是明确规划区域社会经济发展的方向和目标，对区域社会经济发展和总体建设，包括土地利用、城镇建设、基础设施和公共服务设施布局、环境保护等方面作出总体部署，对生产性和非生产性的建设项目进行统筹安排，并提出实施政策（崔功豪等，1999）；广义的区域规划包括区际规划和区内规划，前者着重解决区域之间的发展不平衡或区际分工协作的问题，后者重点对某一特定区域的国土建设发展和经济社会发展建设进行内部协调的统一规划（胡序威，1998）；区域规划是区域生产力发展到一定历史阶段的产物，是对未来一定时间和空间范围内经济、社会发展和生态建设、环境保护等方面所作的总体部署（方创琳，2000）；区域规划的重点内容是将与开发建设有关的资源开发、环境整治、城乡建设和生产力布局各项规划落实到具体的地域空间等。

（3）从区域规划的性质看，区域规划是在一定规划时期内，在当时的经济社会技术条件下，阐明区域系统中解决矛盾的主要方式和发展重点及其相应对策（张京祥等，2002）；区域规划是面向公共政策制定的，它的本质是政策属性，主要为政策性服务（谢惠芳等，2005）。

总体来说，区域规划是指在一定地域范围内对地区社会经济发展和建设进行总体战略部署。具体来说，区域规划是在科学认识区域系统发展规律的基础上，从地域角度出发，综合协调区内经济与资源、环境与社会等要素的关系，以谋求建立和谐的人地关系系统，对区域中长期发展做出的部署。区域规划的对象为跨行政区的特定区域国民经济和社会发展，是总体规划在特定区域的细化和落实[①]。

（二）区域规划的主要任务

区域规划的主要任务是：有效地开发利用资源，合理布局生产力和城镇居民点体系，使各项建设在地域分布上相互协调配合，提高社会经济效益，保持良好的生态环境，顺利地进行地区开发、整治与建设。区域规划要对整改规划地区国民经济与社会发展中的建设布局问题作出战略决策，把同区域开发与整治有关的各项重大建设落实到具体地域，进行各部门综合协调的总体布局，为编制中长期部门规划和城市建设规划提供重要依据。[②]

（三）区域规划的类型

区域规划分为广义和狭义两种。

广义区域规划包括自然规划（自然地理的规划，土壤改良的规划，水资源开发利用规划，环境保护规划以及能源、矿产资源的采掘规划等）、社会规划（文化、教育、卫生、社会福利等规划）、城乡建设规划（城市数量、规模、功能，乡村与城市间的分工与合作等）、人口规划（出生率，未来人口的数量和人才需要、培养、引进、输送等）、基础设施规划（水、电、路、通信设施等建设）、经济规划（农业、工业等发展规划，产业结构调整和生产力布局规划等）、科技规划（科研、技术推广等）等。

狭义区域规划一般指经济和社会发展规划、产业规划、空间布局规划等。

二、区域规划产生的原因

规划的产生源于三方面的原因：一是资源配置的市场失灵需要政府规划来

---

① 国务院：关于加强国民经济和社会发展规划编制工作的若干意见［Z］. 国发〔2005〕33 号.
② 吴殿廷等. 区域分析与规划教程［M］. 北京：北京师范大学出版社，2008.

弥补；二是区域经济的非平衡发展要求规划进行协调；三是经济的持续快速发展要求区域规划提供保障。

（一）市场失灵要求规划来弥补

1. 外部性

外部性问题的产生源于学者对现实的观察，早期在解释外部性时主要采用案例的形式，如黄牛越界吃草、灯塔照明、噪声污染等。马歇尔在《经济学原理》中提出外部经济后，外部性问题被引入经济学研究。外部性可概括为：

一是当某个主体（A）的效用或生产函数包含一个真实的变量，而这个变量又取决于其他主体（B），当 B 不考虑决策对 A 的影响时就会产生外部性。

二是当决策者的决策行为影响到其他主体，但其他主体并没有为他们所获得的收益付费（正的外部性），也没有为他们所受到的损失获得赔偿（负的外部性）时，产生外部性。其中，负的外部性将导致市场失灵。如当知识产权的法律保障还不是很完善时，正版光盘很快被复制和模仿，进而导致盗版光盘者获得大量非法收益而无须向版权所有者支付费用；又如上游的造纸厂所排放污水会给下游的居民带来很大负的外部性，市场经济这只"看不见的手"无法解决这一问题，需要政府规划进行干预。

2. 公共物品

19 世纪 80 年代边际学派提出公共物品和私人物品，其最大的区别在于公共物品的不可分性，这一特性一方面来自于公共需求的统一性，另一方面来源于公共物品产权的集体性。萨缪尔森指出，公共物品的主要特征是消费的不可分性。公共物品主要有两种类型：一种是准公共物品，另一种是某种利益集团的特殊需求。

公共物品具有三大特征：生产和消费的不可分性、非竞争性和非排他性。不可分性指它具有供给的连带性以及排除他人消费的不可能性。也就是说，这种物品可由特定的个人和他人同时消费，而且很难区分其个别消费，其价格决定的困难使之难以通过市场形成供给。消费的非竞争性指消费的增加不会带来额外的成本，即边际成本为零。非排他性是指某人的消费不会排斥其他人的消费，或者说很难从技术上对公共物品的消费进行区分。如清洁空气的生产与消费是不可分的，每个空气的使用者都不能排斥其他人正常使用空气，每个空气的潜在污染者必须与其他人合作才能抑制污染。此外，还存在着具有纯公共物品特征，又可按照受益者负担的原则制定价格的准公共物品。如废弃物的处理、交通安全、消防、文物保护等社会公共服务，既可以排除一些人消费，又能使整体或部分在技术上付费后消费。

公共物品的特性使得公共物品的供给缺乏有效的利益激励，从而导致公共物品供给的困境。若两个人决定是否在楼道内装一盏照明灯，假设装一盏灯的成本是 3 元，灯对两人的保留价格都是 2 元，显然装上灯将实现帕累托改进，但在两人博弈的支付矩阵中，（出资，出资）是唯一的纳什均衡（见表 1-1）。这说明在公共物品的供给上，单纯的市场机制无法保证公共物品的有效供给，不能达到最佳的结果。主要原因是公共物品的特征使得支付矩阵具有一定的稳定性，从而占有战略变为（出资，不出资）。

表 1-1　公共物品的供给困境

甲 乙	出资	不出资
出资	(-1, -1)	(-1, 2)
不出资	(2, -1)	(0, 0)

可见，公共物品的特性导致其有效供给不足是一个常态。这就需要政府进行规划调控，以弥补公共物品供给的不足。从政府规划控制的角度看，对于纯公共物品，政府负有建设和维护的责任，政府应成为主要的投资者、建设者和维护者。对于拥挤性问题，政府应在全局范围内考虑纯公共物品的布局，提前做出长远规划和短期规划，减少和避免过度使用问题；对于准公共物品，特别是从技术上或物理上能够制定出排他性和竞争性的一定标准，则可以依据标准进行收费，通过不同时段或不同区域内的价格差或标准差减少拥挤性问题。对于具有一定竞争性的准公共物品，可以充分动员社会力量形成多元化的投入机制和收益机制，从而促进准公共物品的市场化和规划控制的结合。事实上，基础设施规划是区域经济社会发展规划的重要内容，其对于社会经济的持续发展

具有相当重要的意义。如铁路、公路、供水、教育设施等城市和区域性的公用基础设施工程，在建设和管理上都需要政府进行规划。又如绿地的确定和保持、废水和废渣的处理、自然保护区的确定，都需要对城市周围的整个区域进行统一规划才能解决。

3. 不完全竞争

在完全竞争条件下，边际成本＝边际收益＝价格，市场能够自动出清，从而实现最佳的资源配置。而在不完全竞争条件下，按照边际成本＝边际收益的原则决定要素和产品的价格、产量时，由于不完全竞争市场下需求曲线是向下倾斜的，价格高于边际成本，从而不完全竞争市场的定价高于完全竞争市场，产量低于完全竞争市场，给消费者带来福利损失。从效率角度看，20世纪30年代美国制造业由垄断造成的福利损失为5900万美元，1963～1966年美国垄断造成的福利损失高达734亿美元，高达国民收入的6%[1]。从社会公平角度看，不完全竞争市场中的垄断厂商通过共谋、协商行为和高进入壁垒等限制竞争手段，削弱了市场竞争力，造成分配不公，破坏资源配置效率。不完全竞争中的垄断者通过某种优势获得市场控制力，并对消费者的消费函数或生产者的生产函数产生影响，从而影响消费者或者生产者的成本—收益分析，受垄断的一方却无法主动进行控制，价格机制无法正常发挥功能，因而不完全竞争也是市场失灵的一个重要因素。

不完全竞争导致市场不能出清，市场可能存在不可持续发展，经济系统有着出现经济危机的可能性。这就需要政府进行规划调控。政府的规划控制，一方面，能够通过政府的强制性力量对影响市场发展的资源过度集中、市场壁垒、价格控制等情况进行抑制；另一方面，政府规划控制主要是为发展提供咨询性意见，区域规划的周期也比较长，能够通过对未来较长时间的区域发展提供具有战略性、前瞻性和指导性的方案，从维护公众利益的角度，减少垄断性组织对资源的任意支配。

（二）地区间的非平衡发展需要规划进行协调

缪尔达尔提出"循环累计因果论"，指出市场经济的力量正常趋势与其说

是缩小区域间差异，不如说是扩大区域间差异。他认为发达地区和欠发达地区要素流动中，不仅劳动而且资本也会由欠发达地区流向发达地区。在市场力量作用下，发达地区经济表现为上升的正反馈运动，欠发达地区经济表现为下降的负反馈运动。在这种循环中，存在着扩散和回流两种不同的效应。扩散效应指的是发达区域到不发达区域的投资活动，包括供给不发达区域的原材料或购买其原料和产品；回流效应指的是由不发达区域流入发达区域的劳动力和资本，引起不发达区域经济活动的衰退。在循环累计因果过程中，回流效应总是大于扩散效应，因此区域差异在市场力量作用下不断扩大。

由于城市有更高的收入和舒适的生活，劳动力从乡村流向城市，加剧了城乡以及城市周边地区与边远落后地区经济发展的差距。有些地区虽资源丰富，但因远离大城市或基础薄弱，资源得不到开发和充分利用，也处于落后状态。资源首先在一些中心聚集，能迅速实现规模效应和范围经济，并形成邻域渗透效应，使得一定区域内整体实力迅速提升。但事实表明，区域资源的回流效应总是先于扩散效应出现，且回流效应并不必然伴随扩散效应，也不必然对区域经济发展产生正向驱动效应。当一个带有明显回流效应的极点区域产生时，有可能使邻域资源"吸空"，即"空洞化"和"边缘化"，导致邻域资源更加稀缺。为协调城乡关系和区际关系，平衡地区之间的经济社会发展，需要进行区域规划。

区域规划实现均衡发展，一方面，要求政府通过产业政策、财政政策引导资源的空间有效配置，旨在取得最佳的经济效果，实现区域经济的持续增长，从而增强整个国家的经济实力；另一方面，政府运用各种手段逐步缩小区际差异，旨在取得最大的社会公平，实现区域间的相对均衡发展，从而提高整个社会的和谐程度。如我国为贯彻邓小平关于我国现代化建设"两个大局"战略思想，自"十五"开始，全面实施西部大开发战略，之后又先后实施中部崛起、东北老工业基地振兴等战略，这些规划的实施有效地促进了我国区域经济的协调发展。

（三）经济的持续快速发展要求区域规划的保障

区域规划具有前瞻性的特质，通过适当的产业政策和区域发展政策推动区域经济发展。区域规划起源于区域经济的现实观察和与其他区域的比较，通过多方面长时间论证，不仅立足现实，更重要的在于其预见性和指导性，因而具有战略性的特征，对未来区域经济发展具有较好的引导作用。

区域规划能够发挥区域间的合力作用，实现区域经济的加速发展。当前区域间的竞争日趋激烈，经济全球化的浪潮将激烈的竞争摆到了每个发展地域单元面前，也为每个发展地域单元带来了无比广阔的发展空间。为能在这个全球竞争体系中占据更高的地位，强化区域内的联合以获得竞争力的提升，自然成为各级政府的主动要求。目前几乎所有的国家和地区都不同程度地卷入了区域集团化的浪潮，其成员单位大都已超出城市的范畴，空间经济协调组织尺度也扩大到国家间的层次。可以说，新时期区域规划已不再局限于解决区域内部的具体问题，更具有了增强区域自身吸引力和竞争力，以获取更多发展机会等内容，即区域规划具有了空间政策的内涵。原有区域之间的条块分割越来越多地被区域之间的合作替代，区域之间的单纯竞争也被竞争合作关系替代。另外，经济的网络化及迅速发展的交通、技术体系的支撑，城市发展的日益区域化、区域发展的日益城市化、城乡一体化成为世界各国、各地区空间演化的主导趋势，由此带来了对区域整体发展、城乡协调发展、生态共存共生、设施共建共享多方面的需求。传统的以单个城镇为中心视点的城市规划体系与思维模式已无法适应这一新情况，区域规划日渐体现出其无法替代的巨大功能。

总之，区域规划是宏观调控的重要手段，作为政府经济调节的工具、履行职责的依据、约束社会行为的"第二准则"，能够有效弥补市场失灵，有效配置公共资源，增进全社会福利，促进共同富裕。

三、区域规划的特点和作用

区域规划与政府、政府职能、区域系统、宏观调控、产业结构调整、产业政策等紧密联系，规划已成为社会主义市场经济的又一配置职能，是市场配置资源的必要补充。

（一）基本认识

（1）代表公共利益是区域规划最基本的控制机制。从本质上讲，市场经济条件下区域规划是一种以政府部门管理与干预的形式维护公共利益的工具和手段。它是一个对既定目标不断修正、对影响规划诸因素和各利益集团不断进行平衡及协调的动态过程。

（2）区域规划的政策目标主要体现在关键性、战略性和灵活性上。这主要指：区域规划的空间范围可变；区域规划的目标不必面面俱到；区域规划展望的时限可为10~20年；区域规划的内容既不是对总体规划的一一细化，也不是对行业规划的简单汇总。其根本宗旨是促进人与自然的协调关系。因此，区域规划是政府干预和协调地区关系的重要手段之一，根本目的在于缩小地区差异。

（3）区域规划是应对和解决城镇密集区域多种问题的途径之一。近10多年来，西欧和北美国家相继建立的各类跨地区区域治理组织都非常重视发挥区域规划的政策工具作用。如美国大都市区实行区域协调管理的做法和经验表明，区域规划是成效最为明显的一种实现区域协调发展的手段。因为区域规划涉及的一般是全局性、战略性、长远性的重大问题，解决的是区域内政府无力解决但又共同关心的难点问题，各级政府比较容易接受。

（二）主要特点

（1）基础性。区域规划是在对自然、经济、社会、技术等方面进行认真调研之后制定的，同时可以为经济社会发展提供大量可供参考的资料和实施方案。

（2）区域性。由于各地区的自然环境、经济发展水平不同，不同区域的区域规划应具有不同的区域特色，所谓区域规划要因地制宜。区域规划反映了某地区的资源、经济和社会发展特点。

（3）综合性。区域发展涉及自然、人文、社会、经济等诸多要素，每一要素的变化均会对区域规划的制定和实施产生不同程度的影响。区域规划是在综合考虑多种因素作用的基础上制定的，具有综合性的特点。

（4）差异性。区域规划体现因地制宜、发挥区域比较优势的战略部署。它注重进行差别化的开发建设和保护，主要实现区域资源在不同空间的合理布局。

（三）功能作用

1. 微观引导和宏观调控

从微观层面看，通过不同功能区的科学划分和规划、重大基础设施等的合理选址，有利于因地制宜、节约资源、有效利用公共基础设施，从而产生集聚经济效果，扩大布局的正面效应。也就是说，可降低政府公共投资成本，提高社会投入效益，达到双赢的目的。

区域规划的更大价值主要体现在宏观层面：①通过协调统筹地区之间、部门之间以及部门与个人之间的利益，提高社会运行效率；②通过综合谋划，调控规划目标、内容在长期与短期效益之间的协调，以及经济、社会和环境效益的统一，提高区域社会经济发展的综合效益；③通过对市场机制的补充，尤其是采取财政转移支付、建立社会保障体系、扶持弱势群体等方式，实现社会公平，达到公平与效益相统一；④统筹兼顾、综合安排、全面平衡，充分体系规划刚性和市场灵活性的优点，使城市规划在指导和引领城市发展的同时，较好地协调促进农村发展。因此，区域规划是有效发挥政府对区域发展宏观调控作用的重要手段，可成为市场机制的重要补充。

2. 协调区域和区际空间关系

区域规划是为了解决制约整个区域整体利益最大化的基础性、根本性、共同性、长期性问题而制定的。通常以规划条文的形式来协调行政区关系、优化空间开发结构和提出区域政策的基本框架。由于在不同国家的行政体制下单个行政区域的发展容易出现各自为政，进而会对相邻行政区的发展产生不利影响，这可能导致行政区间的分割乃至利益冲突。因此，需要区域规划来规范行政区域的发展方式和发展目标，弥补市场缺陷，合理调整政府间的资源利用和税收分配关系，实现区域共同利益最大化。区域规划是市场经济条件下政府宏观调控资源特别是空间调控的重要手段，具有跨行政区利益共享的维护与协调作用。

在一定意义上，区域规划的核心任务是综合协调区域空间发展关系。区域空间的结构性要素指空间中的点、线、面，它们之间长期相互作用形成一定的增长极、发展轴、发展带组成的空间结构。为实现区域空间发展整体利益最大化，在尊重市场配置资源的前提下，区域规划能够结合区域发展条件，统筹协调要素资源的区域空间配置结构，进一步改善和提高其空间配置的经济效益。这包括与经济社会发展有关的城乡建设、各类开发区建设和基础设施建设的空间布局协调，以及开发建设布局与国土资源开发利用和生态环境保护整治的协调，还包括不同行政区域、区域内不同城镇以及城乡之间的相互协调。总体上，区域规划的综合协调过程，是涉及从中央到地方的"条块利益、条条利益、块块利益、集体—个人利益"的博弈过程，以及逐步实现经济—社会—生态效益相统一的过程。

3. 指导区域功能定位和约束区域空间扩张的行为

区域规划的指导和约束功能与作用主要体现在：

一是明确被规划区域的整体定位。不少区域无法在更大范围内的劳动地域分工中找准自己的位置，无法确定能发挥自身优势与特色的支柱产业，导致一哄而上、低水平重复建设。区域规划的一个重要功能就是以劳动地域分工为基础，以市场为导向，以提高区域整体发展实力为目标，帮助区域找准定位，明晰产业方向，形成鲜明的区域特色。

二是承担区域性各行政区发展需要但难以独自完成的公共服务项目，即进行区域性基础设施的共同建设、区域性投资环境的营造、区域间合理分工与合作。

三是重点控制和约束关系到区域整体可持续发展的重大问题、区域空间的整体结构和开发方向、区域内不同地方政府共同责任的落实内容。如在大城市区域和都市圈的发展中，通过规划指导、协调和约束，科学确定都市圈区域的发展目标、圈域各城市的功能定位和分工、都市圈的空间结构和开发方向，合理规划公路、快速轨道、机场、港口以及信息网络等基础设施，促进城市和区域经济社会环境的和谐与可持续发展。

此外，区域规划还承担着防止区域剥夺、保护弱势领域的重大任务。

第四节 区域分析

一、区域分析的概念及其与其他学科的关系

区域分析主要是对区域发展的自然条件和社会经济背景特征及其对区域社会经济发展的影响进行分析，探讨区域内部各自然及人文要素间和区域间相互联系的规律。它涉及地理学、经济学、社会学、政治学以及生物学等许多学科。它并不是一门独立学科，而是作为一种科学方法论形成和发展起来的，是为有关学科研究区域问题和为进行区域规划提供理论基础和研究方法的。

区域分析是随着区位论和区域科学的发展而发展的。在区位论产生以前，无论是地理学还是经济学对区域的研究都主要停留在观察、记录和统计描述上，区位论的产生及其发展，使区域分析开始运用数学方法对区域要素进行统计、归纳、演绎乃至模拟。20世纪50年代，区域科学的产生，使区域分析在运用数学方法和经济学与管理学、社会学的结合上更加成熟，并在实践中发挥了重要的作用。然而，毋庸置疑，区位论和区域科学的创导者是经济学家，对区位论和区域科学做出重大贡献的也首先是经济学家。虽然，地理学者对区位论和区域科学的贡献也不少。然而，早期的区位论和区域科学对区域问题的分析研究虽然也涉及社会学、地理学等其他学科的理论方法，但还是以运用经济学的理论方法为主，研究内容是以经济问题为重点。进入80年代以来，人口、资源、环境及区域发展问题越来越被人们重视，这使得区域分析的内容更加广泛和综合，也使得以研究区域资源与环境问题见长的地理学者对区域问题的研究有了更多的参与机会和更大的发言权。

区域分析和相关学科有着密切的关系。

（一）区域分析与经济学

如何合理（经济）地利用稀缺资源（广义的资源），以最小的成本（代价）取得最大的收益（利益、利润），是经济学研究核心。经济原则是区域分

析的核心原则，因此，经济学的原理就成为区域分析的基石。

经济学中与区域分析关系最为密切的是区域经济学，它是从古典区位论中发展演化出来的，主要研究生产、流通、分配、消费的地理分布规律，地区优势的发挥，产业结构的优化，劳动地域分工的组织等问题。区域经济分析是区域分析的重要内容之一。也有人认为，区域经济学处于区位论和经济学的结合点上，是区位论向应用研究方向的发展。也就是说，区域分析与区域经济学有很密切的关系。

（二）区域分析与地理学

一方面，区域自然及社会经济地理背景条件是区域分析的基础内容，区域自然及社会经济地理要素的分析和发展演化规律又是区域分析的基本理论依据之一；另一方面，区域分析中的一些分析方法又可用来揭示区域内部的各种自然以及人文要素间相互作用的机制，增强地理学尤其是人文地理学对现实人文地理过程的仿真和预测研究能力，从而使地理学在区域发展问题上的研究更加深入、全面，促进地理学特别是人文地理学研究向综合方向发展。

（三）区域分析与数学

数学研究现实世界的数量关系和空间形式，它具有高度的抽象性、严密的逻辑性和广泛的应用性，是人们认识自然、改造自然的基本工具之一，是区域分析的主要手段。区域分析研究的客体是客观世界的自然与社会经济事物，这些事物及相互间的关联是极其复杂的，而且其作用结果往往具有一定程度的不确定性。这些运动过程也不可能在实验室里模拟、重复，这样，数学在描述、模拟复杂现象方面的特殊功能，就使得其成为区域分析不可缺少的工具。近十几年来，由于电子计算机的广泛使用，使过去复杂、耗时的数学计算变得相当容易，从而也使区域分析中运用数学方法的路子更为宽广。

（四）区域分析与其他学科

此外，区域分析也会涉及社会、政治、心理等多种要素，从而与这些学科的理论方法发生联系。

二、区域分析的主要内容

(一) 区域发展的自然条件及社会经济背景条件的分析

区域发展的自然条件及社会经济背景条件主要指区域自然条件和自然资源、人口与劳动力、科学技术条件、基础设施条件及政策、管理、法制等社会因素。对这些条件的分析主要目的是明确区域发展的基础,摸清家底,评估潜力,为选择区域发展的方向、调整区域产业结构和空间结构提供依据。为此,对区域自然条件和自然资源的分析,应明确其数量、质量和组合特征,优势、潜力和限制因素,可能的开发利用方向及技术经济前提,资源开发利用与生态保护的关系等问题;对人口与劳动力的分析应重点厘清人口的数量、素质、分布及其与资源数量和分布及生产布局的适应性或协调性、区域适度人口的规模等问题;对科学技术条件的分析主要应评价区域科学技术发展水平及引进并消化吸收新技术的能力,技术引进的有利条件和阻力,适用技术的选择等;对区域基础设施的分析应重点评价基础设施的种类、规模、水平、配套等对区域发展的影响;区域社会因素的分析应以区域发展政策、制度、办事效率、法制等的分析为重点,评价其对区域发展的作用。

(二) 区域经济分析

对于任何区域,经济问题都占据核心位置,因为它是解决其他问题的基础。所以,在区域分析中要将经济问题作为重点进行分析研究。区域经济分析主要是从经济发展的角度对区域经济发展的水平及所处的发展阶段、区域产业结构和空间结构进行分析。它是在区域自然条件分析基础上,进一步对区域经济发展的现状作一个全面的考察、评估,为下一步区域发展分析打好基础。对区域经济发展水平和发展阶段的分析主要是在建立经济发展水平量度标准的基础上,通过横向比较,明确区域经济发展水平,确定其所处的发展阶段,为区域发展的战略决策提供依据。对区域产业结构和空间结构的分析,主要是通过各种计量方法分析比较产业结构和空间结构的合理性,为区域产业结构和空间结构的调整提供依据。

（三）区域发展分析

发展分析是在区域发展的自然条件和经济分析的基础上，通过发展预测、结构优化和方案比较，确定区域发展的方向，制定区域发展的政策并分析预测其实施效应。由于区域发展是一个综合性的问题，它不仅涉及经济发展，而且还涉及社会发展和生态保护。因此，区域发展的分析也应包括经济、社会和生态环境三个方面，并以三者综合效益作为区域发展分析中判断是非的标准。然而，如前所述，在区域发展中，经济发展仍然是核心，无论是在发达区域还是在发展中区域，都是如此。因此，对区域发展的分析，也应以经济发展的分析为主，重点分析和确定区域发展的优势、主导产业及其发展方向，经济增长的形式以及产业结构和空间结构的优化等问题。

三、区域分析方法

（一）地理学的比较法

区域比较法是地理学一切研究方法的基础，在区域分析中有重要的应用价值。因为区域自然及社会经济要素的特征大都是相对的，通过比较而存在的，即所谓有比较才能有鉴别。区域分析中通常所说的发达与落后、稠密与稀疏，都是比较而言的。如果没有参照区域作比较，则很难得出一个区域是发达还是落后的结论。相邻两个区域可以比较，发达地区与落后地区或高速发展区域和停滞区域可以比较，发展水平相当的区域或地理条件相当的区域也可以比较。但是，在作区域比较前，应该注意区域间的可比性，包括地域范围的可比性、统计指标的可比性、币值的可比性、结构或者水平的可比性。如果对比的条件不一致，就不可能得出正确的结论。在实际工作中，必须注意行政区划的变更、统计指标内涵变动、币值或汇率的变动、地区间物价的差异等造成的指标不一致性。

在进行区域比较分析时，比较素材的获取和表现可以采用地理学中常用的实际考察法、统计图表法、地图和遥感技术法等。尤其是地图和遥感技术的运用对区域分析的意义重大。它不但直观，而且可以应用现代计算机技术对信息进行加工处理，使分析更为方便、可靠。

（二）经济学的分析法

现代经济学在进行实证研究时运用的分析方法是多种多样的，如均衡分析、动态分析、静态分析、比较静态分析、投入产出分析、边际分析、实物分析、价值分析、结构分析等。这些方法互相交叉，相互补充，构成了现代经济学的分析体系。这个分析体系可以全部运用到区域分析中。但是，我们知道，区域分析以宏观分析为主，它注重区域内部各部门之间或区域之间的联系分析，所以投入产出分析法在区域分析中的作用尤其重大。许多区域问题都可借用投入产出技术进行分析。此外，均衡分析和边际分析也在区域分析中经常用到。

（三）数学的模拟法

数学模拟法的运用对区域分析的发展起到了极其重要的作用。其中数理统计、运筹学等方法已成为区域分析中最常用的方法。数理统计特别是多元统计分析对于分析较复杂的区域系统较之传统的方法（简单的相关分析和回归分析）有很大的优越性，其中常用的数理统计方法有回归分析、趋势分析、主成分分析和随机过程分析等。运筹学方法对于区域研究中优化问题的解决发挥了重要作用，常用方法有线性规划、非线性规划、图论等方法。

数学分析方法的运用必须首先收集有关量化指标或对有关指标量化，然后根据事物的特征及其运动规律建模模拟，最后对模型进行检验，检验合格后，运用模型对区域事物进行预测分析。

第二章

区域经济发展规律

　　做好区域发展规划，必须掌握区域经济发展的基本规律，包括区域经济产生和发展的客观基础，区域发展的趋势性和方向性，区域发展过程中产业结构、空间结构的演变以及人地关系的变化等。

第一节 区域经济的产生和发展

一、区域发展的内涵和表现

（一）区域发展的内涵

经济发展就是经济进步。所谓进步，简言之就是"现在比过去、将来比现在有可能实现更为理想的、向上向前的发展状态"。所以，经济的进步就是指现在比过去、将来比现在能产生的更为理想的发展状态。对区域经济而言，区域发展主要表现在五个方面：

（1）生产的增长。生产的增长在经济发展中居于中心地位，但并不是经济进步的全部。生产增长的水平可以用国内生产总值或者人均国民生产总值等指标测定。

（2）技术进步。技术进步主要包括工具和机械的发明改良、生产技术方面的知识增加、新产品的开发、劳动生产率的提高、资本效益的提高、成本的降低、大批量生产技术的开发以及产品质量的提高等。由分工和大规模生产所带来的生产率的提高也属于技术进步。一个区域的技术水平是其生产力水平的重要标志之一。

（3）产业结构的改进。区域经济发展的历史就是区域产业结构演进的历史。产业结构标志着地区经济的发展水平，促进区域经济发展，需要适时培育和扶持新兴产业，使产业逐步向有利于发挥地区优势、增强区域经济竞争力的方向发展，不断促进区域产业结构优化升级。

（4）资本积累。积累就是将生产物（产品）的一部分不用于消费，而用于工具、机械设备、工厂、建筑物、库房等的投资，从质和量两个方面扩大生产能力。经济发展中技术进步和产业结构的变化等现象，都与投资活动密切联系，其投资来自于资本的积累。把新创造的价值的一部分转换为生产设备的资本积累，是引起技术进步和产业结构变化并由此来扩大生产的必要条件。

（5）与外界经济关系的改善。对于空间范围不大的区域来说，靠自产自销是发展不起来的，必须加强与其他区域的经济交流。对资源的利用也是如此，单纯依靠本区域内的资源很难满足进一步发展的需要。因此，必须加强与外界的联系，这就是一个地区经济的开放性。与周边地区、与国外有稳定的协作关系，是一个地区经济发展成熟的标志，也是持续发展的重要保障。我国改革开放、积极加入 WTO 的意义就在于此。

总之，经济发展进步并不等于经济增长。经济增长意味着更多的产出，也就是区域经济活动总量的增长；经济发展则伴随着经济结构、社会文化和政治体制变革的经济增长，即不仅意味着产出增长，还意味着随着产出增长而出现的产出与收入结构上的变化以及经济条件、政治条件、文化条件等的变化。因此，区域经济发展的表现是多方面的，而且这些方面是相辅相成的。

（二）区域发展的表现形式

1. 量的扩张

常用的描述区域经济规模的值指标包括产值、产量以及增加值等。其中产值包括工农业产值、社会总产值等，描述的是物质生产部门的活动规模。产量不仅描述了各种实物生产部门的活动规模，也反映了当地的生产特点和物质需求的保障程度，特别是当其和人均指标结合使用时，不仅具有经济学意义，还有社会学意义。

（1）描述经济规模的指标。描述经济规模的指标主要有国内生产总值、国民生产总值和国民收入。[①] 三者的差别在于：国民收入只统计了物质生产部门新创造的价值，而国民生产总值统计所有部门（常住单位）的初次分配，国内生产总值统计所有部门的新增加值。即使对物质生产部门，三者也不完全相同，国民收入不包括固定资产折旧，而国内生产总值（GNP）、国民生产总值

---

① 国内生产总值，以国土范围计，是按照市场价格计算的增加值的简称。它是一个国家（地区）内所有常住单位在一定时期（通常为一年）生产的最终产品所创造的增加值（总产值-中间消耗）之和。在地区层面，则称地区生产总值。国民生产总值，以国民国籍计，是按市场价格计算的财富增加的简称。它是一个国家（地区）所有常住单位在一定时期（通常为一年）初次分配的最终成果，是一个国家或地区居民富裕程度的标志。在地区层面，则称居民生产总值。国民收入，它是从事物质资料生产部门（农、工、建、运、商）的劳动者在一定时期（通常为一年）所创造的价值，即净产值。它等于（物质生产部门）社会总产值扣除中间消耗。

（GDP）包括固定资产折旧。

（2）描述经济增长的指标。描述经济增长，有意义的指标主要是：①增长的幅度，即目标期指标减去基期指标，描述的是该指标增加的幅度。用相对增加幅度，即增加的幅度与基期指标之比（如增加多少倍、翻几番）更有意义。②增长的速度，包括当年增长速度、一定时间内的平均增长速度等。③人均国民生产总值、人均国民收入的变化，包括绝对增加幅度、相对增加幅度和年平均增长速度等。

（3）到底是要 GDP 还是要 GNP。GDP 和 GNP 不同，但在很多情况下会被混淆①。GDP 是生产的概念，也是经济繁荣的标志，反映了该地区经济活动的规模与效益。要反映一个地区经济的繁荣程度，最好用人均 GDP 或单位面积国土所创造的 GDP。

GNP 是收入（分配）的概念，是富裕程度的标志。要反映一个地区居民富裕与否，最好用人均 GNP。② 要确切反映居民的富裕程度，应该用城镇居民人均可支配收入和农村居民人均纯收入来分别说明城镇居民和农村居民的富裕程度。

GDP 对于地方政府很有意义，因为 GDP 的扩大，就意味着税收和财政收入的提高。对于居民来说，虽然 GDP 的增加也很有意义，如增加就业机会等，但相比较而言，GNP 的意义更大些。四川省外出打工者数以万计，每年拿回的劳务输出收入数以百亿计。因此，单纯就增加收入而言，老百姓完全可以不求所在，只求所有。

区域分析更应关注 GNP。GNP 与 GDP 的差额，在宏观经济分析中，称为国/区外净要素收入，可以用来反映劳务收入和投资收益的净流向——主要是反映投资收益的净流向。这一差额的正负，反映了经济发展的利益流向，反映了一定时期一国或一定区域经济活动的性质和国际经济地位的状况。当差额为正值时，表明该国/区在国际分工中处于一定的强势地位，其经济是"老板型经济"，而且这一差额越大，从国际、区际分工中获得的利益越大；当差额为

---

① 陆大道，刘毅，樊杰等. 1999 区域发展报告［M］. 北京：商务印书馆，2000.

② 按世界银行公布的数据，2008 年的收入分组标准为：人均国民收入低于 975 美元为低收入国家，976~3855 美元为中等偏下收入国家，3856~11905 美元为中等偏上收入国家，高于 11906 美元为高收入国家。

负时，表明该国/区在国际分工中处于一定的弱势地位，其经济是"打工型经济"，且这一差额的绝对值越大，表明在国际分工中丧失的利益就越大。

经济增长并不一定等于经济发展。GDP 的增长反映的是经济增长，只有在综合考虑 GNP 与 GDP 差额的正负、绝对值大小的基础上，才能衡量增长是否能够反映发展。

2. 质的改善

经济学研究资源配置，追求效益极大化。这包括如下几种情况：费用一定，产出（有益产出）最大；产出一定，费用最小；费用、效益都不定，但效益与费用的差值最大，或效益/费用最大。第一种属于量的扩张，是经济发展的简单、低级形式；第二种属于质的提高，规模虽然没有扩大，但仍有经济学意义，即所谓的零增长，是国家或区域发展到一定程度后所追求的经济发展的重要方式；第三种既包含量的扩张，也包含质的提高，是国家或区域经济发展的普遍形式。纯粹形式的质的改善包括资本的积累、生产条件的改善、投入要素的节约、产出质量的提高以及与周边地区关系、与环境关系的改善等。

二、影响区域发展的因素

（一）影响区域发展的因素分类

拉动经济增长有"三驾马车"：投资、出口和消费。因此，凡是和投资、出口、消费有关系的因素，都可能影响到区域经济的发展。这些因素有经济方面，也有非经济方面，它们相互交织在一起，对区域经济增长产生综合作用。

从不同的角度出发，采用不同的标准，可以把区域经济增长的影响因素分为不同的类型。

（1）根据各种因素与社会生产过程的相关程度，可以分为直接影响因素和间接影响因素。直接影响因素即"生产的因素"，是指直接参与社会生产过程的因素，主要包括劳动力和生产资料两方面。体现在知识产业中的科学技术，也是一种直接影响区域经济增长的因素。这些直接影响因素，对区域经济增长起着决定性的作用。间接影响因素是指通过直接影响因素对社会生产过程间接发生作用的因素，包括自然条件和自然资源、人口、科学技术、教育、经营管理、产业结构、对外贸易、经济技术协作、经济体制和经济政策等。这些间接影响因素一般通过改善生产条件、劳动力和生产资料的质量来影响区域经济的增长。

（2）根据各种因素的地区来源，可以分为内部因素和外部因素。内部因素产生于区域的内部，包括区内生产要素的供给、消费、投资需求，以及区域的空间结构等因素。外部因素来源于区域的外部，包括区际要素流动、区际商品贸易、产业转移、区域外部需求以及国家区域政策等方面。内部因素反映了区域经济增长的潜力和自我发展能力，外部因素反映了外部环境条件对区域经济增长的影响。

（3）根据各种因素的性质和特征，可分为一般性因素和地方性因素。一般性因素是指国家和区域都具有的增长因素，如资金、劳动力投入和技术进步等，反映了区域经济增长的共性特征。地方性因素指区域所特有的增长因素，如城市化水平、资源禀赋与配置以及国家投资的区位偏好等，反映了区域经济增长的个性特征。

（二）主要因素作用机制分析

1. 自然条件因素

自然条件（包括自然资源）是区域经济增长的重要影响因素。自然条件的状况，直接或间接地影响着各地区劳动生产率的高低。自然条件直接决定了各地区农业、采掘业以及水力发电等部门劳动生产率的水平，进而间接影响到原材料工业和加工工业劳动生产率的高低。各地区优越的地理位置，如交通便利、接近原料产地和消费地区，也是影响社会劳动生产率提高的有利因素，能够减少原料、材料以及成品运输中的劳动消耗。马克思曾把由自然条件差异形成的劳动生产率称为劳动的自然生产率，劳动的自然生产率是区域经济增长的重要因素。当然，随着科学技术的发展，自然条件因素对区域经济增长的作用逐渐减弱。

2. 人口和劳动力因素

人口作为生产者和消费者的统一，是生产行为和消费行为的载体。从生产者的角度看，一定的人口数量和适度的人口增长是保证区域劳动力有效供给的前提条件。在人口年龄构成一定的条件下，劳动人口数量与人口总量成正比，即人口总量越多，劳动人口数量也越多；反之，则越少。此外，人口素质的高低直接影响着区域劳动力素质和劳动生产率的水平。从消费者的角度看，人口增长过快直接制约着区域消费水平的提高，且在国民收入一定的情况下，会造成消费基金增加，生产积累基金减少，使科学技术和教育投资难以得到较大的增加，人口和劳动力素质难以得到较大的提高，从而直接或间接地影响区域经济的增长。有关数据表明，人口自然增长率每增长1%，大约需要拨出国民收入的1%作为维持新增人口的生活水平和就业技术装备水平的费用①。

劳动力是生产力的首要因素。一个区域劳动力资源丰富，即为该区域的经济增长提供了最基本的条件。劳动力资源缺乏，推动区域经济增长所必要的人力得不到保证，必然会影响乃至延缓和阻碍经济的进一步增长。劳动力在区域经济增长中的作用，主要表现为：

一是增加劳动者人数、延长劳动时间、提高劳动强度等劳动力投入，可以提高区域经济的产出水平。一般地，劳动力投入与经济增长呈正比关系，投入生产的劳动力越多，导致生产资料的投入增多，产出的产品就越多，增长就越快。但在现代化大生产条件下，劳动力投入必须与资金投入相匹配，劳动力数量必须同现有生产资料相适应，否则，对区域社会再生产与经济增长将产生不利影响。

二是提高劳动生产率是加速区域经济增长的重要途径。提高劳动生产率，关键在于劳动力素质的提高。劳动力素质包括劳动者的身体素质、科学文化素质和思想素质。身体素质越好，标志着劳动者的生产能力越强，高水平的科学文化素质可以将"知识形态的生产力"转化为现实的生产力。思想道德素质则是劳动者不断提高自身素质的动力。因此，不断提高劳动力素质，可以大幅度提高劳动生产率，从而加快区域经济增长。此外，劳动力在部门间和地区间的合理流动，能使劳动力资源得到充分而合理的利用，从而有利于劳动生产率的提高和区域经济的增长。

---

① 吴殿廷等.区域分析与规划教程［M］.北京：北京师范大学出版社，2008.

3. 资金因素

生产资金是区域经济增长的重要影响因素。生产资金（即生产基金）包括固定资金（原有固定资产和新增投资）和流动资金两个部分，是生产资料在价值形态上的体现。生产资金对区域经济增长的作用主要表现在：

一是资金投入的增加可以提高区域的产出水平。一般来说，资金投入的增加同经济增长成正比，一个区域投入生产的资金越多，能容纳的劳动力越多，生产增长越快。

二是资金产出率的提高是加快区域经济增长的重要途径。资金产出率的提高，表现为生产资料利用效率的提高，如设备、燃料、动力和原材料利用率的提高，单位产品物质消耗系数的降低，耕地复种指数的提高等。意味着用同样多的生产资料或等量资金，可以生产出更多数量的产品。因此，单位产品资金占用量下降越快，达到一定的生产增长率所需要的积累基金越少，越有利于区域经济的增长。

三是固定资产投资是保证区域社会再生产和经济增长的物质技术条件。固定资产投资是保证社会再生产顺利进行的重要手段，也是加快区域经济增长的重要途径。一般来说，区域经济要获得一定数量的增长，固定资产投资应保持同步或略快的增长。在积累和消费保持正常比例关系的情况下，固定资产投资的增加，可使区域不断采用先进的技术装备，提高生产能力，降低原材料和燃料消耗，改善劳动和生产条件，调整产品结构，促进产品升级换代，以及合理布局生产力等，从而加快区域经济的增长。

4. 科技进步因素

随着科学技术的迅猛发展，科技进步对区域经济增长的影响也越来越大，日趋居于主导性的地位。现代化生产的发展，愈来愈依靠提高劳动生产率，依靠提高现有资源的利用程度，这在很大程度上取决于科学技术的进步。先进的科学技术不仅会改善资本装备的质量，也会提高劳动者的素质，从而使生产要素的产出能力发生质的飞跃。而且，依靠先进的科学技术方法，可以大大提高经营管理水平，优化现有资源的配置，改善区域生产力组织，从而加快区域经济增长。

科技进步对区域经济增长的作用大小，取决于科学技术成果在生产实践中推广应用的程度和生产技术的革新。科学技术只有在生产实践中得到推广应用并取得效果时，才能转化为现实形态的生产力，推动区域经济的增长。科学技术在生产实践中的推广应用率越大、效率越高、转化的时间越短，越有利于区域经济的增长。对现有生产技术不断进行革新，提高设计和工艺水平，也是加快区域经济增长的重要途径。

5. 资源配置因素

劳动力、资金和技术是区域经济增长中三个最基本的生产要素。这些要素既相互制约又相互联系和相互作用，往往交织在一起，对区域经济增长产生综合的影响。在技术有机构成一定的情况下，劳动力投入的增加必须与资金投入的增加相配合。科技进步作用的发挥，也需要一定的劳动力和资金投入作保证。因此，在一定的要素投入和技术水平条件下，通过资源的优化配置，同样能够加快区域经济的增长。所谓资源优化配置，就是在区域生产过程中，通过对各种要素投入的合理分配和相互组合，最大限度地提高区域要素投入的总体产出水平。不断调整企业生产结构、优化产业和组织结构、合理布局生产力等，都是实现区域资源优化配置的重要途径。

6. 区际贸易因素

区际贸易即区域对外贸易，它也是影响区域经济增长的重要因素。一般来说，区际商品贸易（包括商品输入和输出）对区域经济增长具有乘数作用。区际贸易量的一定增长，可以使区域社会总产品或收入成倍地增长。区际贸易量的大小，一般取决于区域可输出商品的比较优势、区际贸易障碍（如地区间距离、运输成本以及一些其他的人为障碍）和区域外部需求三个方面。区域可输出商品的比较优势越大，输出商品的市场竞争力越强，越能促进区际贸易的发展；区际贸易障碍减少，则贸易成本降低，能有效地扩大贸易交流；区域外部对本区的需求增加，将促使本区增加输出，从而有利于区域经济增长。

第二节　区域经济发展的趋势

一、区域经济发展的趋势和方向

无论从总量上讲，还是从质量上说，区域经济都是在不断发展的。但区域经济的这种趋势性变化也是不平衡的，它有时快，有时慢，有时因自然灾害或政治动荡而暂时有所下降，但最终仍会继续发展。

区域经济发展在很多方面会表现出一定的规律性，如区域经济发展速度的变化规律是：区域发展初期，水平低，规模小，速度慢；伴随着工业化、城镇化的过程，区域经济进入快速发展阶段，规模迅速扩大，水平迅速提高；经过一段高速发展时期，区域经济进入成熟阶段，因为其水平已经很高、规模已经很大，经济发展速度进入稳定、缓慢状态（见图 2-1）。英国、日本、韩国等，都曾经历过这样的过程。目前全世界发达国家的平均发展速度在 1%~3%，西欧、北欧等一些国家的 GDP 增长速度几乎为零，而我国的发展速度在 7%以上。

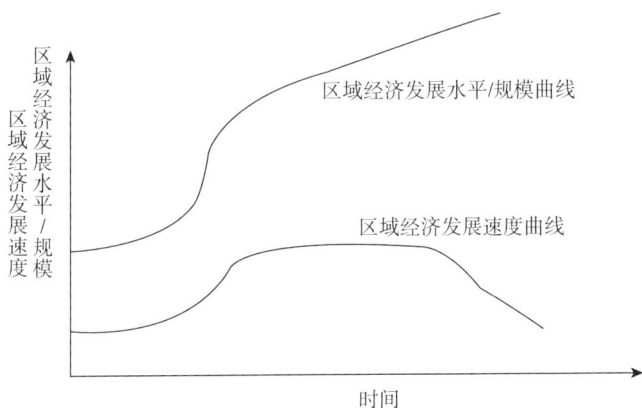

图 2-1　区域经济发展水平/规模 、区域经济发展速度长期变化趋势示意图

区域经济发展的这种趋势性是由两方面因素决定的：首先是社会需求的拉力——人们的消费需求永无止境；其次是科学技术的推动——科学技术的进步也是无止境的。

从主要生产要素变化的角度说，世界经济、大的国家或区域的经济都是沿着"资源经济→劳动经济→资本经济→知识经济"的过程发展的。即在区域经济发展的早期阶段，生产的投入主要靠资源，特别是土地资源，相应的产业是农业，包括种植业、畜牧业、林业和渔业等；然后靠劳动力，简单的、廉价的劳动力，相应的是轻工业、餐饮业等；大工业发展起来后，机械设备、厂房等的投入成为经济发展的关键，相应的产业有机械工业、石油化学工业等。目前，科学技术已经成为发达国家、发达地区经济发展的决定性因素。

科学技术的发展变化也是不平衡的：有时快，有时慢；有时深刻，有时平淡无奇。每一次深刻的科技革命，都或迟或早地促动着产业方向的重大变革，这必然导致经济发展过程表现出明显的阶段性。从这个角度说，区域经济总量在大的S形趋势下，还会出现多个小的区段，或者说，若干个小的S曲线组合成一个大的S曲线；经济发展速度也是在一个大的倒U形曲线下分解出若干个小的倒U形区段。

从消费需求和生活方式的角度看，生存资料为主的消费（主要由第一产业供给），先后让位于发展资料为主的消费（主要由第二产业供给）和享受资料或服务为主的消费（主要由第三产业供给），区域发展的趋势表现为贫穷阶段→温饱阶段→小康阶段→富裕阶段→极端富裕阶段的趋势。这就是第一产业、第二产业、第三产业的由来，也是配第—克拉克产业结构演变定理的基本表现。

总体来说，区域发展的方向和趋势，就是城镇化不断提高的过程、非农产业不断扩大的过程、从物质经济到知识经济的过程，对应的是城镇化规律、工业化规律、知识经济发展规律等。

二、区域经济发展的阶段

区域经济发展过程具有明显的阶段性特征。关于区域经济发展阶段的理论，比较有代表性的有胡佛—费希尔的区域经济增长阶段理论、罗斯托的经济成长阶段理论以及我国学者提出的区域经济增长阶段理论①。

（一）胡佛—费希尔的区域经济增长阶段理论

1949年，美国区域经济学家胡佛与费希尔发表了《区域经济增长研究》一文，指出任何区域的经济增长都存在"标准阶段次序"，经历大体相同的过程：

（1）自给自足阶段。经济活动以农业为主，区域之间缺少经济交流，区域经济呈现出较大的封闭性，各种经济活动在空间上呈散布状态。

（2）乡村工业崛起阶段。随着农业和贸易的发展，乡村工业开始兴起并在区域经济增长中起积极作用。乡村工业是以农产品、农业剩余劳动力和农村市场为基础发展起来的，所以主要集中分布在农业发展水平相对较高的地方。

（3）农业生产结构转换阶段。在这一阶段，农业生产方式开始发生变化，逐步由粗放型向集约型和专业化方向转化，区域之间的贸易和经济往来也不断扩大。

（4）工业化阶段。以矿业和制造业为先导，区域工业兴起并逐渐成为推动区域经济增长的主导力量。一般情况下，最先发展起来的是以农副产品为原料的食品加工、木材加工和纺织等行业，随后是以工业原料为主的冶炼、石油加工、机械制造和化学工业等。

（5）服务业输出阶段。工业化阶段之后，服务业快速发展，服务的输出逐渐成了推动区域经济增长的重要动力。在这一阶段，拉动区域经济继续增长的因素主要是资本、技术以及专业性服务的输出，如旅游业等。

（二）罗斯托的经济成长阶段理论

罗斯托认为区域经济是一个普通的机体，其成长和发展过程可以分成不同的阶段。他试图从成长的一系列阶段中概括出"现代经济的历史范畴"，认为一个完整的现代经济演化系列可以分为六个阶段：传统社会阶段；为起飞创造前提的阶段（准备起飞阶段）；起飞阶段；向成熟推进阶段；高消费阶段；追

---

① 李小建，李国平，曾刚等. 经济地理学 [M]. 北京：高等教育出版社，1999.

求生活质量阶段。

罗斯托认为，一个国家或一个较大的地区，其经济发展都要经历这六个成长阶段。罗斯托划分经济发展阶段的基本根据是资本积累水平和主导产业的变动，他认为：在准备起飞阶段，积累水平（即投资率）在5%左右；起飞阶段提高到10%以上；向成熟推进阶段在10%~20%。随着发展阶段的不同，经济的主导部门也相应转换：传统社会的主导部门是农业；起飞前提（准备）阶段的主导部门是食品、饮料、烟草、水泥等工业部门；起飞阶段是耐用消费品的生产部门和铁路运输业；成熟阶段是钢铁、化学、机械等重化学工业；高额群众消费阶段是小汽车、家用电器、高档家具等耐用消费品工业部门；追求生活质量阶段是服务业部门，如教育、卫生、住宅建设、文化娱乐、环保等。

罗斯托理论的核心是"起飞"，"起飞"被解释为"社会发展史上的一个决定性的过渡时期"，这一时期，生产性经济的活跃程度达到了临界水平，并且产生了一些能导致社会和经济大规模进步的结构上的变革，这种变革不仅表现在数量上，而且会导致质的变化。"起飞"被认为"要求下列全部三个相关的条件"：①生产性投资的提高，从占国民收入（国民生产总值）的5%以下增加到10%以上；②一个或更多主要制造业部门的高速发展（即形成若干主导产业）；③这样一种政治结构、社会结构和体制结构的存在或很快出现，即它能够开发现代部门扩展的冲力和在起飞中外来经济潜在的影响，并且能够赋予增长一种持续前进的特征。

（三）我国学者关于区域发展阶段的研究

区域经济的成长是一个渐进的过程，这一渐进过程通常又表现出一定的阶段性特征，呈现出有待开发（不发育）、成长、成熟（发达）、衰退等发展阶段之分。在同一区域，不同发展阶段的经济增长会呈现出不同的特征，区域经济结构和社会文化观念也会有所变化，这种结构性变化和经济总量的增长一起，反映区域经济从一个发展阶段进入另一个更高的发展阶段①。

---

① 陈栋生. 区域经济学［M］. 开封：河南大学出版社，1993.

1. 待开发阶段

在经济发展的初始阶段，区域经济处于未开发或不发育状态，生产力水平低下，生产方式原始，生产手段落后，产业结构单一，第一产业占极高的比重，商品经济不甚发达，市场规模狭小，经济增长缓慢，长期停滞在自给自足甚至自给不能自足的自然经济中，自身资金积累能力低下，缺乏自我发展能力。我国 14 个集中连片特困地区的一些地方，基本处于这一阶段，是我国当前扶贫攻坚的主战场。这类地区要成功走出不发育阶段、跨入现代工业化的"门槛"，必须把外部资金、人才、技术输入和区内条件相结合，形成自我发展能力，启动地区经济增长。

2. 成长阶段

当区域经济跨过工业化的起点，呈现出较强的增长势头，就标志着区域经济发展已由待开发阶段进入成长阶段。这一阶段，区域经济呈现高速增长，经济总量规模迅速扩大，产业结构发生变化，第二产业开始占主导地位，商品经济逐步发育，市场规模不断扩大，区域专业化分工迅速发展，优势产业开始形成，人口和产业活动迅速向一些城市地区集中并形成启动区域经济发展的增长极。伴随区域经济总量的增长和结构性变化，区域社会文化观念也相应地发生较大转变。促使一个区域的经济发展由待开发阶段迅速进入成长阶段，可通过不同的途径实现。

一是外部推动型。如深圳、海南经济特区，主要是通过大规模引进国内外资金、技术和人才，开发地区资源，大力发展外向型经济，实现区域经济的高速增长和产业结构的升级。

二是国家投入型。如攀枝花、包头和大庆等地区，主要是依靠国家投入大量的资金，进行大规模的资源开发和工业建设，从而推动区域经济迅速发展。

三是自身积累型。如苏南一些农村地区，主要是通过自身积累资金，大力发展乡镇企业特别是乡镇工业，以此带动整个地区经济发展。这些地区最初的资金积累主要来自农业，随着乡镇企业的发展，乡镇企业收入开始成为财政收入的主要来源。

四是边贸启动型。如云南德宏等一些边境地区，边境贸易发展十分迅速，已开始成为促进地区经济高速增长的启动器。目前，德宏自治州财政收入约有

70%来自边贸收入。

3. 成熟阶段

经过成长阶段较长时期的高速增长后，区域经济发展将逐步进入成熟阶段。在这一阶段，区域经济增长势头减慢并逐渐趋于稳定，工业化达到了较高水平，第三产业也较发达，基础设施齐备，交通运输与信息通信已基本形成网络，生产部门相当齐全，协作配套条件优越，区内资金积累能力强，人口素质高。处于这一阶段的地区通常是国家经济重心区，区域经济发展状况与整个国民经济发展的关联度相当高。但在发达、繁荣的掩盖下，许多矛盾会随着岁月的积累，形成潜在的衰退因素：

一是"空间不可转移"和"不易转移"要素的价格上涨，如地价、水费、工资上涨，排污费增加，生活费指数提高。这些问题可能表现为用地紧张、水资源匮乏、环境污染严重、运输阻塞、职工积极性下降等。

二是许多一度领先甚至独占的技术，随其逐步普及而丧失其"独占利益"。

三是由于设备刚性，许多企业的"硬件"已经陈旧老化，愈来愈多的产业和产品的比较优势逐步丧失。

四是由于技术（产品）老化、市场萎缩和资源枯竭，一些在成长阶段支撑区域经济高速增长的主导产业，其增长速度大为减慢，有的甚至出现衰退，沦为衰退产业。

4. 衰退阶段

由于产业布局指向的变化、资源的枯竭、技术和需求的变化，一些地区在经过成熟阶段甚至成长阶段的发展之后，有可能转入衰退阶段。在这一阶段，区域经济首先出现相对衰退，失去原有的发展势头；紧接着出现绝对衰退，逐渐走向衰落。相对衰退地区的主要特点是传统的衰退产业所占的比重大，经济增长缓慢，经济地位不断下降，开始出现结构性衰退的征兆。在相对衰退地区沦为衰退地区之前，适时适宜地对其进行地区再工业化和产业结构改造，可以防止进一步衰退，维持其原有的良好发展势头，甚至促使其加速发展，进入新的成长阶段，开始新的一轮成长过程。区域经济的衰退按其形成原因，大体可分为四种类型：

一是区位性衰退。由于运输地理位置和产业布局指向的变化，一些地区可能因原有区位优势的消失而日益走向衰落，而另一些地区则因得益于新的区位优势开始繁荣，成为新的经济中心。

二是资源性衰退。主要发生在以资源型产业为主导且结构单一的地区。这些地区在工业化过程中，因拥有煤炭、石油和铁矿等一种或多种优势资源，迅速建立起资源型主导产业群，包括采掘业和原材料工业（如电力、钢铁、石油加工和有色金属冶炼等）。资源型产业在地区产业结构中占有绝对的主导地位，统治和支配着地区经济的发展。由于地区产业结构单一，严重依赖不可再生的自然资源，一旦区内资源发生枯竭，或者面临来自国外进口的廉价资源的激烈竞争，或者因替代品的出现而导致对其需求的急剧减少，地区资源型主导产业群的衰退将不可避免。如煤炭、矿石、石油等开采业，因资源储量殆尽，无法在原有空间内继续生产，将首先出现衰退。采掘业的衰退，将导致以采掘业为基础的原材料工业的衰退，继而导致整个资源型主导产业群的衰退。

三是结构性衰退。地区工业化过程实际上是地区主导产业相互更替和结构不断演进的连续渐进过程。由于任何一种产业的发展都具有一定的生命周期，经历着导入期、成长期、成熟期、衰退期的阶段过程，因而在不同时段上地区的主导产业应该相互衔接。主导产业 I 在进入成熟期后，产业 II 将替代产业 I 而成为主导产业并成为支撑地区经济增长的支柱产业；经过一段时间后，产业 III 又将替代产业 II 成为主导产业，继而产业 III 被产业 IV 替代……如此循环往复、循序渐进，从而在时序上形成多个主导产业链条，推动地区经济持续、稳定、均衡增长。如果不同时期地区的主导产业在时序上没有形成一个链条，相互间缺乏连接，如地区主导产业 I 在进入衰退期后，缺乏新的主导产业或者新的主导产业还处于形成之中，地区经济的结构性衰退将不可避免。

四是消聚性衰退。产业和经济活动在地理空间上的集聚，一定程度上可以提高生产效率，产生集聚经济，释放出新的集聚生产力。然而，产业和经济活动的空间集聚是有一定限度的，当超过某一临界规模，就会产生集聚不经济，导致交通拥挤、环境污染、用地用水不足、能源和劳动力供应紧张等问题。且随着集聚规模的增长，集聚不经济最终将超过集聚经济，集聚作用也将被消聚作用所代替，导致一些集聚过度的地区从繁荣走向衰退或相对衰退。

在地区经济衰退的几种类型中，资源性衰退和结构性衰退主要是一种"结构效应"的现象。即一些地区之所以会出现经济衰退,是因为它们拥有较不利的产业结构。这些地区或者产业结构单一、以资源型产业为主导,或者处于衰退中的传统产业的相对集中地区。因此,要重振、复兴衰退地区经济,关键是通过经济的多元化和结构的多样化,改变单一性的经济结构,进行结构的重组和改造,并建立与之相适应的经济体制。

表 2-1　区域经济发展阶段的一般特征①

发展阶段	产业结构		空间结构	总量水平	
	三次产业比重	主导产业		消费结构	收入水平
传统经济阶段	Ⅰ > Ⅱ > Ⅲ	农业	混沌无序均衡状态	饮食支出比重大	低
工业化初级阶段	Ⅱ > Ⅰ > Ⅲ	纺织、食品、采矿	极核发展阶段	饮食支出比重减少,对工业品的需求增加	有所提高
全面工业化阶段	Ⅱ > Ⅲ > Ⅰ	电力、化学、钢铁、汽车	城镇化速度加快,数量增多,空间分布不平衡,首位分布	转向耐用消费品和劳务服务,呈多样性和多变性特点	大幅提高
后工业化阶段	Ⅲ > Ⅱ > Ⅰ	高新技术和第三产业	城市空间分布平衡化,城市规模呈序列分布	从耐用消费品和劳务服务转向文化娱乐享受	很高

　　区域经济的发展可以通过区域产业结构和空间结构来表现。其中,产业结构是区域经济发展的物质内容,空间结构是区域经济发展的空间过程与布局。产业结构和空间结构都有其形成、发展、变化的规律,遵循和利用这些规律,及时有效地进行产业结构和空间结构的调整,能够促进区域经济的发展。

---

　　① 李娟文,王启仿.区域经济发展阶段理论与我国区域经济发展阶段现状分析 [J].经济地理,2000 (4).

第三节　区域产业结构演变规律

区域产业结构是指特定区域内各经济要素之间的相互联系、相互作用方式。可从不同的角度考察区域产业结构，主要有消费资料的生产与生产资料的生产两大部类结构，农轻重结构，三次产业结构，劳动密集型、资金密集型、技术密集型和知识密集型产业的结构，地区主导产业与辅助产业结构等。

三次产业结构是区域经济发展的基本结构，三次产业结构的演进以及制造业内部结构的升级是区域经济发展的主要标志。主导产业是体现地区特色、代表地区发展方向的产业，合理选择和发展主导产业是实现劳动地域分工的基本途径。

一、三次产业与配第—克拉克定理

（一）三次产业的划分

1. 克拉克对三次产业的划分

英国著名经济学家科林·克拉克首先提出三次产业的划分。1940年，他在《经济进步的条件》一书中对三次产业作了详细的划分，并总结了伴随经济发展的产业结构演变规律，开创了产业结构理论。克拉克关于三次产业的理论成为分析国家和地区产业发展的有力工具。

克拉克把区域的全部社会经济活动划分为第一次产业、第二次产业和第三次产业，习惯上，分别简称为第一产业、第二产业和第三产业。

（1）第一产业：直接取自于自然界的自然物的生产，包括广义的农业和矿业。

（2）第二产业：对自然物进行加工的生产，主要有广义的工业和建筑业。

（3）第三产业：服务并繁衍于有形物质生产之上的无形财富的生产。指除第一、第二产业以外的所有的社会经济活动，提供服务是其主要特性。由于第三产业门类庞杂，人们在克拉克对三次产业划分的基础上，将第三产业进一步划分为主要为生产服务的第三产业、主要为生活服务的第三产业和社会性的基础设施产业。

克拉克将所有的社会经济活动形象地比作一棵大树，第一产业如同庞大的树根，深入土地汲取最原始的和最基本的营养；第二产业如同粗壮的树干，支撑着整棵大树，代表着树的规模与水平；第三产业则如同茂密的枝叶，使大树显得繁荣、富有活力和吸引力。

2. 中国对三次产业的划分

从 1949 年新中国成立到 1978 年改革开放，我国一直使用马克思在《资本论》中提出的"两大部类"的产业划分模式，即把社会物质生产部门划分成为生产资料生产部门（第Ⅰ部类）和生活资料生产部门（第Ⅱ部类）。在实践当中，我国借鉴苏联的经验，衍生出来"农、轻、重"的产业结构。由于缺少对第三产业的描述，这种划分很不完整。从 1985 年起，我国采用三次产业的划分。1985 年，国务院办公厅批转的《国家统计局关于建立第三产业统计的报告》，规定了中国三次产业的划分标准：

（1）第一产业：农业（包括种植业、林业、牧业和渔业）。

（2）第二产业：工业（包括采掘业、制造业、自来水、电力、蒸汽、热水、煤气）和建筑业。

（3）第三产业：除第一、第二产业外的其他各业，又可分为流通部门和服务部门两个部分。具体又分为四个层次：第一层次为流通部门，包括交通运输业、邮电通信业、商业、饮食业、物资供销和仓储业等；第二层次是为生产和生活服务的部门，包括金融业、保险业、房地产业、公用事业、地质勘探业、咨询服务业、综合技术服务业、居民服务业、农业服务业、水利业、公路及内河（湖）航道养护业等；第三层次是为提高科学文化水平和居民素质服务的部门，包括文化、教育、广播电视、科学研究、卫生、体育及社会福利事业等；第四层次是为社会公共需要服务的部门，包括国家机关、政党机关、社会团体、军队及警察等。

（二）三次产业结构的演化规律

1. 配第—克拉克定理

克拉克通过对主要发达国家劳动力转移的实证研究得出结论：随着经济的

发展和人均国民收入水平的提高，劳动力首先由第一产业向第二产业转移，进而再向第三产业转移；从劳动力在三次产业之间的分布状况看，第一产业的劳动力比重逐步下降，第二产业特别是第三产业劳动力的比重则呈增加的趋势。这就是配第—克拉克定理。

早在 17 世纪，英国经济学家威廉·配第曾揭示过关于劳动力转移的这种现象，认为制造业比农业、进而商业比制造业能够得到更多的收入，会促使劳动力由低收入部门向高收入部门转移。克拉克认为自己只是验证了配第的观点，因而称其为"配第定理"，但人们普遍称"配第—克拉克定理"。

2. 钱纳里工业化阶段理论

美国经济学家钱纳里对世界 100 多个发展中国家和地区的经济发展与城镇化、工业化之间的关系进行了统计分析，提出了国家和地区经济的标准增长模式（见表 2-2）[①]。可见，随着经济的发展，城镇化、工业化过程是不可避免的。

表 2-2　发展中国家城镇化率、工业化率与人均收入水平的对比

人均收入（美元）	<100	100	200	300	400	500	800	1000	>1000
城镇化率（%）	12.8	22.0	36.2	43.9	49.0	52.7	60.1	63.4	65.8
工业化率（%）	12.5	14.9	21.5	25.1	27.6	29.4	33.1	34.7	37.9

钱纳里还通过对 34 个准工业国经济发展的实证研究，发现这些国家和地区的经济发展都规律性地经过六个阶段，从任何一个发展阶段向更高一个阶段的跃迁都是通过产业结构转化来推动的：

第一阶段——传统社会阶段：产业结构以农业为主，绝大部分人口从事农业，没有或极少有现代化工业，生产力水平很低。传统社会阶段发展水平低，基础设施、技术水平都比较落后。

第二阶段——工业化初期阶段：产业结构由以落后农业为主的传统结构逐步向以现代工业为主的工业化结构转变。工业以食品、烟草、采掘、建材等初

---

① 钱纳里. 发展的形式：1950~1970［M］. 李新华等译. 北京：经济科学出版社，1988.

级产品的生产为主。在这一阶段，国家或地区经济开始走上工业化的发展道路，人民生活水平逐步提高，市场逐步扩大，投资环境得到改善。这一时期的产业主要以劳动密集型产业为主，利用区域内廉价劳动力降低成本，提高产业和区域的竞争力。

第三阶段——工业化中期阶段：制造业内部由轻型工业的迅速增长转向重型工业的迅速增长，非农业劳动力开始占主体，第三产业迅速发展，这就是重化工业阶段。重化工业是规模经济效益最为显著的产业，制造业的大规模发展能够支持区域经济增长达到较高的速度，因此，工业化中期阶段通常也是区域经济实现高速发展的阶段，是区域经济发展由传统社会向现代社会发展的关键性阶段。

第四阶段——工业化后期阶段：在第一、第二产业协调发展的同时，第三产业开始由平稳增长转入持续高速增长，成为区域经济增长的主要力量。这一阶段的主要特征是：在第一、第二产业获得较高水平发展的同时，第三产业保持持续高速发展，是区域经济增长的主要贡献者。这一时期发展最快的领域是第三产业，特别是金融、信息、广告、公用事业以及咨询服务等新兴服务业。

第二、第三、第四阶段总称为工业化阶段，是一个地区由传统社会向现代社会过渡的阶段。

第五阶段——后工业化社会阶段：制造业内部结构由以资本密集型产业为主导向以技术密集型产业为主导转换，人们的生活方式现代化，高档耐用消费品在广大群众中推广普及。这一时期的主要特征是技术密集型产业迅速发展。技术密集型产业可分为三大类：①为生活服务的高档耐用消费品工业；②改造、武装传统产业的新技术设备；③新兴产业及其产品，包括新能源、新材料、生物工程、航天技术等。当区域经济发展进入后工业化阶段，生产的专业化及社会分工已广泛发展，往往在生产某一产品的过程中，需要在全国甚至全世界寻求该领域的合作伙伴，以求质量的完美。因此，同处于后工业化社会阶段的国家和地区为了协作的需要，相互投资占很大比例。

第六阶段——现代化社会阶段：第三产业开始分化，智能密集型和知识密集型产业开始从服务业中分离出来，并占主导地位；人们消费的欲望呈现出多样性、多变性和个性化。现代化社会是一个用知识和智能追求个性发展的社会，其投资领域主要是知识密集型产业和现代化的生产、生活服务业，其基本特征是多样化。

区域产业结构与区域发展阶段密切相关。一个区域处于社会发展的不同阶段，就具有不同的产业结构，而产业结构升级必然带来区域发展阶段的跃迁。可以说，产业结构升级是实现区域经济发展的必要手段。当然，区域发展各阶段不是截然分开的，处于特定发展阶段的区域同时可能具有前一阶段和后一阶段产业结构所具备的某些特征。特别是当区域发展处于过渡时期时，产业结构的演变和升级很快，这时必须加强研究其发展方向和变化速度，把握时机，把资本投向即将获得高速发展的新产业。

由于国情、区情不同，区域经济发展阶段在不同国家、不同地区的表现形式也不尽相同。如在新中国成立初期，农业人口占总人口的90%，近代工业极为落后，且主要集中在沿海少数几个城市，是一个典型的以落后农业为主的传统社会。之后，我国开始了曲折的工业化过程："一五"时期经济发展很快，特别是工业突飞猛进，到"一五"期末，工业增加值占GDP的比重为29.7%，比1952年提高了近9个百分点。但后来的"大跃进"及"文化大革命"延缓了中国的工业化进程，直到1970年，中国的工业增加值比重才达到40.5%，开始稳步超过农业，成为国民财富的主要创造者。可以认为，在20世纪70年代初，中国开始由以落后农业为主的传统社会向以工业为主的工业化社会转变，进入工业化初期。之后，中国开始改革开放，进入经济的高速增长期。到20世纪90年代中期，我国已进入工业化中期。

3. 库兹涅茨等对产业结构规律的深化

美国著名经济学家西蒙·库兹涅茨在他的著作《各国的经济增长》一书中，从国民收入和劳动力两个方面，对伴随经济发展而出现的产业结构演变规律作了分析研究，揭示了三次产业结构演变与国民经济发展的关系，以及在国民经济发展中三次产业各自的贡献及其变化规律:[①]

第一，随着国民经济的发展，与第一产业劳动力在全部劳动力中的比重一样，区域内第一产业实现的国民收入在整个国民收入中的比重不断下降。

---

① 西蒙·库兹涅茨. 各国的经济增长 [M]. 北京：商务印书馆，1985.

第二，在工业化阶段，第二产业创造国民收入的比重及占用劳动力的比重都会提高，其中前者上升的速度快于后者。在工业化后期特别是后工业化时期，第二产业的国民收入比重和劳动力比重会不同程度地下降。

第三，第三产业创造国民收入的比重及占用劳动力的比重会持续地处于上升状态，其中在工业化中前期，其劳动力比重的上升速度会快于国民收入比重的上升速度。

在整个工业化时期，产业结构的转换就表现为：第一产业创造财富和吸收就业的份额逐渐转移到第二产业和第三产业，其中，在工业化中前期，第二产业逐渐成为财富的主要创造者，而第三产业则是吸收劳动力的主要场所；到工业化后期以后，第二产业创造财富的比重也开始下降，第三产业则成为经济发展的主体，既是财富的主要创造者，也是吸收劳动力的主要场所。①

因此，在工业化过程中，三次产业的发展是相辅相成的。如果第二产业总量增长很快，而第三产业发展滞后，必然表现为第二产业在 GDP 总额中的比重很快增加，但由于劳动力转移过程受阻，大量的劳动力滞留于低效率的第一产业，城镇化水平难以提高。

---

① 日本 19 世纪 90 年代还基本上处于农业社会，农业创造了近一半国民生产总值，占用了绝大部分劳动力资源。20 世纪前 20 年，日本的资本积累过程和工业化过程十分迅速，到 20 世纪 20 年代，工业成为国民财富的主要创造者。"二战"后，日本的工业化过程更是日新月异，20 世纪 80 年代完成了一般的重化工业和深加工工业过程，进入工业化后期阶段。20 世纪 20 年代到 80 年代，是日本工业化不断深化的过程，从日本产业结构的演化过程来看，第一产业创造的增加值比重和就业比重均处于直线下降过程中，第二产业的增加值比重和就业比重则处于上升状态。但是，第二产业的增加值比重与就业比重上升的态势不同。第二产业增加值比重由 37.7% 上升到 54.8%，上升了 17.1 个百分点；就业比重由 22% 上升到 34.8%，上升了 12.8 个百分点。增加值比重上升的幅度大于就业比重上升的幅度。第三产业的状况正好相反，其就业比重上升的幅度（上升了 31.9 个百分点）大于增加值比重的上升幅度（上升了 8 个百分点）。到 20 世纪 90 年代，日本已经结束了工业化阶段，进入后工业化时期，第二产业在国民经济发展中的地位开始下降，其增加值比重和就业比重也都处于下降态势；第三产业成为国民经济发展的主体，其增加值比重和就业比重均呈现出上升态势。

美国的工业化过程起步于 18 世纪末 19 世纪初，渐进式地经历了纺织、食品、服装业阶段（19 世纪上半叶）、钢铁和机器制造业阶段（19 世纪中叶）、铁路车辆制造阶段（19 世纪 60 年代到 20 世纪 20 年代）、汽车制造业阶段（20 世纪上半叶）以及"二战"后以电子、信息为代表的现代化产业发展阶段。1839 年美国三次产业创造国民收入的比重分别为 42.6%、25.8% 和 31.6%，劳动力就业比重分别为 64.3%、16.2% 和 19.5%，第一产业是国民经济中最重要的产业。到 19 世纪末，第一产业创造增加值比重已经下降到 17.9%，就业比重也降到 42%，基本上实现了工业化，第二产业已经成为国民财富的主要创造者。20 世纪以来，美国经济的发展主要表现为对传统工业进行新技术改造及现代产业的发展，且以后者为主，体现了后工业化阶段及现代社会发展的基本特征，第三产业的增加值比重和劳动力比重持续上升，支撑着国民经济的发展。

（三）产业结构演变规律的原因及启示

上述规律是针对较大国家或地区在较长过程中而言的，对较小国家（如新加坡）、较小地区或是较大国家、较大地区的短期变化看未必如此。三次产业结构演变规律是客观的，是由各个产业产品需求的收入弹性以及各产业技术进步和技术结构特征决定的：第一，人们需求层次的变化，是农副产品的需求弹性有限，而工业品以及服务的需求弹性很大；第二，工业中体现的科技进步含量较高，易形成规模经济和垄断经济，所以，工农业产品的价格剪刀差长期存在；第三，第三产业较易进入且需求弹性较大，不易产生垄断，其吸纳劳动力的能力较大。

三次产业结构的演进规律，至少给我们以下几点启示：

（1）无农不稳。生存资料的供给关乎一个国家或区域的存亡，一个大的国家或区域在其发展的早期阶段必须优先发展农业。但农业劳动力相对比重的减少，农业实现的国民收入比重的相对减少，是任何国家或较大地区的经济发展中的普遍现象。因此，只靠农业，是不能维持和促进大国、大地区经济持续高速增长的。

（2）无工不富。在一个国家或较大地区经济发展过程中，第二产业在国民收入，特别是人均国民收入的增长贡献较大，工业是国民财富的主要源泉之一。

（3）当经济发展到一定水平时，第三产业将变成最大的行业，其所吸纳的劳动力和所创造的国民收入，都可以占一半以上的比重。第三产业投入少、见效快，对发展中国家和地区而言，应引起足够重视，发展第三产业尤其是解决劳动力就业的最重要出路。

（4）要想使贫国变富国、贫困落后地区变先进发达地区，应首先实现"农业革命"，大力提高农业劳动生产率，解放农业劳动力，然后进行工业革命。

（5）就工业化而言，在工业化的不同阶段，主导产业也不一样。一般的规律是轻工业化→重工业化→高加工工业化→技术集约化，相应的主导产业是轻纺、食品工业→电力、石油化工、钢铁、机械工业等→电子、航天、新材料、新能源、新技术以及信息产业等。

二、工业化过程和霍夫曼定理

上述三次产业演变规律，描述了随着社会经济的发展，区域经济中产业结构演变的大体轮廓。三次产业演变规律告诉我们：在整个工业化时期，第二产业处于决定性的地位，它始终是创造国民财富的主导部门。正因如此，人们又往往把近代经济的发展过程称为工业化过程。而在工业化过程中，制造业地位的变化是关键，总结工业化过程中第二产业内部结构的演变规律依然具有十分重要的意义。在整个工业化过程中，制造业内部结构的演化可分为三个过程。

（一）重工业化过程

重工业化过程即工业结构由以轻工业为主逐步向以重工业为主转换的过程。与重工业相比，轻工业投资少，建设周期短，见效快，吸收劳动力多，原材料可以从传统产业——农业中以较低的价格取得，通常是区域工业化起步的首选产业。随着工业化水平的不断提高，重工业的比重逐步增加，这是因为：轻工业的进一步发展需要重工业提供更加先进的技术装备；人民生活水平不断提高，对工业品的需求也由一般日用消费品转向耐用消费品，为制造业创造了广阔的市场。制造业是一个产业链长、前后向关联度高的产业，特别是任何机械设备制造业的发展都需要矿业、原材料工业作基础，庞大的重工业体系一旦建立起来，将替代轻工业成为工业化的主导力量。

重工业化过程贯穿工业化的始终。德国经济学家霍夫曼用消费资料工业净产值与资本品工业净产值之比反映重工业化程度，人们称其为霍夫曼系数或霍夫曼比例，即：

霍夫曼系数=消费资料工业净产值/生产资料工业净产值

霍夫曼认为，在工业化进程中，霍夫曼系数是不断下降的。这就是著名的霍夫曼定理。

霍夫曼当时使用的消费资料工业与生产资料工业的概念分别是指轻工业和重工业的概念，实际上这两者的划分不完全相同。轻工业是指以农产品为原料的加工工业，主要生产消费资料；重工业是指以非农产品为原料的加工工业，既生产生产资料，也生产消费资料（如耐用消费品工业等）。随着人们消费水平的提高，越来越多的消费品都属于重工业生产领域。因此霍夫曼系数中的消费资料工业既包括轻工业，也包括部分重工业，并且随着工业化程度的加深，重工业部分的比重会不断提高。美国经济学家库兹涅茨和日本经济学家盐野谷佑一通过大量的实证研究后提出：当工业化发展到一定阶段后，霍夫曼系数基本保持不变，而重工业的比重持续上升①。

霍夫曼系数基本不变与重工业比重持续上升之间并不矛盾。因为轻工业比例的下降并不意味着消费资料生产的下降，随着人们消费水平的提高，耐用消费品会逐渐成为消费支出的主体，而耐用消费品的生产是在重工业内部进行的。

在重工业发展初期，主导产业是冶金、建材化工等原材料工业，但到重工业发展后期，其主导产业就是机械工业，其中耐用消费品工业（含汽车工业和家电工业）是一大支柱。以耐用消费品为支柱是重工业化的最高阶段，一旦最先进的耐用消费品在大众中得到广泛普及，重工业化过程也就基本走到尽头，经济增长变得缓慢，整个社会发展进入更高阶段——后工业化阶段。

（二）深加工化过程

深加工化过程即深加工工业在工业结构中的比重不断提高的过程。在重工业化过程中，制造业结构表现为以原材料工业为主逐步转向以深加工工业和组装工业为主，即工业结构中的深加工化进程。制造业结构的深加工化反映了工业增长对能源、原材料依赖程度逐步下降的趋势，工业的发展越来越多地依赖于资本和技术的投入。

日本经济学家佐贯利雄提出，"二战"后日本的工业化过程依次依赖于三组产业的支撑：第一组是电力工业，第二组是石油冶炼、石油化工、钢铁和造船，第三组是汽车和家电。这三组工业交替领先、互相带动，共同促进了日本"二战"后经济的高速发展，使日本工业结构在实现重工业化的同时走向深加工化。

---

① 刘伟. 工业化进程中的产业结构研究［M］. 北京：中国人民大学出版社，1995.

（三）技术集约化过程

技术集约化即在深加工化的过程中，进一步表现出高技术化的趋势。技术集约化不仅表现为所有制造业部门都采用越来越高的技术、越来越先进的工艺并实现自动化，而且表现为大批以技术密集为特征的高技术产业得以兴起和发展，并逐步成为工业的主体。技术集约化过程中，科学技术将日益成为工业发展中最重要的资源。

在制造业内部结构转换的过程中，制造业发展所依赖资源的转化表现得十分明显：在工业化初期，以轻工业特别是食品、纺织业的发展为主，劳动力是最重要的工业资源；随着重工业化过程的加深，钢铁、化工、机械等产业迅速发展，在工业资源结构中资金因素居于突出地位；随着制造业深加工化的发展，工业对原材料、资本的依赖程度逐步下降，取而代之的是技术资源。从这个角度来说，工业化过程是一个由劳动密集型向资金密集型再向技术密集型转化的过程，即工业结构中的技术集约化趋势。

三、从物质经济到知识经济

（一）社会经济发展过程的认识

根据生产要素和产品目标，社会经济的发展过程可概括为两大形态、四大阶段。其中，前两个阶段属于物质经济形态（以物质的生产和消费为基础的经济），后一阶段属于知识经济形态（以知识的生产和消费为基础的经济），生态/技术经济阶段介于物质经济形态和知识经济形态之间，如表 2-3 所示。

表 2-3　社会经济发展形态和阶段的特点

经济发展阶段	主要投入要素	产品生产的主要目的	社会生活标志	持续性	发展性	持续发展性
物质经济形态	自然资源、劳动力	满足人们的物质消费需求	以物质生产和消费为主	×	×	△

续表

经济发展阶段	主要投入要素	产品生产的主要目的	社会生活标志	持续性	发展性	持续发展性
农业经济阶段	土地、劳动力	生存需要	贫困—温饱	×	×	×
工业经济阶段	矿产资源资本	发展需要	小康—富裕	×	△	△
生态/技术经济阶段	资源、资本、技术	持续满足物质消费需求	持续富裕	△	△	△
知识经济形态（阶段）	资源、资本、技术、意识	满足人们的精神和物质消费需求	持续富裕、繁荣	√	√	√

注：表中的×表示不可以，√表示可以，△表示不完全可以。

（二）从物质经济到知识经济

心理学家马斯洛的需求层次理论，将人的欲望分成五个层次：生理的需要、安全的需要、社会性的需要、尊重的需要以及自我实现的需要。消费需求层次论认为，低层次的需要得到满足之后，才能更多地考虑高层次的需要。而低层次需要往往与物质生产，特别是食品生产、基本消费品生产相联系，刚性很强。社会经济发展到高级阶段，非物质需求成为需求的主体，成为决定经济发展的主导力量。从物质经济到知识经济是一种必然的趋势，主要表现为：

（1）产业结构的重心从物质生产部门向非物质生产部门转移。从产业部门之间的比例看，工业及制造业部门的比重大为降低，第三产业的比重上升；在各物质生产部门的内部，直接从事物质生产的劳动者相对减少，而从事市场调研、信息咨询、技术开发、售后服务、广告公关等服务性劳动的人增多。直接从事物质生产的劳动者相对越来越少，这是社会生产力提高的结果。只有在社会生产力提高的情况下，一个国家、一个地区才有可能以较少的资源和人力投入，提供更丰富的财富和服务，才有可能使产业结构向非物质生产部门偏移和升级。

（2）物质生产部门从其产量和产值的绝对数来看，仍是不断增加的，但在相对萎缩。美国工业产值在其GDP中所占的比重，从1960年的38%下降到了

1990 年的 25%，但其产值却从 2000 亿美元增加到 18000 亿美元，增长了 8 倍之多，增幅非常可观。

（3）商业、运输、银行、保险等为工业及制造业服务的部门，随着科学技术的进步在迅速扩大。高速公路、高速火车、超音速飞机等，使现代化的运输业与过去相比已不可同日而语。在银行和保险业中，新的金融工具层出不穷，经营手段日益现代化，彻底改变了传统金融的面貌。电子技术和通信卫星的广泛发展及应用，不仅加速了信息的传递和交流，还促进了许多新的通信手段和信息工具的产生。计算机软件的研制、运用和服务，信息的快速传递、处理和咨询业的发展，使工业及制造业部门的发展条件和环境大为改善。

（三）知识经济的可持续性

知识具有两重性，作为生产要素，它可以提高劳动生产力；作为消费品，它可以给人以愉悦和满足。知识经济是一种可持续发展的经济。

（1）从生产、供应的角度看，知识经济是可持续发展的经济。知识增长以几何级数进行，作为投入要素的知识，其供给可以是无限的。生产同样一种产品，如果投入更多的知识和技术，可在更大程度上节省有形资源，也可更大规模地循环利用有形资源。知识的生产，主要靠人的创造性劳动，仅需要较少的物质和能源投入，排放的废弃物质也较少，因而从资源供给和环境保护的角度说，知识经济更有利于世界的可持续发展。

（2）从消费、市场容量的角度看，知识经济是可持续发展的经济。随着生活水平的提高，人们越来越重视精神性消费，而精神性消费往往与知识有关。知识消费不存在消费倾向递减问题，且常是递增的，如越是有知识的人，对知识的消费需求越高，正如读书越多的人，想买书的愿望越强烈，写书越多的人，买书、读书也越多。知识消费的弹性系数很大，知识的生产和消费相互促进。社会越发展，对知识的渴求越强烈。所以，从消费的角度看，知识产品的市场容量以及多样性需求是无限的。

（3）从人地关系的角度看，知识经济是可持续发展的经济。知识经济以智力资源为主要依托，要求充分考虑资源利用的环境效应、生态效应，科学、合理、综合、高效地利用现有资源，同时开发尚未利用的自然资源来取代已近枯竭的稀缺自然资源。所以说，知识经济是促进人与自然协调、可持续发展的经济。"二战"后德国和日本经济的成功可以说明这一点。在知识经济条件下，人们将更理性地生产和生活，因而人与地的关系、人与人的关系将更加和谐，社会秩序也将得到更大的改善，社会矛盾将得到缓解。

著名知识经济学家保罗·罗莫认为，物质是有限的，越用越少，物质世界的特点是效益递减，递减的效益是客观物质短缺的结果。知识经济不同，人的思想所产生的能量是无穷无尽的，发现思想的过程不会出现收益递减效应。可以说，只有知识经济，才既可持续又可发展。

第四节 区域空间结构变化

区域经济的发展变化不仅表现在产业结构、生产技术水平和产业规模等物质内容上，也表现在区域内各经济要素、经济实体的地域分布上。区域社会经济的空间结构如同产业结构，也是反映区域发展状态本质的一个重要方面，是从空间分布、空间组织角度考察和辨认区域发展状态及区域社会经济有机体的罗盘和指南。

一、区域经济的不平衡运动规律

区域经济空间运动的最主要规律之一是不平衡规律。世界上自然、经济、社会等诸多地理条件是不平衡分布的，而经济要素又总是向条件好或比较好的地区流动，因而区域经济总是从区域内地理条件较好的地区开始，逐渐壮大，经过一段时间之后逐步向其他地区扩散开来。区域经济的空间运动过程可大致划分为两个阶段，即以向中心极核集聚为主的阶段和以由中心极核向外扩散为主的阶段。

中心极核集聚阶段，可根据中心极核的形状不同而分为两种类型：点状极核和带状极核。前者主要以交通枢纽、大的矿产资源储存地或是优良港湾等为中心，经济要素的聚集方式是辐聚；后者则以交通干线及其沿线的大中城市、海岸带及其主要港湾为中心，经济要素的集聚方式是点轴集聚。

当区域经济集聚到一定程度时，中心极核就会出现一系列社会、经济或生态问题，如交通拥挤、用地紧张、供水不足、环境恶化等，区域经济将进入以扩散为主的阶段。区域经济中心极核向外扩散的方式有三种：邻里扩散、等级扩散和随机扩散。所谓邻里扩散，是指经济要素由中心极核向周边地区逐渐铺开、依次扩散。简单加工工业，特别是食品加工业和服装加工业基本是邻里扩散。所谓等级扩散，指经济要素不是首先向周边地区扩散，而是由中心极核向下一级的中心极核（即下一级的区域中心城市或交通枢纽）扩散。高新技术的扩散基本上属于等级扩散。

二、区域空间结构的演变模式

区域空间结构是在一定地域范围内，各种经济之间相互联系、相互作用而形成的空间组织形式。城镇是各种经济活动在地域上的结合点，是地域空间组织的中枢。工业和服务业是城镇的主体，其分布特征会直接影响到城镇体系的特征；农业通过相关的工业和服务业来影响城镇的分布和发展。尽管区域空间结构的核心是城镇体系，但研究的出发点首先是区域中对城镇体系影响较大的那些部门的空间分布，而后再推论城镇体系的变化规律。因此，区域空间结构的分析以部门结构分析为基础，从不同阶段部门结构的发展特征分析部门空间分布以及对城镇分布的影响。与部门结构演变相对应的区域空间结构演变模式分四个阶段[①]。

（一）低水平的均衡阶段：以经济活动分散孤立、小地域范围内的封闭式循环为特征的空间结构

这是处在准封闭型的自给自足的小农经济结构中，区域经济水平低下，非基本部门占绝对优势，其规模有限，影响空间范围狭小，农业是经济主体，另外还有为本地服务的商业、地方农产品加工工业和地方小型制造业等，它们在

---

① 薛普文. 区域经济增长与区域结构的演变 [J]. 地理科学, 1988 (4).

一定地域范围内构成内部封闭循环的空间单元。一般来看，县域是这种封闭空间的最基本单元，区域内经济活动前向、后向联系甚少。在城镇体系中，城镇等级均衡，各级城镇单个和总体的规模较小，城镇的职能均较单一，相互联系较少，以上、下等级城镇之间的行政、商业以及其他服务性活动的联系为主，同级城镇之间缺乏较密切的联系，更谈不上职能分工；区域被围绕着县城的各个较小封闭区域所分割，诸多相互孤立的县城是区域城镇体系的主体，并由此形成低水平的、均衡的、稳定的城镇体系。

（二）极核发展阶段：以极核发展为特征的空间结构

在此阶段，基本部门开始形成并以水平发展为主，集中发展几个主要的基本部门，但区域经济基础依然很薄弱。因此，在空间布局上，无论是依赖区内的支持还是区外的援助，经济要素总是选择地理位置优越和交通条件、经济基础比较好的城镇，形成具有优势的区位，集中发展那些基本部门，形成区域发展的极核点，在极核点上吸引基本部门较大规模的集聚。

基本部门的特性不同，其分布特点也不同。以农业、轻工业为基本部门的类型区域，农业、轻工业的分布是相对均质的，其影响在空间上是均衡的，往往促使区内较高等级中心城市发展，形成区域经济发展的极核，这种优先集中发展的城市被称为极核城市，而在较小的低级城镇则只有农产品粗加工工业。在以矿业和其前向联系的加工业为基本部门的类型区域，矿业及其加工业的布局受到资源分布的约束。在资源分布的地域，采掘业、加工业和协作配套的交通运输业、机械工业、建材工业等大规模地、急剧地发展起来，工矿城镇随之迅速发展，成为区域经济发展的极核地带，其中较大的城镇可成为区域中心城市。

极核发展阶段的总特征：基本部门在空间集聚发展，促使较高等级城市迅速发展，形成区域经济发展极核；基本部门结构并不复杂，城市经济结构比较简单，较低等级城镇变化不大，城镇之间联系仍以不同等级的纵向联系为主，由此形成极核城镇发展较快的非均衡城镇体系。

（三）扩散阶段：以由极核城市（地带）向外扩散为特征的空间结构

这一阶段，区域经济发展已有一定的基础，基本部门体系以垂直发展为主，由前向联系向纵深发展，它的层次更加丰富，使原有不同层次的活动在空间分布上发生变化，在极核城市（地带）涌现出新的更高层次的经济活动，原来具有的某一层次经济活动向较低等级城镇扩散，较低等级城镇也具有进行这一层次经济活动的门槛水平。基本部门的垂直发展和空间分布变化，以及城镇发展由极核城市的发展转向在城镇体系中由高到低、逐级递进和均衡化发展，使极核城市与基本部门所扩散的城镇之间建立起较为密切的经济联系，因而形成非稳态的、由极核城市向较低等级城市逐步扩散发展的城镇体系。

（四）高水平的均衡阶段：以网络化、均衡化、多中心为特征的空间结构

区域社会经济已经比较发达，产生了一些新的基本部门，形成了多样化、多层次的基本部门体系，这些部门主要依赖于较好的社会经济环境，空间布局具有更大的自由度。两大部门体系内的部门种类、层次以及相互关系变得更为繁多复杂，表现在空间上为非集聚、网络状交错分布，使城镇的经济结构多样化，导致各城镇在职能上分异，打破了单一部门结构所造成的同级城镇的经济结构相似性较大和互不关联的局面，同级城市和不同等级城市之间相互联系形成网络，各级城镇都得到相应的发展，其经济结构变得复杂稳定，因而城镇体系向均衡化发展。同时，区域内多种较高等级的经济活动在空间分布上出现分异，往往不是集中于单一中心城市，而是分别分布于多个城市，使这些城市具有某种较高等级的经济职能，提高了它们在城镇体系中的地位，出现了多中心的空间结构。

这一阶段城镇体系的特征是均衡化、网络化和多中心，城镇化水平较高，城镇群体在空间上的分布和规模结构较为均衡，以一个综合性中心城市或数个职能分异、互补的中心城市为核心，构成大、中、小城镇之间交错联系的均衡网络。

（五）区域发展过程中空间差异的测度

随着区域空间结构的阶段性演化，空间收入差距的变化相应出现。为了衡量这种变动，威尔逊建立了一种计算方法，简称威尔逊差异变动系数或威尔逊系数，其计算公式为：

$$v_u = \frac{1}{\bar{x}} \sqrt{\sum_{i=1}^{n} (x_i - \bar{x})^2 p_i / p}$$

式中，v_u 为威尔逊系数，x_i、$\bar{x}$、p_i、p 分别指 i 地区的人均 GDP、背景区域的人均 GDP、i 地区的总人口和背景区域的总人口，v_u 越大，不平衡性越大。

威尔逊系数的意义在于：如果各个地区的平均收入等于一国（区域）的平均收入，则威尔逊差异系数为零，即无差异。差异系数值越大，空间差异就越大。威尔逊对一系列富国和穷国进行了分析，发现穷国的威尔逊系数值高于富国。威尔逊对美国 1950~1960 年的数据分析表明，随着人均国民收入的增加，差异变动系数逐渐下降。威尔逊认为，一定阶段的经济增长将导致区域差异的扩大，只有经济发展到一定水平，进一步的增长才伴随有差异的缩小，这就是著名的威尔逊倒 V 形（也称"倒 U 形"）规律：伴随着经济发展，区域差异有一个先扩大、后缩小的过程。但"后缩小"的过程不是自动而来的，而是区域政策努力的结果。

第五节　区域发展过程中的城镇化

一、城镇的地位和作用

城镇特别是较大的城市，通常都是一定范围内的区域中心，包括管理中心、信息中心、交通中心、经济中心、金融中心和科技文化中心，起着区域发展的组织带动作用和管理服务作用等。

城镇是区域人口的重要居住场所。随着社会、经济的发展，居住在城镇的人口在区域人口中所占的比例越来越大，城镇的生活、消费功能越来越重要。

城镇是区域非农产业的主要集聚地。根据产业结构演变规律，第二、第三产业（非农产业）在区域产业结构中所占的比例将越来越大，而这些产业主要集中在城镇，尤其是大中城市。城镇也因此成为区域劳动力就业的主要场所。

城镇是区域经济增长的主要承担者。一般情况下，第二、第三产业的增长速度都快于农业，因此，第二、第三产业是区域经济增长的主要贡献者。而第二产业，特别是第三产业，在城镇的集聚是明显的。从这个意义上说，城镇是区域经济增长的主要承担者。

城镇是区域进步的发动机。现代经济发展越来越依赖于科技进步和产业创新，而科技进步和产业创新大部分发生在城镇，尤其是大城市、中心城市。城镇既是区域的教育、科技服务中心，也是区域人流、物流、信息流、金融流的聚散中心，是科技进步和产业创新的主要承担者，由此城镇成为区域进步的发动机。

城镇是区域对外交流的窗口。城镇依托良好的区位条件、便捷的交通和通信条件以及相对优越的投资环境，成为区域开展对外交流与合作、进行对外开放的窗口。

二、城镇化是客观必然趋势

（一）城镇化是经济发展到一定程度时的必然产物

城镇化是农村聚落变化为城镇的过程。加拿大城市史专家吉尔伯特·斯蒂尔特把城镇化归纳为由浅入深的三个层面：人口/社会生态城市化、结构城市化和行为城市化。集中体现在三个方面：①城镇地域扩大，农业用地不断转变为城镇用地；②农民由专业农户转为非农户，农业劳动力逐渐转移到城镇中的第二、第三产业；③城镇人口增加，城镇人口比重逐步提高。

最早在以渔猎与采集为主的"原始经济"水平下，没有固定的居民点，甚至还是洞息穴居的状态。随着原始经济和社会生产力的发展，农耕业产生并从渔猎采集活动中分离出来，之后出现了以耕作业为主的固定居民点。这是最原始的农村聚落，并不等于城镇。随着农牧业的分离与生产技术及工具的改进，劳动生产率大为提高，农产品开始有了剩余，使专门从事工具与生活用品制造、农产品加工等的手工业群体从耕作业或畜牧业中分离出来。手工业者的分布场所不受土地束缚，因地理区位、交通及交换条件优越的地点所吸引而聚居，从而形成了最早的非农牧业人口聚居地和固定的临时商品交换场所。随着经济的进一步发展，社会上出现了不从事生产只从事商品交换的商人，也集中居住在上述手工业和商品交换活动的集中场所。由此居民点产生了明朗的分化，即形成了以农牧为主的农牧业村落和以商业、手工业为主的"城镇"，这是最早时期的城镇化，是区域经济发展的产物。

（二）城镇化水平随区域经济的发展而逐步提高

最早"城镇"出现至今已有 5000 多年历史，但城镇发展并不是均匀的，而是严格地受到经济发展水平的制约，并与经济发展的水平同步推进的。

在前资本主义时期，城镇化进程缓慢，城镇化一直处在很低的水平，城镇人口占总人口的比重一直很低，城镇数量与规模一直都很受限制，城镇职能和结构也很简单。这是由于当时经济发展相当缓慢，一直处在很低水平的缘故。到资本主义原始积累时期，西方国家城镇化开始出现了一些发展苗头，但城镇化真正取得大发展的基础是在 18 世纪中叶产业革命之后，这时人类生产力水平出现了革命性的飞跃，大机器工业的出现和广泛应用，成为城镇化的重大推动力，同时农业劳动生产率的较快提高，又为城镇化提供了劳动力、粮食和工业原料等重要保证。从这一时期开始，城镇化的速度和水平有了明显的提高，英国 1801 年城镇人口比重已经达到 25%，1851 年更达到 50% 以上，成为世界上第一个城镇人口比重超过乡村人口比重的国家。但就大部分国家和世界平均水平而言，那时的城镇化水平和速度还是相当低的，主要原因是经济发展速度和水平都比较低。

20 世纪初以后，随着经济和科学技术发展速度的加快，当时产业在生产、销售、运输、资金、劳动力、管理及技术经济特点上都日益要求集中布局，而且经济的进一步发展要求交通、通信、金融、保险、批发、零售、广告及其他第三产业快速发展，一些高技术产业、信息产业的发展，第三产业与第一、第二产业有机结合，空前地加速了城镇化的进程，全世界城镇人口比重在 1920 年增到 14%，1950 年增到 28.7%，1975 年增到 39%，1983 年增到约 44%，20 世纪末世界城镇人口比重已接近 50%。我国 2016 年的城镇化水平已经达到了 56.1%，城镇常住人口 7.7 亿。

三、城镇化的一般规律

城镇化水平是随着经济发展而不断提高的，经济发展越快，城镇化速度也越快，经济发展水平越高，城镇化水平也越高。

世界城镇化进程表现出一定的规律性。城市自产生到工业革命前，经历了漫长的历史时期，由于生产力水平低下，城市发展极其缓慢，城市人口占总人口的比例较低，到 1800 年仅为 3% 左右。工业革命极大地提高了社会生产力，使社会分工与协作加深与发展，商品经济逐渐成为占统治地位的经济形式，有力地推动了城市的发展和城镇化进程。

美国地理学家诺瑟姆认为，城市化进程是一条拉平的"S"曲线，即在城市人口比重达到一定程度后（一般认为 30%），城市化速度加快，而到了一定程度后（一般认为 70%），城市化速度又逐渐放慢，并趋于停滞。用数学模型表示是：

$$Y = 1/(1 + C_e^{rt})$$

式中，Y 为城市化水平；C_e 为积分常数，表示城市化起步的早晚；r 为积分常数，表示城市化发展速度的快慢；t 为时间。

事实上，由于汽车的普及以及人们对环境质量的追求，当城市化率达到 70%~80% 时，有的国家或地区开始出现逆城市化。

第六节　人地关系变化与环境库兹涅茨规律

一、人地关系的三个阶段

经济发展离不开环境，而经济发展的主体是人，经济发展与环境之间的关系，实际上是人地关系。

人地关系大体经历了三大阶段，即人作为地的奴隶阶段、人试图成为地的主宰阶段、人作为地的伙伴阶段。

（一）人作为地的奴隶阶段，大体相当于工业化以前的农业社会时期

人类处在"靠天吃饭"阶段，或者逐水草而居，或者广种薄收，听天由命，屈从于自然，人类对自然的破坏能力也很小。

（二）人类试图征服地的阶段，大体相当于工业化快速发展时期

随着大机器的出现，工业化进程加快，人类改造自然的能力大为提高，甚至出现了漠视自然规律、"人定胜天"的思潮，对自然的掠夺和破坏日益广泛、深入，环境因此恶化。

（三）人作为环境的伙伴阶段，大体相当于工业化成熟以后

人类逐渐认识到人和地之间其实是伙伴关系，没有地不会有人，人也不可能"战胜"地，因而开始注重人地和谐，在注重社会经济发展的同时注重环境的恢复和改善。

二、环境库兹涅茨规律

1955 年，美国经济学家库兹涅茨提出了经济增长与收入分配关系的倒 U 形假定：在经济发展初期，国民收入分配将随着经济发展水平的提高而趋于不平等；其后，收入分配进入暂时无大变化的平稳维持时期；当达到经济充分发展的阶段，收入分配又会趋向平等。这一假定被称为"库兹涅茨曲线"。

环境经济学家研究发现，一个国家或地区的环境恶化程度与经济发展水平之间的关系，同样也遵循这一倒 U 形规律（见图 2-2），在经济发展的初级阶段或早期工业化阶段，由于经济发展水平较低，环境受人为干扰或破坏的程度较小。到了工业化进程加快或经济起飞初期，经济增长主要依赖于对自然资源的耗费与初级开发，生产与消费过程产生的废料、废气会超过环境在自然状态下的自净与分解能力，导致生态环境严重失衡。当经济发展到更高阶段，由于

22222222222222

生产设备的改进与技术水平的进步，极大提升生产效率，产业的低耗能趋向以及人们对生存环境质量需求的不断增强，环境质量得以逐渐改善和恢复。环境经济学家称其为"环境库兹涅茨曲线"。

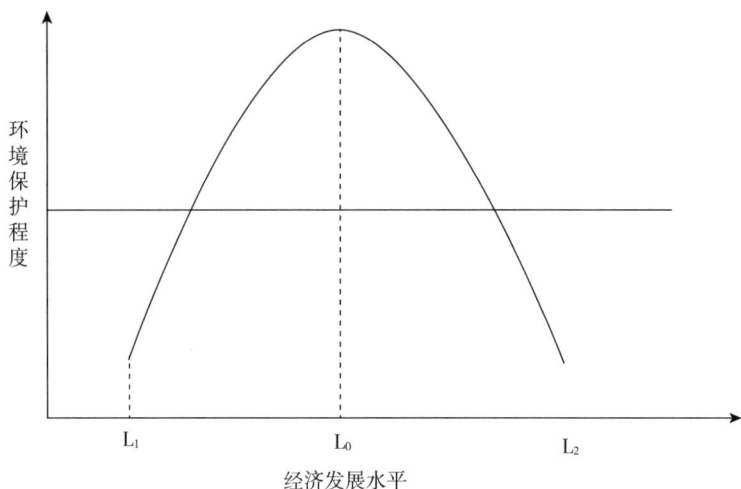

图 2-2　环境库兹涅茨曲线

需要指出的是，当经济发展到一定阶段，环境质量确实存在向好的方面转化的可能，但环境质量不会自动改善，经济增长也不会自动弥补对环境的破坏，支撑经济增长和环境改善的力量是人和制度。为此，有必要加强环境保护及其法规建设，在区域规划中强化环境保护，全面提高环境保护意识。

第三章

区域规划的理论基础

　　区域规划历经从萌芽—兴起—繁荣—衰落—复兴的百余年历史，和其他学科一样，区域规划理论也经历着一个螺旋上升、不断发展完善的过程。

第一节　区域规划的思想起源

区域规划理论和实践最早源于19世纪的欧洲。特别是英国面对国内产业革命后城市无序扩展带来的众多城市问题，英国城市规划领域的众多先驱理论家进行了反省性的研究和思考，并逐步萌发了区域规划的理论思想。

一、霍华德的田园城市理论

世界最早的较为清晰的区域规划思想萌芽，可以追溯到英国社会活动家、城市学家埃比尼泽·霍华德1898年的论著《明天：通往真正改革的平和之路》，1902年再版时更名为《明日的田园城市》，在这一著作中，霍华德首次提出了田园城市理论，并提议将城市作为区域加以规划。

19世纪末，英国经历了工业革命。工业革命促进了城市化的进程，大量的劳动力由农村涌入城市，由此引发了一系列的社会问题和环境问题：城市人口和用地急剧膨胀，城市原有的市政基础设施不堪重负，社会服务设施缺乏；居住密度过大，大量贫民窟产生，居民住宅需求问题日益突出；城市环境恶化，城市空气和水域受到污染，市民健康受到严重威胁；城市流行病肆虐；大量的劳动力由农村来到城市，劳动力供大于求，导致城市就业难的问题。霍华德目睹了英国和其他西方国家先后经历工业革命，见证了资本主义工业化给城市面貌和城市生活带来的重大变化，并亲身体会到城市在扩张过程中产生的诸多问题，他对种种社会问题进行了深入的调查与思考，并逐渐形成综合处理各类问题，寻求城乡融合发展新的城市理论。

霍华德设想的田园城市包括城市和乡村两个部分。城市四周为农业用地所围绕；城市居民经常就近得到新鲜农产品的供应；农产品有最近的市场，但市场不只限于当地。田园城市的居民生活于此，工作于此。所有的土地归全体居民集体所有，使用土地必须缴付租金；在土地上进行建设、聚居而获得的增值仍归集体所有。城市的规模必须加以限制，使每户居民都能极为方便地接近乡村自然空间。霍华德对他的理想城市作了具体规划：建议田园城市占地为6000

英亩，城市居中，占地 1000 英亩；四周的农业用地占 5000 英亩，除耕地、牧场、果园、森林外，还包括农业学院、疗养院等。农业用地是保留的绿带，永远不得改作他用。在这 6000 英亩土地上，居住 32000 人，其中 30000 人住在城市，2000 人散居在乡间。城市人口如超过了规定数量，则应建设另外一个新的城市。田园城市的平面为圆形，半径约 1240 码（1 码 = 0.9144 米）。中央是一个面积约 145 英亩的公园，有六条主干道从中心向外辐射，把城市分为 6 个区。城市的最外圈地区建设各类工厂、仓库、市场，一面对着最外层的环形道路，另一面是环状的铁路支线，交通运输十分方便。霍华德提出，为减少城市的烟尘污染，必须以电为动力源，城市垃圾应用于农业。

霍华德还设想了田园城市的群体组合模式：由六个单体田园城市围绕中心城市，构成城市组群，他称为"无贫民窟无烟尘的城市群"。其地理分布呈现行星体系特征。中心城市的规模略大些，建议人口为 58000 人，面积也相应增大。城市之间以快速交通和即时迅捷的通信相连。各城市经济上独立，政治上联盟，文化上密切联系。霍华德田园城市的群体组合，把城市和乡村统一成一个相互渗透的区域综合体，形成一个多中心、整体化运作的城市系统。

霍华德于 1899 年组织田园城市协会，宣传他的主张。1903 年组织"田园城市有限公司"，筹措资金，在距离伦敦 56 千米处购置土地，建立了第一座田园城市——莱奇沃思。1920 年又在距离伦敦西北约 36 千米的韦林开始建设第二座田园城市。

田园城市理论针对现代社会出现的城市问题，提出带有先驱性的规划思想：对城市规模、布局结构、人口密度、绿带等城市规划问题，提出一系列独创性的见解，是一个比较完整的城市规划思想体系，对现代城市规划思想起了重要的启蒙作用，对后来出现的一些城市规划理论，如"有机疏散"论、卫星城镇的理论颇有影响。

二、盖迪斯的生态型区域规划学说

英国生物学家帕特里克·盖迪斯堪称"西方近代建立系统区域规划思想的第一人"，他在 1915 年出版的《进化中的城市：城市规划运动和文明之研究导论》一书中，首次将区域的概念正式引入规划领域。

盖迪斯主张城市研究首先要建立在客观现实的基础上，同时，通过周密分析地域环境的潜力及其限度对于居住地布局形式与地方经济体系的影响关系，突破了当时常规的城市概念，提出把自然地区作为规划研究的区域规划模式。

这一模式揭示了生物地理学、地形学等与人类活动体系之间发生相互作用的复杂关系，并论述了人类活动既影响其生产环境也受其影响制约的关联关系。他曾指出，工业的积聚和经济规模的不断扩大，导致一些地区的城市发展显著集中，并呈现城市扩展蔓延至郊外的趋势，进而形成由众多大小不一的城市结合而成的巨大城市集聚区。显然，在此背景条件下的城市规划，必须挣脱原来局限于城市内部空间区域布局的束缚，而转型为"城市区域的规划"。因为城市从来就不是孤立的、封闭存在的，而是与外部环境（包括与其他城市）相互紧密依存。为此，区域规划的制定和实施必须充分考虑人类活动的生态地理环境条件。

生态型区域规划理论学说的突出贡献在于，一定程度上促进了西方对城市的研究由单体分散走向区域综合。特别是，盖迪斯运用哲学、社会学、生物学的相关理论对城市地区进行综合研究，强调把自然地区作为规划的基本框架，倡导建立城市与乡村的一体化规划体系，即规划范围和内容应该覆盖若干个城市以及其周围所影响的整个区域。据此，他所主张的"人们不能再以孤立的眼光看待每一个城市，必须认真进行区域调查，以统一的眼光来对待它们"的理念原则，时至今日，对国内外正在进行着的城市与区域规划活动仍不乏警醒和指导价值。

三、芒福德的区域整体发展理论

美国学者芒福德在其著作《历史中的城市》中，明确地提出区域整体发展理论，认为"真正的城市规划必须是区域规划"。他指出，在解决某个城市发展问题时，必须把它同区域联系起来。城市并非孤立的空间存在，它与其所在的区域是相互联系的、相互促进、相互制约的辩证关系，用一句话可以概括城市与区域的关系——城市是区域的核心，区域是城市的基础；区域产生城市，城市反作用于区域。每一个城市都有与其相应的地域作为其吸引范围，每一个经济中心都有其相应的经济区域，城市的发展要对周边的地域产生物质与人口的交换作用，而一个城市的形成与发展也受到相关区域的资源及其他发展条件的制约。

以上三种学说理论都是早期的区域规划思想萌芽，并对同期相关的区域规划实践产生了较大影响。例如，1920 年 5 月德国鲁尔煤矿居民点协会编制的鲁尔区《区域居民点总体规划》；1921 年苏联在全国范围内进行了经济区划；1922~1923 年英国编制当卡斯特煤矿区区域规划；1929 年美国编制纽约城市区域规划。这些规划的共同点是都以城市为核心，并融合周围地区进行整体规划。1933 年拟定的《雅典宪章》承认，城市及其周围地区之间存在着基本的统一性，并在《马丘比丘宪章》中得以再次重申。

第二节　传统的区域规划理论

大量传统和经典的区域规划理论，主要出现于第二次世界大战后的欧洲国家，在注重经济增长的同时，文化发展、政治民主、社会公平等问题也得到重视，区域规划侧重于实现新的生产力平衡布局。

一、增长极理论

（一）早期的空间极化发展思想

增长极理论是 20 世纪 40 年代末 50 年代初西方经济学关于一国经济平衡增长还是不平衡增长论战的产物。一派是以罗森斯丹·罗丹、纳克斯和斯特里顿为代表的平衡增长论，另一派是以佩鲁为代表的不平衡增长论。

佩鲁在《经济空间：理论的应用》和《略论发展极的概念》等著作中，最早提出以"增长极"为标志、以"不平等动力学"为基础的不平衡增长理论。佩鲁从"抽象的经济空间"出发，认为"这种空间由若干个中心（或极化点）组成，各种离心力或向心力分别指向或发自这些中心。每一个中心的吸引力和排斥力都拥有同样的场，并与其他中心相互交会。就此而言，任何普通定义上的空间都是由中心及传输各种力的通道组成"。该理论认为，经济发展并非均衡地发生在地理空间上，而是以不同的强度在空间上呈点状分布，并按各种传播途径对整个区域经济发展产生不同的影响。这些点状分布的空间经济活动就是具有成长以及空间聚集意义的增长极。

赫尔希曼也提出过类似的观点，认为增长极产生极化效应（回流效应）和涓滴效应（扩散效应），并强调尽管这两种效应会同时起作用，但在市场机制自发作用下，极化效应占支配地位，进而提出了"核心—边缘理论"。

（二）布代维尔对增长极概念的转化

佩鲁研究经济空间是从"作为势力范围的经济空间"入手的，导致其"增长极"概念比较空泛。佩鲁的弟子、法国经济学家布代维尔对经济空间作了开拓性的阐述，从经济空间扩展到地理空间，从经济理论延伸到经济政策。在布代维尔看来，经济空间既包括经济变量之间的结构关系，也涵盖经济现象的地域结构或区位关系；增长极既可以是部门的，也可以是区域的，并正式提出"区域增长极"的概念。

布代维尔把经济空间或经济区域分为三类：同一或均质区域、极化区域①和计划区域。在他看来，计划区域是政府计划和政策实施的区域，因而也是实际存在的关联区域，并在性质上更具有政治性；计划区域和极化区域一般是协调的，但鉴于极化区域的多变性，这种协调有一定难度。这里实际上已把增长极分为由市场机制支配的、自发生成的增长极（极化区域）和由计划机制支配的、诱导生成的增长极（计划区域）。

增长极理论是区域经济学的一个突破，这一理论已广泛运用于区域经济政策和经济发展战略。

---

①　极化区域，指地理空间中地方化的异质连续地域，由于增长极的磁场作用，其不同部分通过围绕区域增长极（在经济发展中起决定作用的带动单位）的相互关联而相互依存。

（三）推动型产业

按照佩鲁的观点，增长极是否存在取决于是否有"推进型单元"[①]。为促进经济增长，应致力于发展推进型企业和以推进型企业为主导的产业综合体。美国经济学家赫尔希曼最早提出推进型产业的概念，之后罗斯托对推进型产业进行了系统研究。罗斯托在《经济的增长阶段》一书中提出，在任何特定时期，国民经济不同部门增长率存在着广泛的差异，这时整个经济的增长率在一定意义上是某些关键部门的迅速增长所产出的直接效果或间接效果，这些关键部门即为推进型部门或驱动部门[②]。由于产业的发展最终要落实到企业这个微观主体，因此培养推进型企业至关重要。

（四）增长极对周围区域的影响

增长极理论认为，一个国家实现平衡发展只是一种理想，在现实中是不可能的，经济增长通常是从一个或数个"增长中心"逐渐向其他部门或地区传导。增长极是由推进型部门和有创新能力的企业在某些地区或大城市聚集发展而形成的经济活动中心，这些中心具有生产、贸易、金融、信息、交通运输、服务、决策等多种功能，促进自身并推动其他部门和地区的经济增长。

增长极通过对生产要素的集中使用，有利于集聚经济效益的出现。集聚经济效益主要体现在：

一是区位经济。区位经济是由于某项经济活动的若干企业或联系的某几项经济活动集中于同一区位而产生的。如商业活动集中于特定区域，能够减少顾客因了解信息、进行比较、实施组合购买以及交通费用等方面支付的交易费用，有利于增大对周边地区顾客的吸引。区位经济的实质是通过地理位置的靠近而获得综合经济效益。

二是规模经济。规模经济是由于经济活动规模在一定范围内的增大而获得

[①] 推进型单元，可理解为一种优势经济单元，其自身的增长和创新会产生部门关联效应，即带动其他相关产业的发展，并最终促进整个经济的发展。

[②] 一般来说，推进型部门具有如下特点：具有高创新率，能迅速引入技术创新或制度创新；具有较高的增长率，对经济增长具有较高的贡献；具有很强的带动其他产业部门发展的能力，即具有很高的扩散效应。

内部的节约。如可以提高分工程度、降低管理成本、增加分摊广告费和非生产性支出的份额，从而获得长期平均成本下降和劳动生产率的提高。

三是外部经济。外部经济效果是增长极形成的重要原因，也是其重要结果。经济活动在区域内的集聚往往使一些厂商可以不花或少花成本获得某些产品和劳务，从而获得整体收益的增加。如熟练劳动力蓄水池的出现，能源消耗、运输设施等分摊成本的节约，信息及通信系统快捷，生产服务、教育、医疗、治安等服务获得的便利等。这些收益是上期集聚经济的果实，也是下期集聚经济的诱导物。增长极通过这种集聚经济带动了自己和周边地区的发展。

增长极理论也具有明显的负效应，主要表现在：一个地区的经济扩大对周围地区产生两方面影响，即极化效应和扩散效应。如果由于积累循环因果关系，使增长极的极化效应大于扩散效应，则可能导致增长极地区越来越发达，周边地区越来越落后，形成地理空间上的二元经济，使地区经济差距不断扩大，甚至形成独立于周边地区的"飞地"。这一负效应并不是不可逆转的，如果在增长中心的区位选择、产业选择以及经济活动方面注重强化空间经济的扩散效应和辐射效应，增长极理论的负效应会在很大程度上得以削减，从而使增长极理论既能够在较短时间内推进特定地区的经济增长，又能将其经济增长的动力机制传导到周边落后地区，带动周边落后地区共同发展。

（五）极化方式和扩散方式

极化作用和扩散作用，一般表现在三个方面：①技术的创新与扩散。增长极中有创新能力的企业不断进行技术创新，推出新技术、新产品、新工艺、新组织，同时导致经济结构的创新。②资本的集中与输出。增长极中一般拥有大量的资本和生产能力，为了自身发展需要，它可以从其他地区或部门吸引、集中大量的资本，也可以向其他地区或部门输出大量的资本。③产生规模经济效益。增长极的企业和行业集中，生产规模庞大，可以形成规模经济。

极化是外围向中心移动的过程，形式多种多样。从极化波及和影响范围看，可以是全国性的，也可以是地方性的。极化作用有多种形式：①向心极化，即周围地区向极化中心的极化过程；②等级极化，即基层小节点向区域次级增长极极化，而次级增长极又向首级增长极极化；③波状圈层式极化，即极化现象是围绕极化中心向外作波状圈层式展开。在一个区域内，几种极化方式可能同时存在，呈现出等级式与网络式的极化过程特征。

扩散是由极化中心向外围移动的过程。扩散方式有近邻扩散、等级扩散和位移扩散。近邻扩散是指以增长极所形成的核心区为中心向周围地域连续的扩散，是同心圆式的扩散，随着扩散距离的增加，扩散程度依次递减，呈现"距离衰退规律"。等级扩散是以核心区为起点，按照一定等级顺序扩散。某些新思想、新技术的扩散往往是由最大的城市越过小城市、乡镇，向较远距离的规模相当或仅次于扩散元的大城市传播，再跳跃一定地理空间向更小一级城市扩散。这种扩散形式在空间上是不连续的，但遵循一定的规则。等级扩散的产生，是因为许多事物的扩散常需要相对类似的空间。位移扩散是指扩散随时间产生非均衡的位移。这种扩散，往往通过传播者自身的移动，将先进的技术和生产力带到新的地方。如我国大量的农村劳动力在城市就业后回乡创业，将先进的技术和城市的生活方式带回农村地区，从而促进农村经济发展。

（六）增长极理论在规划中的应用

增长极理论的核心是，在经济增长中，由于某些推进型部门或有创新能力的企业或行业在一些地区或城市的聚集，形成一种资本与技术高度集中，具有规模经济效益，自身增长迅速并能对邻近地区产生强大辐射作用的增长极，通过增长极地区的优先增长，可以带动相邻地区的共同发展。增长极的形成有两种途径：①由政府通过经济计划和重点投资来主动建立增长极；②由市场机制的自发调节引导企业在大城市与发达地区聚集发展而自动产生增长极。增长极理论实质上是一种区域内部发展理论，强调区域内部增长中心本身的形成与发展，通过增长极地区的优先增长，带动整个区域经济的发展。

就经济政策来说，增长极理论主张资源配置应集中在增长极。在空间上，生产要素在一定地区的分布和聚集会形成高速增长的若干点状空间，并由此带动其他地区经济增长。由于增长极具有扩散效应，可以随着规模效益的扩大、技术进步的加速、创新群的聚集等，通过增长极向外扩散，带动周边地区的经济发展。增长极理论强调的是区域经济的非均衡发展，希望把有限的资源集中投入到发展潜力大、规模经济效益明显的少数区位或部门，增强增长极实力，同周围区域经济形成一个势差，并通过市场机制的力量传导到其他地区，引导整个区域经济的发展。因此，如果一个区域没有增长极，就需要培育增长极。这为不发达地区在短期内实现经济发展提供了一种行之有效的战略选择。

增长极理论应用到区域规划中，就是要制定增长极战略。把有限的资源集中投入到发展潜力大、规模经济效益明显的少数区位或部门以形成增长极，带动整个区域经济的发展。我国大力发展的高新技术产业园区、开发区等，就是实施增长极战略的模式之一。

二、核心—边缘理论

美国区域规划专家弗里德曼 1966 年出版了《区域发展政策》一书，系统提出了核心—边缘理论。

（一）经济增长的空间动态过程

根据核心—边缘理论，在区域经济增长过程中，核心与边缘之间存在着不平等的发展关系。在经济发展初期，由于某种外部力量的作用，一个国家或区域的产业在少数地方集中发展，而周围地区成为经济、社会、文化等方面相对落后的边缘区。整个空间经济受核心区的支配，各类人才、资金、信息等资源大量流向核心区，其他边缘地区相对停滞或走向衰退。总体上，核心区居于统治地位，边缘区在发展上依赖于核心区。

但核心区与边缘区的空间地位不是一成不变的。缪尔达尔提出了极化—扩散效应，对核心—边缘理论做了补充。他把核心区与边缘区经济联系的效果划分为极化效应和扩散效应，极化效应是指在核心区快速增长阶段，边缘区的资金、技术、人力资本等资源向核心区流动，造成边缘区经济的衰落。随着经济的发展，不平衡状况加剧，核心区向边缘区的扩散效应开始加强，核心区经济扩展所产生的过剩资本寻找新的出路，导致核心区的资金、技术、人力资本等资源向边缘区流动，从而促进边缘区的经济发展。

在极化效应和扩散效应的双重作用下，边缘区内可以形成新的核心区，核心区与边缘区的边界发生变化，区域空间关系不断调整，经济的区域空间结构不断变化，使不同区域间的经济发展日益均衡化，最终达到区域空间一体化。

（二）核心区域与边缘区域的划分

核心区域由一个城市或城市群及其周围地区组成。边缘的界限由核心与外围的关系确定。弗里德曼比较深刻地刻画了核心—边缘结构模式，从一般意义上把它分为四个部分：

（1）核心增长区。主要指城市集聚区，这里工业发达，技术水平高，资本较集中，人口密集，经济增速快，包括都会区、区域的中心城市、亚区的中心、地方服务中心。它们是创新变革的发源地，在资本、技术和政策等方面具有明显的优势，可以发展那些受原料区位变化影响较小的产业，且由于政治机构集中，处于稳定发展和支配的地位。

（2）向上转移地带。是联结两个或多个核心区域的开发走廊，虽处于核心区域外围，但与核心区域之间建立了一定程度的经济联系，受核心区域的影响，经济发展呈上升趋势，就业机会增加，能吸引移民，具有资源集约利用和经济持续增长等特征。这一地带在核心区域的刺激下发展起来，投资不断增加，资源利用和农业发展的集约化程度不断提高，人口迁移量不断上升，显示出经济上升趋势。

（3）向下转移地带。这种边缘地带多为边远的农村地区，还包括原料枯竭、老工业衰退的区域。整个产业结构老化，效率低下，以粗放型经营为主，人口向外迁移，经济社会发展处于停滞或衰落的向下发展状态。

（4）资源边际区。这类地区富集有待开发的资源，对区域发展有较大的潜在价值。它可能位于上升带和下降带之间，随着资源开发和人口聚集，使它与外界尤其是核心区的联系要多于毗邻地区的联系，创新、变革可能以较快的速度到达这类地区。整个地带虽地处边远但资源富集，由于具有发展潜力，新城镇可能形成，有可能出现新的增长势头并发展成为次一级的核心区域。

（三）核心—边缘理论在规划中的应用

核心—边缘理论的价值在于，提供了一个关于区域空间结构和形态变化的解释模型，并把这种区域空间结构关系与经济发展的阶段相联系，提供了区域规划的理论工具。

缪尔达尔认为，核心区的经济发展必然以其他地区的不发达为代价。这是因为，不管哪一个经济部门的增长都必然集中在少数几个地区，引起这些地方的繁荣。边缘地区的落后，不仅是因为缺乏先进技术、资本和创新能力，也是因为核心—边缘结构关系的制约，使边缘地区的现实发展低于可能的水平。

核心区域与边缘区域的空间关系在经济发展的不同阶段会发生转化：在发展初期，是核心区域对边缘区域的控制，边缘区域对核心区域的依赖。随着经济社会的发展，核心区域的扩散作用加强，核心区域将带动、影响和促进边缘区域的经济发展。边缘区域将形成次级核心区域，甚至替代原有核心区域的地位。核心与边缘地区应该是一种平等竞争、优势互补的合作与共赢的空间关系。发展核心，带动边缘，是区域经济发展的重要空间战略。任何一个区域都要重视核心区域的发展，依靠核心区域把区内各种资源凝聚成一个整体。特别是发展中地区，要十分注意培育核心区域，通过培育和发展核心区域，形成创新活动基地，并有步骤地主动向边缘区域扩散联动，促进核心区域经济升级，带动边缘区域发展，壮大整个区域的竞争力。

西方经济学家主张扩张核心区和边缘区的市场联系，利用政府力量使新的核心区在边缘区活跃起来，通过不断扩张的市场联系、资源开发、空间扩展和收入增长政策，逐渐使边缘区的中等城市成为有吸引力的工业区位，甚至依靠行政区划体制将政治权利分散到省、县作为发展中心，使核心与边缘的界限模糊，最终实现经济空间一体化。

三、点—轴渐进扩散理论

点—轴系统理论是在德国地理学家瓦尔特·克里斯塔勒的中心地理论基础上建立的，中心地理论是关于区域内城市和城市职能、大小及其组成空间结构的学说，用正六边形形象地概括了区域城市等级与城市规模关系。点—轴系统理论是关于社会经济空间结构的理论之一，是生产力布局、国土开发和区域发展的理论模式。

（一）据点开发理论和轴线理论

从区域经济发展的过程看，经济中心总是首先集中在少数条件较好的区位，呈斑点状分布。这种经济中心可称为区域增长极，也是点—轴开发模式的点。点—轴开发中的"点"，是指区域中各级中心城市，它们都有各自的吸引范围，是一定区域内人口和产业集中的地方，有较强的吸引力和凝聚力。点状开发模式指区域的经济开发重心是区域内几个中心城市。开发的任务是进一步扩大中心城市的规模，使之达到和超过最佳规模的下限。这时，极化效应将大于扩散效应。其经济活动应以发展集聚经济为主，通过提高中心城市的经济实力来推动区域经济的增长。

据点开发模式也称为增长极开发模式，其发展思路是：首先选择符合区域条件的主导产业和经济基础相对较好的城市，建立区域经济增长极，促使区域内的要素和经济活动向优势区位集中，在以主导产业为核心的产业群内合理配置，产生规模经济和集聚经济；其次通过增长极的作用，较快地启动区域经济，在较短的时间内实现区域经济总体上的迅速增长，建立起具有自我增长能力的区域经济发展机制，逐步带动区域经济全面发展。这种模式适用于经济发展水平低、传统产业比重大、资源丰富但技术条件差、城市不发育且中心城市尚未形成辐射的区域。

随着经济的发展，经济中心逐渐增加，点与点之间由于生产要素交换的需要，交通线路以及水、电等线路相互连接起来，形成轴线。"轴"是联结点的线状基础设施束，包括交通干线、高压输电线、通信线路以及供水线路等工程线路。线状基础设施经过的地带称为"轴带"，简称"轴"。这种轴线首先是为区域增长极服务的，但轴线一经形成，会吸引人口、产业向轴线两侧聚集，并产生新的增长点，轴、带的实质是依托沿轴各级城镇形成产业开发带。

轴线开发模式是指区域的经济开发重心是区域内几个重大中心城市之间交通便利、资源丰富等具有发展优势的轴线地带。开发的任务是通过在轴线地带配置一些新的增长极点，以点带线，使其逐步形成产业密集带。这时的经济活动应以发展集聚经济为主，通过提高重要轴线地带的经济实力来带动区域经济的增长。

（二）点—轴渐进扩散理论的核心

点—轴渐进扩散理论的主要内容是：社会经济客体在区域或空间的范畴总是处于相互作用之中。这类似于物体空间相互作用的基本原理，存在空间集聚和空间扩散两种倾向。在国家和区域发展过程中，大部分社会经济要素在"点"上集聚，并由线状基础设施联系在一起而形成"轴"。轴线上集中的社会经济设施通过产品、信息、技术、人员等对附近区域有扩散作用。扩散的物质要素和非物质要素作用于附近区域，与区域生产要素相结合形成新的生产力，推动社会经济的发展。在国家和区域的发展中，在"基础设施束"上一定会形成产业聚集带。由于不同国家和区域地理基础及社会经济发展特点不同，"点—轴"空间结构的形成过程具有不同的内在动力、形式、等级和规模。在不同的社会经济发展阶段，社会经济形成的空间结构也具有不同的特征，体现为集聚与分散程度及社会经济客体间的相互作用等。

"点—轴"空间结构系统的形成与区域社会经济发展水平和结构特点的阶段差异相一致，体现了区域发展的一般规律，主要有四个阶段：

（1）点—轴形成前的均衡阶段。地表是均质的空间，建立在农业社会之上的社会经济客体呈无组织的"有序"状态，具有极端的低效率。

（2）社会经济客体开始集聚，点、轴开始同时形成，区域局部开始呈有组织状态，区域资源开发和经济发展进入较快增长期，属工业化的初期阶段。

（3）主要的"点—轴系统"框架形成，社会经济演变迅速，空间结构大幅变动，具有工业化中期阶段的空间结构特征。

（4）"点—轴"空间结构系统形成，区域进入全面有组织状态。这是社会经济要素长期自组织过程的结果，也是科学的区域发展政策和规划的结果。宏观上经济空间结构重新恢复到均衡阶段。

（三）点—轴开发模式

点—轴开发模式是点—轴扩散理论在实践中的应用，"点"即增长极，指城市；"轴"即交通干线。点—轴开发模式是希望通过对区域有扩散作用的中心城市和交通干线所组成的点—轴网络来构建区域经济开发的总体框架，利用中心城市和交通干线的辐射功能，由点及线再到面进行开发。

点—轴开发模式的基本思路：在区域内形成的若干增长极之间，最容易产生要素和经济活动的集聚，随着"基础设施束"和各种经济社会联系的建立，产生相对密集的人流、商品流、技术流、资金流、信息流，从而形成区域内经济相对发达的轴线。这些轴线一旦形成，一方面可产生扩散效应激活沿线地区的发展潜力，推动区域经济发展；另一方面可产生集聚效应，吸引区域内其他地区的要素和经济活动集聚，在原增长极周围和轴线经过的地区形成新的增长极。随着经济的发展，低一层次的点—轴系统逐步形成。这一模式的中心环节有两个：一是中心城市的建设，主要是主导产业的发展，培育和建立区域增长极；二是以交通干线为主的基础设施建设，促进轴线的形成。

"点—轴系统"理论的核心是关于区域的最佳结构和最佳发展的理论模式概括，即"点—轴系统"是区域发展的最佳空间结构；要使区域实现最佳发展，必然要求以"点—轴系统"模式对社会经济客体进行组织。"点—轴系统"理论回答了区域发展中的发展过程和地理格局之间的关系：发展过程一定会形成某种空间格局，一定的空间格局又反过来影响区域的发展过程，两者之间相互融合、相互协调，逐步实现区域的最佳发展。"点—轴系统"反映了社会经济空间组织的客观规律，是有效的国土开发和区域发展的空间结构模式。

（四）重点开发轴和重点开发点的选择

点—轴开发模式中的点和轴，要进一步细化为各级城市和具体的交通、通信和动力等线路。经济发展的轴线及点—轴系统受多种因素影响和制约，必须从综合的角度、发展的观点来确定区域经济发展的轴线及点—轴系统。

（1）交通运输发展水平、结构和布局是确定经济发展轴线及点—轴系统的基本依据。生产力的发展，交通工具的变革都会给经济布局带来巨大影响。随着铁路运输的发展，工业中心和大城市在铁路沿线和铁路枢纽地区陆续兴起；随着公路运输的迅速发展，轻工业和电子工业在大城市周围的公路发达地区集中。因此，确定经济发展轴线及点—轴系统，首要的是考虑交通运输发展水平、结构和布局。

（2）水资源开发利用条件是确定经济发展轴线及点—轴系统的重要依据。

淡水资源的数量、特征、开发利用条件，既影响到局部的厂址选择，也影响全局布点的地区安排。重点开发轴线必须具有良好的经济地理位置，必须有重要线型及成束基础设施经过，必须是资源和经济技术条件较好的地带。

（3）发展轴上的各个"点"，是经济发展轴带的各级中心城镇，是轴线集聚作用和扩散作用的核心。重点开发城镇的选择，要考虑以下几个因素：①城镇发展的条件和在区域中的地位。根据各个城镇的位置和发展条件，分析其在区域城镇体系中的主要职能、发展方向及其在区内外的地位和作用，明确其吸引和辐射范围。重点发展的城镇应是地位重要、对发展轴的形成和发展作用大、辐射范围广的城镇。②城镇的发展规模。在经济比较发达的地区，一般采用网络开发模式，往往选择城市规模大、吸引范围广、辐射能力强的大城市作为发展重点；在经济比较落后的发展中地区，往往选择一些规模较小的城镇作为发展重点，培育新的发展极，以此带动周边区域发展。③城镇空间分布现状。点—轴开发模式的实施，是从高级轴线向次级轴线逐步展开的过程，应根据城镇空间分布的现状，在与中心城市相适宜的距离上，选择条件较好的点作为重点发展的城市，使其成为次级发展中心，高级的中心城市对次级中心城市进行扩散和经济协作。

（五）点—轴渐进扩散理论在规划中的应用

点—轴开发模式在区域规划中的应用，要注意以下几点：

（1）在一级节点城市之间由铁路、公路、水路、空路、管道、通信干线等构成的连接轴线为一级轴线；以地级城市为二级节点城市，在一级节点城市与二级节点城市之间由"基础设施束"构成的连接轴线为二级轴线，以此类推。

（2）加快以一级节点城市为中心的城市体系建设。在空间布局上要着重考虑沿着一级轴线开发，发展和壮大各级中心城市，培育和发展新的增长极点，以此为重点逐步建设和完善区域城市体系。

（3）加快交通、通信等基础设施大通道建设。点—轴开发模式的实质，是区域开发由点状转向线状，即在继续加快一级节点城市发展的同时，开发的范围和重点逐步沿着一定的轴线向二级、三级节点城市拓展。加快开发轴线的交通、通信等技术设施建设，成为点—轴开发模式的一个重要政策落脚点。

四、圈层结构理论

（一）圈层结构理论内涵及主要观点

圈层结构理论最早由德国农业经济学家冯·杜能提出。其主要观点是：城市在区域经济发展中起主导作用，城市对区域经济的促进作用与空间距离成反比，区域经济的发展应以城市为中心，以圈层状的空间分布为特点逐步向外发展。

圈层结构理论的内涵：城市是一个不断变动着的区域实体，从外表形态来说，它是指有相当非农业人口规模的社会经济活动的实际范围。城市和周围地区有密切的联系，城市对区域的作用受空间相互作用的"距离衰减律"法则的制约，这必然导致区域形成以建成区为核心的集聚和扩散的圈层状的空间分布结构。由建成区至外围，由城市核心至郊外，各种生活方式、经济活动、用地方式都是从中心向外围呈现圈层状的有规律变化的。

（二）圈层结构的基本特征

圈层结构反映了城市的社会经济景观由核心向外围呈规律性的向心空间层次分化。圈层结构中，从内到外，可分为内圈层、中圈层和外圈层，每个圈层各有其特点。

（1）内圈层的特征。内圈层即中心城区或城市核心区。该层是完全城市化的地区，基本没有大田式的种植业和其他农业活动，以第三产业为主，人口和建筑密度都较高，地价较贵，商业、金融、服务业高度密集，是区域经济最核心的部分，也是城市向外扩散的源头。核心区也有两种地域类型：结节地域、均质地域。结节地域是指结节点（具有聚集性能的特殊地域）与结节吸引区组合的区域。均质地域是指具有成片专门职能的连续地段，即与周围毗邻地域存在明显职能差异的连续地段。

（2）中圈层的特征。中圈层即城市边缘区，既有城市的某些特征，又保留着乡村的某些景观，呈半城市、半农村状态，居民点密度较低，建筑密度较小，以二产为主，并积极发展城郊农业。①位置上，中圈层处于建成区外围，是城镇与乡村的衔接地带，有邻近城市发展经济的区位优势，有低廉的土地价格，劳动力费用相对较低，有乡村风景等，对城市发展有强大的吸引力，城市工业区、新的住宅区、科研和文教区等不断在边缘区出现。②功能上，中圈层具有城乡二重性，发生着由乡村向城市逐渐转变的过程。这些地方是城市对外交通、港口、机场等的重要场所，也是城乡物质交流最适合的地方，建设有大量的集贸市场、商品批发市场、中转仓库等。经济结构表现出综合性、多样性，工业发展快、起点高，与城区联系十分紧密，第一产业已不占重要地位。③社会文化上，中圈层是城乡社会习俗、生活方式、思想观念相互交错和衔接的地带。边缘区人口构成复杂，城市人口、乡村人口及外来暂住居民均有，农村人口基本以第二、第三产业为主要职业。④空间景观上，中圈层变乡村景观为城市景观。农业土地利用方式变为城市土地利用方式，出现城市中的村庄。城市道路和各种基础设施延伸至村庄，城市建筑越来越多。外边缘区城乡过渡的特色更加明显。

（3）外圈层的特征。外圈层可称为城市影响区，土地利用以农业为主，农业活动在经济中占绝对优势。乡村景观特征明显，居民点密度低，建筑密度小。外圈层是城市的水源保护区、动力供应基地以及休闲度假旅游地。外圈层中也可能产生城市工业区、新居住区的"飞地"，在远郊区有卫星城或中小城市、农村集镇。

（4）都市圈的特征。①都市圈具有向心力和辐射力足够大的核心城市或核心城市群。②都市圈自身形成一个相对独立的经济区域，都市圈内部的人员和物资流动密度远大于外部的流动密度。③都市圈在空间上呈现出比较明显的圈层结构，以核心城市的中心区为核心，形成大致的同心圆结构。④都市圈的日常交通呈现出明显的向心力，在核心区就业、上学的人口大大超过当地的居住人口。

（三）城市圈层扩展的周期波动性和方向性

与经济增长的周期性波动密切相关，城市圈层向外扩展往往表现出周期性波动特征。经济活动的周期性波动使城市的圈层扩展出现相应的周期性变动，形成加速、停滞、稳定等变化状态。在经济高速增长时期，城市工业投资增加，居民住宅、工业小区和道路建设大规模展开，边缘区土地被大量征用，城市建成区规模迅速扩大。在经济衰退期，基本建设项目减少，城市圈层扩展减慢或基本处于稳定状态。经济复苏再次进入高速增长时期，城市圈层结构又进入扩大、向外延伸的新阶段。

城市圈层式扩展是在城市张力和外围地区吸引力的共同作用下进行的。城市张力和外围地区吸引力在边缘区及外圈层各个方向是不均等的，在城市对外交通干线方向上引力最大、张力最强，使城市圈层式扩展具有明显的方向性。城市联系广大腹地的地域性交通干线，往往是连接城乡的主要线路，对城市向外扩展有较强的导向力，对工业、商业、服务业和住宅建设的吸引力也较大，区域性的交通干线往往成为城市对外扩展的伸展轴线，使城市圈层式扩展沿交通干线逐步向外蔓延。

(四) 圈层结构理论在规划中的应用

圈层结构理论与点—轴理论、核心—边缘理论具有有机联系，被广泛应用于空间规划实践。

圈层理论总结了城市扩张和发展的一般规律，对发展城市经济、推动区域经济发展具有重大指导意义。尤其是我国正在大力发展小城镇，提高城市化水平，这对我们合理规划和发展城市经济、合理规划小城镇的发展更具有现实意义。圈层结构理论已被广泛地应用于不同类型、不同性质、不同层次的空间规划实践。圈层结构理论在日本已成为国土综合规划的重要指导思想，并且发展成为大城市经济圈构造理论。我国的大城市比较重视该理论的应用，注重研究城市发展和边缘区的关系，提出了城市经济圈的许多构想。南京、上海、石家庄、武汉、广州、北京等地对城市经济圈的模式都曾进行了深入的研究，并以该理论为指导对城市经济的发展进行了规划。卫星城镇的规划、建设也是该理论的应用之一。卫星城镇依托大城市进行圈层布局，既强化了大城市的经济中心地位，又充分利用大城市的辐射促进了卫星城镇的发展，进而在较大的范围内促进了经济增长。

五、二元经济结构理论

二元经济结构理论是区域经济学的奠基性理论之一。刘易斯较早地揭示了发展中国家并存着农村中以传统生产方式为主的农业和城市中以制造业为主的现代化部门，由于发展中国家农业中存在着边际生产率为零的剩余劳动力，因此农业剩余劳动力的非农化转移能够促使二元经济结构逐步削减。此后费景汉、拉尼斯修正了刘易斯模型中的假设，在考虑工农业两个部门平衡增长的基础上，完善了农业剩余劳动力转移的二元经济发展思想。

（一）经济结构转换中的二元理论

1954 年，刘易斯创立了经济发展的二元结构模型。这一模型把发展中国家的经济结构概括为现代部门与传统部门，建立了两部门经济发展模型，奠定了无限剩余劳动力供给的二元经济结构理论的基础，成为发展经济学第一阶段的核心理论。在刘易斯看来，在具有二元经济结构特征的社会里，由于传统农业部门存在着大量低收入的劳动力，劳动力供给具有完全弹性，工业部门只需支付与传统农业部门维持生存相应的工资，即可获得无限供给的劳动力，促使农业劳动力源源不断地从农村流向城市，一直延续到农村剩余劳动力被城市完全吸收、农村工资与城市工资趋向一致、城乡差别逐步消失、国民经济实现现代化为止。

刘易斯的二元经济理论是开拓性的，他把传统部门与现代部门联系起来，用现代部门的不断扩大来说明落后国家经济发展的过程，并围绕这一过程根据收入分配解释资本积累，提出贸易条件与工农业关系等一系列问题，提供了一个分析经济发展问题的理论框架。

（二）区域结构转换中的二元理论

诺贝尔经济学奖获得者缪尔达尔从地域角度进一步丰富了"二元结构"理论，提出了"地理上的二元经济结构"理论。缪尔达尔在批判新古典主义经济发展的差别和不平衡的静态均衡分析基础上，运用动态和结构分析方法，根据地区间经济发展的差别和不平衡状况，提出了发展中国家存在经济发达地区和不发达地区并存的二元结构。作为二元结构主体的发达地区和不发达地区的经济不是孤立存在的，彼此之间存在两种相反的效应，即扩散效应和回流效应。前者使生产要素从发达地区向落后地区扩散，客观上起到缩小两者经济差距的作用；后者是生产要素从不发达地区向发达地区集中，从而扩大两者之间的差距。

在完全市场经济条件下，扩散效应和回流效应是自发形成的。由于各地区经济的差别性，个别地区受外部因素的作用，经济发展会快于其他地区而出现不平衡。扩散效应和回流效应在其中自动调节生产要素的流动，对资源的优化配置和经济发展起到推动作用。在市场优胜劣汰的原则下，发达地区占有绝对优势，落后地区各方面条件相对较差，竞争的结果自然是"地理上的二元结构"。

（三）二元结构理论在区域规划中的应用

（1）重视农村地区发展。农村富余劳动力向非农产业和城镇转移，是工业化和现代化的必然趋势。全面实现广大农村的工业化，以工业化带动城市化建设，走二元工业化结构与城市化发展道路，是发展中国家结合地区的必然选择。①以现有的县域和有条件的建制镇为基础，科学规划、合理布局新的增长极点。对人烟稀少的区域则要做出新生城市增长的长远规划，加紧制定和实施人口流动和聚集政策。②新型工业园（产业园）建设是解决"三农"问题的有效措施。在区域规划中要重视工业园（产业园）区建设的重要性，使其充分发挥在区域经济发展中的辐射带动作用，培育和发展区域增长极。在区域产业规划中，要充分考虑区位优势，在不同地区进行产业特色定位，合理布局，促进产业集群发展。③当大量的农村劳动力转移到城市时，随着城市化的发展，集约了大量的农村土地，在农村开始实施农业产业化和工业化，为其构建现代化农村和农业产业支持系统，对农、林、牧、渔和加工业进行综合规划。

（2）加强城乡一体化规划。城乡统筹发展关系到城乡发展的大局，应相对集中力量，对此进行全方位、多维度、广视角的研究，通过科学规划，精心实施。城乡一体化规划主要包括以下内容：①城乡统筹发展的战略思想、战略目标、战略部署和战略重点；②统筹城乡发展的方向和主要任务，着重在统筹城乡空间布局、产业发展、社会进步、发展理念等方面，提出消除二元结构、缩小城乡差别的主要途径；③消除城乡二元结构的支持体系，主要是管理体制、政策法规、资金财力的支持等。

第三节 现代区域规划理论

一、系统论

（一）系统论的含义

现代系统论是美籍奥地利生物学家贝塔朗菲创立的一般系统论，也称系统论。它以抽象的客体系统为研究对象而撇开系统的具体物质运动形态，着重考察系统中整体与部分、结构与功能之间的关系，并运用数学手段和计算工具，确定适用于所有客体系统的一般原则和方法。系统论特别强调整体与部分之间的相互联系和相互作用。现代系统论从不同方面揭示了系统联系和系统发展的一般性质以及系统观、过程观、时空观的基本内容。

系统包含了三个最基本的属性特征，也是一切系统所具有的共同点：

第一，系统必须由两个或两个以上的要素（部分、元素、环节……）所组成。要素是构成系统的最基本单位，因而也是系统存在的基础和实际载体，系统离开了要素就不成为系统。要素以一定的结构构成系统时，各种要素在系统中的地位和作用不尽相同。

第二，系统的各要素之间、要素与整体之间以及整体与环境之间存在着一定的有机联系，从而在系统的内部和外部形成一定的结构或秩序。

第三，任何系统都有特定的功能，即整体具有不同于各个组成要素的新功能，也就是通常所说的"整体大于部分之和"，这种新功能是由系统内部的有机联系即结构所决定的。

系统和要素的概念是相对的。由要素组成的系统，本身又是较高一级系统的组成部分；在高级系统中，它的地位是"部分"，也可以称此"部分"为较高级系统的子系统。

（二）系统的基本特征

（1）整体性。整体性是系统的首要特征。系统的整体性是指任何客观事物都是一个有机的整体。这个整体由要素构成，是各种要素的集合体，各个要素按一定方式和顺序，相互联系、相互依赖、相互制约、相互作用，形成有一定结构和功能的有机整体。系统与要素之间存在一种"非加和"、"非还原"的关系，即系统整体上的性质并不等于它的多个组成部分在孤立状态下性质的机械相加。系统的整体性表明，处于某个系统中的要素，其性能受到系统整体性的制约。要认识要素和部分，就要把它们放在有机整体中认识，把它们当作一个整体、系统当中的部分和要素加以认识。

（2）结构性。系统的结构性所揭示的是系统中诸要素之间的关系。任何一个系统不论其大小，都要有一个合理的结构，促进系统朝着有序、协调的方向发展。系统的结构性要求我们优化结构，以实现系统的最佳功能。

（3）层次性。所谓系统层次性是指每一个系统都有森严的等级（层次），即有从低级到高级、底层到上层、简单到复杂的等级系列。

（4）动态性。任何系统都会不断运动变化，并与环境发生物质的、能量的和信息的交换。系统只有相对的平衡性，绝对静止、永不变化的系统是不存在的，任何系统都有动态平衡性。

（5）开放性。系统的开放性是指系统与环境的关系。每个具体的系统都有开放性，都与周围环境即其他地图处于相互联系和相互作用之中。环境是系统存在不可缺少的外部条件。一个具体系统如不与周围其他系统发生相互联系和相互作用，进行物质、能量、信息的交换或转换，它既不能存在，也不能发展。

（三）系统论在区域规划中的应用

（1）整体性。区域规划系统由各组成部分和相对独立的子系统构成，包括总规划和专项规划，如区域产业规划、区域环境规划、区域基础设施规划等。整个规划系统的良性运作不仅取决于规划自身，更有赖于它们彼此之间的有机整合。正如系统论"整体大于各孤立部分之和"的观点，区域规划系统内不同的构成要素通过相互协调，在系统功能上可实现整体优势。这就要求规划编制过程中要高度重视规划衔接工作，促进各级各类规划之间的相互衔接，加强国民经济和社会发展规划与土地利用规划、城市规划等相关领域规划的协调，才能将规划的效能充分发挥出来。

（2）开放性。区域系统是属于耗散结构的系统，具有开放性。经由各种复杂的人员、物质、信息、技术以及能源交流与区域外部环境之间保持密切的相互作用，且在更为宏观的系统中承担一定功能职能。区域系统的内部开放性指系统内部诸要素之间以及系统与环境之间存在着有机联系。系统内部的有机关联决定了城市与区域发展中各子系统的协调性原则，而系统与外部环境之间的有机关联则表明系统的开放性。尤其在当今区域系统逐渐融入全球系统，区域与外界在资源、信息、物质上的交换日益频繁，经济、文化交流日益密切，区域规划的编制必须充分考虑外部的宏观环境，如国际经济、政治环境等因素的影响。

（3）动态性。系统内部和外部的存在与发展条件总是不断变化的，对于某一特定的区域，无论是规划的提出还是发展政策的制定，都只是一次暂时性的解答。按照系统论的观点，复杂巨系统总是处在从一种均衡状态开始，在系统内部或外部的扰动中，系统发生变迁并进入非均衡状态，再通过调整机制重新向新的均衡状态演变的动态过程中。在市场经济环境中，各种不确定因素的共同作用使区域发展面临极为复杂的局面，正向的、积极的扰动使区域向更高的层次跃升，负面的、不利的扰动使区域的发展出现停滞甚至倒退。这就要求区域规划的编制要采取动态的、富有弹性的方法，适时对区域发展做出调控，引进外部积极正向的绕行，避免区域系统处于低水平"锁定"。

二、可持续发展理论

可持续发展作为解决环境与发展问题的唯一出路，已成为世界各国的普遍共识。按照国际通行的解释，可持续发展是指既满足当代人的需要又不危害后代人满足其自身需要的能力的发展。

（一）可持续发展理论的内涵

可持续发展是对传统价值观和发展观的挑战与变革，其内涵反映在：

（1）可持续发展的系统观。可持续发展把人类赖以生存的地球及局部区域看成是由自然、社会、经济等多因素组成的复合系统，它们之间既相互联系，又相互制约。可持续发展是系统观，为人类活动与资源环境问题的分析提供了整体框架。环境与发展之间的矛盾是经济社会发展中永恒的主题，其实质是由于人类活动和这一复杂系统各个部分之间关系的失调。一个持续发展的社会，有赖于多因素的协调，任何一方面功能的削弱或增强都会影响其他组成部分，甚至影响整个社会可持续发展的进程。

（2）可持续发展的效益观。开发与保护相统一的生态经济观，为社会经济持续发展提供了指导思想。可持续发展的概念，从理论上结束了长期以来把发展经济和保护资源对立起来的错误观点，并明确指出二者应相互联系和互为因果。发展经济和提高生活质量是人类追求的目标，它需要自然资源和良好的生态环境为依托。可持续发展是生态效益、经济效益和社会效益的综合，并把系统的整体效益放在首位。

（3）可持续发展的资源观。可持续发展强调对不同属性的资源要采取不同的政策。如对石油、天然气等不可再生资源，要不断提高其综合利用效率，尽可能寻找可再生资源，以延长其使用寿命。对可再生资源，要在其再生产的承载能力范围内，保护生物多样性，保证可再生资源的持续生产和开发利用。

（4）可持续发展的全球观。人类共同居住在同一星球，没有任何一个国家能脱离世界市场而全部自给自足。当前世界上许多资源与环境问题已超越国界和地区界限，并具有全球效应。必须建立良好的国际秩序和合作关系，共同维护全球生态环境。

（5）可持续发展的社会平等观。可持续发展主张人与人之间、国家与国家之间关系应相互尊重、相互平等。一个社会或一个团体的发展，不应以牺牲另一个社会或团体的利益为代价，这种平等的关系不仅体现在人与人、国家与国家、社团与社团的关系上，也体现在当代人与后代人之间的关系上。

（二）可持续发展理论的特征

（1）可持续发展鼓励经济增长，但更追求改善质量、提高效益、节约资源、减少废物，改变传统的生产和消费方式，实施清洁生产和文明消费。

（2）可持续发展要以保护自然为基础，与资源环境的承载能力相协调。因此，发展的同时必须保护环境，包括控制环境污染，改善环境质量，保护生命支持系统，保护生物多样性，保持地球生态的完整性，保证以可持续的方式使用可再生资源，使人类的发展保持在地球承载能力范围内。

（3）可持续发展要以改善和提高生活质量为目的，与社会进步相适应。当代社会发展不可回避的一个事实，是世界上很多人口仍处于贫困状态，可持续发展必须与解决人口的贫困联系在一起。对于发展中国家来说，贫困与不发达是造成资源与环境恶化的基本原因之一。只有消除贫困，才能构筑保护和建设环境的能力。世界各国的发展阶段不同，发展的具体目标也各不相同，但发展的内涵都应包括改善人类生活质量，提高人类健康水平，并创造一个保障人们平等、自由、教育、人权和免受暴力的社会。

（三）可持续发展理论在区域规划中的应用

区域规划和可持续发展都基于区域长远发展的角度，为有效实现区域发展战略服务。区域规划是对区域发展做出的具体部署，是实现区域发展的可操作方案，也是实现区域发展战略的宏观调控手段，可持续发展是把人类生存的地球或局部区域看成是包括自然、经济、社会、文化等多因素组成的有机复合系统，生态经济社会协调发展成为可持续发展的要求和衡量标准，是各区域发展追求的目标。因此，可持续发展是制定区域规划的指挥棒，为区域发展指明了方向。

三、劳动地域分工理论

（一）劳动地域分工理论的基本内涵

分工是人类社会发展过程中一种固有的现象，也是一种重要的社会经济规律。常用的分工概念有自然分工、社会分工、部门分工以及地域分工等。地域分工的一般理论，主要有亚当·斯密的绝对成本学说、大卫·李嘉图的比较成本学说、赫克歇尔—俄林理论、克鲁格曼等的新贸易理论以及波特的国家竞争优势理论等。

劳动地域分工是指人类经济活动按地域的分工，它是社会分工的空间表现形式。区域自然系统性质的地域差异是形成地域分工的自然基础，区域社会经济系统性质的地域差异是形成地域分工的重要原因，为获得最优的经济收益和最大的消费满足是形成地域分工的根本动力。马克思的劳动地域分工理论基本观念可概括为：

1. 地域分工是部门分工在地域上的体现与落实

经济活动必须在一定的地域空间上才能进行，因此，部门分工必然要在地域上有所表现，使生产地和消费地相分离。

劳动社会分工是由劳动部门分工和劳动地域分工两大部分组成的。劳动部门分工是劳动社会分工的基础，而劳动地域分工是劳动社会分工在地域上的表现和落实。

劳动部门分工即人类经济活动按部门所进行的分工。马克思在《资本论》中把部门分工分为三个层次：把国民经济分为工业、农业、交通运输三大部门的分工称为一般分工；在三大部门基础上又细分为众多部门的分工称作特殊分工；把工厂内部的分工称作个别分工。

劳动地域分工是劳动社会分工的空间表现形式。产业的部门分工不是抽象的经济形式，而是与具体的地域相结合的，生产的部门分工必然在不同的空间尺度中表现出来。在人类的社会物质生产过程中，并不是所有地区都生产相同的产品，而是依各个地区不同的条件因素，遵循比较利益原则，把各个产业部门和企业落实在各自有利的地域上，从而实现地域之间的分工。因此，劳动地域分工是社会分工的空间形式，它表现为一个国家和地区为另一个国家和地区劳动，劳动成果由一个地区转移到另一个地区，使生产和消费不在一个地区。

2. 地域分工的根本动力是经济利益

形成地域分工有三种情况：

一是由于自然条件和经济技术限制，某一国或地区不能生产某产品，如煤炭、石油等，只在特定地域赋存，其他地域无法生产，只能靠区外调入。

二是由于生产成本很高，不如由区外调入某种产品更有利。这又包括两种情况，一种是本地成本>外地成本+运费（+关税+……），另一种是本地生产该产品不如生产别的产品收益高。

三是规模经济的作用，对条件相同的地区而言，分工协作既可保证需求，又可得到规模经济的利益。

3. 地域分工的发展

生产要求分工，分工反过来推动生产的发展，因而地域分工必然随着生产的发展而不断深化，表现越来越复杂，越来越广泛。

（二）劳动地域分工理论在区域规划中的应用

劳动地域分工理论的基本观点可归纳为地域分工发展论、地域分工竞争论、地域分工层次论、地域分工协调论、地域分工合作论和地域分工效益论六大方面。它们分别从不同侧面对区域规划起着重要的指导作用。可以说，劳动地域分工理论是区域发展规划的总理论或总理论基础。

分工发展论强调地域分工的目的在于最大强度地发挥区域优势，确定区域主导专业化部门、一般专业化部门以及区域内部各经济部门之间的比例关系和空间结构，进而指明区域发展方向与目标，而这些正是区域发展规划，尤其是经济发展规划所要研究的内容。

分工竞争论认为不同区域之间出于自身利益需要，必然会产生争稀缺资源、争销售市场等竞争行为，这对区域资源优化配置和提高区域发展整体效益是很有利的，但这种竞争必须以统一市场为条件，以政策引导公平竞争为前提。在区域发展规划中引进竞争机制，有利于提高规划的效益，编制与市场经

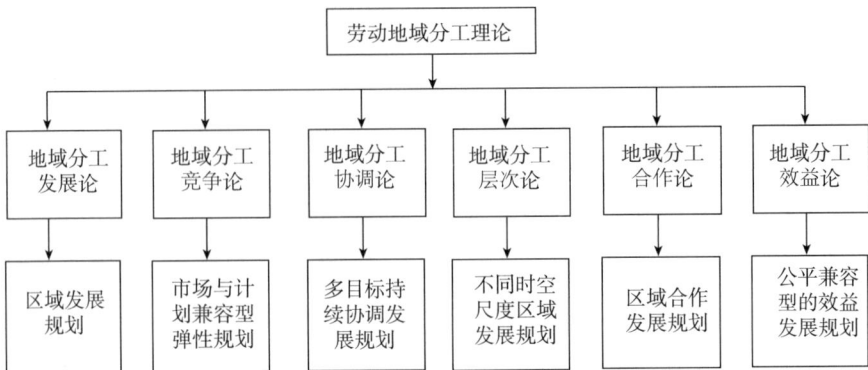

图3-1　劳动地域分工理论对区域发展规划的指导作用

资料来源: 方创琳. 新时期区域发展规划的理论基础 [J]. 经济地理, 1999 (4).

济体制相适应的弹性发展规划。

分工协调论通过合理的地域分工, 使资源配置在不断扩展的空间范围内调整和重组, 使区域之间、行业之间、区域 PERD (人口、资源、环境及其发展) 之间保持动态协调与自组织状态, 进而形成高级有序的区域产业结构与空间结构, 是编制持续协调发展规划的重要依据。

分工层次论认为, 区域经济活动离不开一定的地域空间, 地域分工在空间上的扩展, 使各经济地域间分工与协作加强, 形成更大空间范围的地域分工层次体系, 高层次的地域分工对低层次的地域分工有指导与制约作用, 这一理论对编制不同空间层次区域发展规划有重要指导作用。

分工合作论认为分工是合作的前提, 合作是分工得以实施的保障, 合作的目的是合作各方扬长避短, 优势互补或优势相加, 将分散的生产要素按最优结构合成新的生产力即协作生产力, 取得"整体大于部分之和"的综合效益。通过合作, 不仅可避免区域产业结构雷同导致的区际冲突, 而且可提高协作区域总体在全国劳动地域分工的地位与作用, 促进区域产业组织的创新, 全国统一市场的形成和产业结构的协调化与高级化。正如马克思所说, "由协作和分工产生的生产力不费资本分文"。区域发展规划必须加强区域联合与协作研究, 使规划成为合作发展规划。

分工效益论强调建立在发挥区域优势基础上的地域分工与协作，以获得新的生产力，提高劳动生产率为主要目的，合理的地域分工将使区域发展规划通过规模结构、空间结构和产业结构的合理化达到地域分工效益。

四、经济区划理论

（一）经济区

经济区是区域经济的空间组织形式，是区域经济发展的必然产物。对经济区进行科学的划分，是国家进行经济布局、对区域经济进行有效管理的空间依托和手段。

一般认为，经济区是指以劳动地域分工为基础客观形成的不同层次、各具特色的经济地域。也就是说，经济区是在地球表层一定空间范围内，由一组经济活动相互关联、组合而成的经济地域单元，是一种区域经济的空间组织实体。经济区具有组织上的同质性或群体性、空间上的相对排他性、对外联系的开放性以及组合上的层次性等特征。

根据经济区的结构、功能差异及经济特征，可把经济区分成不同的类型。常见的经济区分类方法有两种：一种是把经济区分为单一功能区和多功能经济区，其中单一功能区又分为经济类型区和部门经济区，多功能经济区又分为流域区和综合经济区；另一种是把经济区分为经济类型区、部门经济区和综合经济区。在区域经济发展中，新的经济区不断出现，如经济特区、高新技术产业园区、对外开放区等，可称为新型经济区。

（1）经济类型区，是指内部经济活动特征相似的经济区。根据经济发展水平，可分为发达区、中等发达区和欠发达区。我国所划分的东部、中部、西部三大经济地带，就是一种经济类型区。依据经济发展所存在的问题，可划分为贫困区、萧条区、过密区、过疏区等。

（2）部门经济区，是指由某个经济部门的相关组织在一定地理空间范围内集聚所形成的经济区。依据不同的经济部门划分，主要有工业区、农业区、商业贸易区、旅游区等。根据内部的行业构成，部门经济区还可以进一步划分，如工业区可进一步划分为原材料工业区、加工工业区。加工工业区又可分为机械工业区、电子工业区等。按内部行业的数量多寡，可分为综合部门经济区和单一部门经济区，如农业区可分为综合农业区、部门农业区。

（3）综合经济区，是指区内国民经济体系相对完整的经济区。根据空间尺度规模，综合经济区可分为大经济区、基本经济区和基层经济区。城市经济区也属于综合经济区的范畴。

（4）新型经济区，主要有经济特区、经济技术开发区、出口加工、保税区、自由港与自由贸易区、高新技术产业开发区以及边境经济合作区等。

（二）经济区划

19世纪末和20世纪初，欧美国家以区位论为理论依据，开展经济区划的研究。他们强调市场在区域构成中的作用，偏重于部门经济区划的研究。列宁是运用马克思主义观点研究经济区划问题的奠基人，他在《俄国资本主义的发展》（1899）一书中提出了经济区划的基本思想。十月社会主义革命以后，列宁在领导编制《全俄电气化委员会计划》（1920）时，通过划分经济区把全俄电气化计划和各地区的具体条件因地制宜地结合起来，有力地推动了经济区划理论的发展。与此同时，苏联一些经济地理学家如巴兰斯基、科洛索夫斯基等，对经济区划的理论、原则、方法以及类型等做了大量研究，从而形成经济区划的理论体系。

经济区划是指国家或地方政府根据社会长远发展的目标和规划，结合社会劳动地域分工的规律、区域经济发展的水平和特征的相似性、经济联系的密切程度划分的部分区域。经济区划可分为：目标性的经济区划，即根据不同的区域经济发展目的，对特定区域进行的经济区划；综合经济区划，即对某个地区的全部经济活动进行的区划；部门经济区划，即对某地区的某一方面或某一部门的经济活动进行的区划；时序经济区划，即根据区域经济发展的阶段，对不同时期的经济空间结构给予的界定。

（三）经济区划的原则和依据

经济区划是在认识客观存在的经济区的基础上，根据特定时期国民经济发展的目标和任务，对全国区域进行分区划片，阐明各经济区经济发展的条件、特点和问题，指出它在国民经济体系中的地位和发展方向，最终为中央政府对区域经济进行宏观调控、地方政府制定区域发展规划、企业进行区域分析活动提供科学依据。

（1）经济区内自然经济社会条件的相似性和区际差异性。区内相似性即区内主要的资源条件、经济发展水平、发展的潜力与问题、面临的任务和发展方向等方面具有近似性，区内相似性是经济区存在的客观基础，是一个经济区区别于其他经济区的主要依据。区内相似性体现在区际之间就成为区际差异性，这是区域分工的基础。综合经济区的区内相似性与区内合理的经济联系相适应，经济区内部稳定、合理、密切的经济联系使区内经济得以成为整体，否则经济区如一盘散沙，形不成综合经济实力，综合经济区也因此会失去意义。

（2）地区生产专业化与综合发展相结合，建立自己合理的产业结构。综合经济区的划分，首先，要服从全国或上一级经济区地域分工的需要，充分发挥地区优势，发展专业化生产，否则就不能完成全国劳动地域分工体系赋予的任务；其次，综合经济区还应该根据自己的条件，发展为专业化部门服务的部门及自给性部门，在一定程度上满足区内生产和生活的需要，否则就难以保证地区经济的顺利发展。现代化的第三产业是综合经济区实现经济综合发展的重点产业，经济区的级别越高，第三产业发展的规模越大，现代化程度越高。

（3）地区经济中心与经济腹地相结合。综合经济区应该是以中心城市为核心，以区域交通通信网络为脉络，上下级城市密切联系，城市与乡村相互结合的区域整体。在这里，中心城市是组织和协调区域发展的核心，它可以把经济区内各部门、各经济子区、各级城市的经济活动凝聚成一个整体。地区经济中心可以是一个密集的城市群，也可以是一个大城市、中等城市或者小城市。经济中心的规模和经济实力不同，对周围地区的辐射和吸引范围也不同，它决定了综合经济区的规模、级别和经济发展水平。因此，正确认识和判断各级各类经济中心及吸引范围是划分综合经济区划的重要依据。

（4）经济区的界限尽可能与行政区界限一致。综合经济区的发展是靠一系列政策来实现的，这些政策的制定者和执行者是各级行政区的政府机构，完全脱离行政区的经济区很难得到顺利发展。另外，目前绝大部分国家和地区的统计资料都是按行政区划汇编的，如果经济区划和行政区划不一致，在研究经济区划和规划区域经济发展时就很难得到相应的资料，或者为此大大增加工作难度，造成不必要的损失。一般而言，行政区的划分都尊重民族感情，原则上保持民族地区的完整性，综合经济区的划分也要充分考虑到这一点。

（5）同级综合经济区之间在地理范围上不宜重叠或交叉，各同级经济区地域范围的总和应覆盖上一级经济区的全部范围，全国性的综合经济区应覆盖全部国土。虽然经济区不是一成不变的，但这种变动反映在区划方案的变动之中，具体到每一个综合经济区划方案，各级综合经济区都应该有明确的界限。

（四）经济区划的基本程序

（1）系统地调查研究全国社会劳动地域分工的现状及其形成的原因和条件。

（2）根据科学技术的进步和人口增长对社会经济发展进行预测，并制定国民经济发展的总目标。

（3）根据国民经济发展的总目标，结合各地区发展经济的条件，确定各地区生产专业化的方向，并根据主导专业化部门发展的需要勾画出经济区的概略轮廓。

（4）以地区专业化部门为主体，研究地区经济结构的合理性；通过全国的和地区的综合平衡，具体地确定各经济区专业化生产的规模和综合发展的程度；综合各经济区发展的需要，进一步研究经济区界的划分。

（5）根据地区经济中心的经济吸引范围，分析区内、区际的经济联系，结合交通运输条件对经济区界进行具体的经济论证。

五、主体功能区理论

主体功能区指基于不同区域的资源环境承载能力、现有开发密度和发展潜力等，将特定区域确定为特定主体功能定位类型的一种空间单元。

（一）主体功能区分类

国家"十一五"规划纲要明确提出，"根据资源环境承载能力、现有开发密度和发展潜力，统筹考虑未来我国人口分布、经济布局、国土利用和城镇化格局，将国土空间划分为优化开发、重点开发、限制开发和禁止开发四类主体功能区"。不同主体功能区的定位和发展也不相同。

1. 优化开发区域

优化开发区域是指国家开发密度已经较高、资源环境承载能力开发减弱的区域，如京津冀、长江三角洲、珠江三角洲地区等。

优化开发区域的发展方向：要改变大量占用土地、大量消耗资源和大量排放污染实现经济较快增长的模式，把提高增长质量和效益放在首位，提升参与全球分工与竞争的层次，使其继续成为带动全国经济社会发展的龙头和我国参与经济全球化的主体区域。

2. 重点开发区域

重点开发区域是指资源环境承载能力较强、经济和人口聚集条件较好的区域，如辽东半岛、山东半岛、闽东南地区、中原地区、江汉平原、长（沙）株（洲）（湘）潭地区、关中地区、成渝地区、北部湾沿海地区等。

重点开发区域的发展方向：要充实基础设施，改善投资创业环境，促进产业集群发展，壮大经济规模，加快工业化和城镇化，承接优化开发区域的产业转移，承接限制开发区域和禁止开发区域的人口转移，逐步建成区域协调发展的重要支撑点和全国经济增长的重要增长极。

3. 限制开发区域

限制开发区域是指资源环境承载能力较弱、大规模集聚经济和人口条件不够好并关系到全国或较大区域范围生态安全的区域。从国家层面看，主要是事关全国或较大区域范围生态安全的天然林保护地区、退耕还林还草地区、草原"三化"地区、重要水源地保护地区、石漠化和荒漠化地区、水土流失严重地区等。如大兴安岭森林生态功能区、长白山森林生态功能区等。

限制开发区域的发展方向：要坚持保护优先、适度开发、点状发展，因地制宜发展资源环境可承载的特色产业，加强生态修复和环境保护，引导超载人口逐步有序转移，逐步成为全国或区域性的重要生态功能区。

4. 禁止开发区域

禁止开发区域是指依法设立的各类保护区域，包括国家自然保护区、风景名胜区、森林公园、地质公园和世界文化自然遗产等区域。

禁止开发区域的发展方向：要依据法律法规和相关规划实行强制性保护，控制人为因素对自然生态的干扰，严禁不符合主体功能定位的开发活动。

（二）主体功能区理论对区域规划的意义

主体功能区是促进区域协调发展、实现人口与经济合理分布的有效途径，是实现可持续发展、提高资源利用率的迫切需求，是坚持以人为本、实现公共服务均等化的必然要求，是提高区域调控水平、增强区域宏观调控有效性的重要措施。

（1）有利于调整产业布局。按照推进形成主体功能区的要求，即优化开发区是对过密区域进行调控，通过结构优化的方式，促进产业升级和要素扩散；重点开发区是对资源环境承载能力较强、现有开发密度还不高、发展潜力巨大的区域，加大开发力度；禁止开发区是指对自然保护区、水源涵养地这样的区域禁止开发，防止对资源与环境的破坏；限制开发区是指对生态脆弱、资源环境承载能力较弱的区域，在开发规模和步骤上加以限制，以防范大规模地开发引致生态系统进一步失衡等的要求，提出不同主体功能区的产业指导目录及措施，引导优化开发区域增强自主创新能力，提升产业结构层次和竞争力；引导重点开发区域加强产业配套能力建设，增强吸纳产业转移和自主创新能力；引导限制开发区域发展特色产业，限制不符合主体功能定位的产业扩张。

（2）有利于建立完善的财政和投资政策。围绕推进基本公共服务均等化和主体功能区建设，完善公共财政体系。深化预算制度改革，强化预算管理，健全中央和地方财力与事权相匹配的体制，加快形成统一规范透明的财政转移支付制度，提高一般性转移支付规模和比例，加大公共服务领域投入；完善省以下财政体制，增强基层政府提供公共服务能力；实行有利于科学发展的财税制度，建立健全资源有偿使用制度和生态环境补偿机制，重点增加对限制开发和禁止开发区域用于公共服务和生态环境补偿的财政转移支付；支持重点开发区域基础设施建设。

（3）有利于建立完善的土地和人口管理政策。加强国土规划，按照形成主体功能区的要求，完善区域政策，调整经济布局。按照主体功能定位调控人口总量，引导人口有序流动，逐步形成人口与资金等生产要素同向流动的机制。鼓励优化开发区域、重点开发区域吸纳外来人口定居落户；引导限制开发和禁止开发区域的人口逐步自愿平稳有序转移，缓解人与自然关系紧张的状况。按照基本形成节约资源和保护生态环境的产业结构、增长方式、消费模式；循环经济形成较大规模，可再生能源比重显著上升；主要污染物排放得到有效控制，生态环境质量明显改善；生态文明观念在全社会牢固树立等建设生态文明的要求，根据不同主体功能区的环境承载能力，提出分类管理的环境保护政策。

（4）有利于建立绩效评价和政绩考核新机制。针对主体功能区不同定位，实行不同的绩效评价指标和政绩考核办法。优化开发区域要强化经济结构、资源消耗、自主创新等的评价，弱化经济增长的评价；重点开发区域要对经济增长、质量效益、工业化和城镇化水平以及相关领域的自主创新等实行综合评价；限制开发区域要突出生态建设和环境保护等的评价，弱化经济增长、工业化和城镇化水平的评价；禁止开发区域主要评价生态建设和环境保护。这样，从体制的层面上引导人们在发展道路、发展目标上进行新的调整。

第四章

区域规划的主要内容

　　区域规划作为指导区域发展的蓝图，在协调区域发展的利益和关系上起着至关重要的综合调控作用。区域规划的主要内容包括区域发展战略、区域空间规划、区域产业规划、区域环境规划以及区域发展政策规划体系方面。

第一节 区域发展战略

区域发展战略是对一定区域内经济、社会发展有关全局性、长远性、关键性的问题所做的筹划和决策。具体说，是指在较长时期内，根据对区域经济、社会发展状况的估量，考虑到区域经济、社会发展中的各方面关系，对区域经济发展的指导思想、所要达到的目标、所应解决的重点和所需经历的阶段以及必须采取的对策的总筹划和总决策。

一、区域发展战略的本质特征

根据区域发展战略的定义，具有全局性、系统综合性、长期性和阶段性、地域性以及层次性等特征。

（1）全局性。发展战略是关于把握全局总体的蓝图描绘，研究的是决定全局的关键问题和影响全局的各个方面，包括所研究的系统在各个发展时期存在和发展的环境。它是对发展目标和实现目标的方针、政策、途径、措施、步骤的高度概括，对国家、地区或城市的发展具有方向性、长远性、总体性的指导作用。

（2）系统综合性。发展战略面对的是诸多要素相互联系、相互依存、相互作用、相互制约构成的复杂系统，既涉及系统内部的结构、层次和功能，又涉及系统与周围环境的各种联系，同时涉及人口、资源、环境、经济、社会、科技等各个领域，必须用系统的科学方法，在综合研究中得到全局的认识。区域发展战略主要是确定经济发展的指导思想和基本原则，并不是对经济发展的具体安排。

（3）长期性和阶段性。区域发展战略的着眼点是面向未来，因此，立足当前，放眼未来是战略考虑的要点。战略制定的长期性，要求战略目标与对策应保持一定程度的弹性。在战略制定过程中，要处理好近中期战略同长远战略的关系，使战略保持相对的稳定性和连续性。区域发展战略总是为某一特定的时间范围内实现某种目标而设立，当某一阶段的战略完成了其历史使命，或与战略对象的新情况不相适应时，必然要被新的战略所替代。

（4）地域性。受空间范围的限定，区域发展战略具有明显的地域性。不同的地域范围、层次、地点，不同的区情、不同的主体，所制定的区域发展战略不尽相同。

（5）层次性。战略具有全局性，而全局的范围是有大小之分的。系统是有层次的，有大系统、小系统，也有母系统、子系统，任何系统，都可以看成是一个整体，对应于不同层次的系统，就有不同层次的战略。全局和局部的划分是相对的，子系统的全局相对于母系统来说只是一个局部，局部应该服从于全局。因此，制定下一层次的战略时，应该同上一层次的战略要求相符合。

二、区域发展战略的主要内容

（一）区域发展的指导方针和指导思想

正确的指导方针和指导思想是制定区域发展战略的出发点。全国应有一个总的全国性的指导方针，某一特定地区经济发展的指导方针，要立足于本地区的特点，找到制约本地区发展的症结所在，看清本地区面临的形势，结合全国总体指导方针而制定。

指导思想是对战略目标、战略重点和战略对策的系统概况。作为某一特定区域发展的指导方针，绝不是简单照搬照套，而要把全国性的指导方针与本地实际相结合，提出既体现全国指导方针的思想，又充分反映本地区情况特定的具体指导方针。

专栏一　我国国民经济和社会发展"十三五"时期指导思想

高举中国特色社会主义伟大旗帜，全面贯彻党的十八大和十八届三中、四中、五中全会精神，以马克思列宁主义、毛泽东思想、邓小平理论、"三个代表"重要思想、科学发展观为指导，深入贯彻习近平总书记系列重要讲话精神，坚持全面建成小康社会、全面深化改革、全面依法治国、全面从严治党的战略布局，坚持发展是第一要务，牢固树立和贯彻落实创新、协调、绿色、开放、共享的发展理念，以提高发展质量和效益为中心，以供给侧结构性改革为主线，扩大有效供给，满足有效需求，加快形成引领经济发展新常态的体制机制和发展方式，保持战略方向，坚持稳中求进，统筹

推进经济建设、政治建设、文化建设、社会建设、生态文明建设和党的建设，确保如期全面建成小康社会，为实现第二个百年奋斗目标、实现中华民族伟大复兴的中国梦奠定更加坚实的基础。

必须遵循以下原则：

——坚持人民主体地位。人民是推动发展的根本力量，实现好、维护好、发展好最广大人民根本利益是发展的根本目的。必须坚持以人民为中心的发展思想，把增进人民福祉、促进人的全面发展作为发展的出发点和落脚点，发展人民民主，维护社会公平正义，保障人民平等参与、平等发展权利，充分调动人民的积极性、主动性、创造性。

——坚持科学发展。发展是硬道理，发展必须是科学发展。我国仍处于并将长期处于社会主义初级阶段，基本国情和社会主要矛盾没有变，这是谋划发展的基本依据。必须坚持以经济建设为中心，从实际出发，把握发展新特征，加大结构性改革力度，加快转变经济发展方式，实现更高质量、更有效率、更加公平、更可持续的发展。

——坚持深化改革。改革是发展的强大动力。必须按照完善和发展中国特色社会主义制度、推进国家治理体系和治理能力现代化的总目标，健全使市场在资源配置中起决定性作用和更好发挥政府作用的制度体系，以经济体制改革为重点，加快完善各方面体制机制，破除一切不利于科学发展的体制机制障碍，为发展提供持续动力。

——坚持依法治国。法治是发展的可靠保障。必须坚定不移走中国特色社会主义法治道路，加快建设中国特色社会主义法治体系，建设社会主义法治国家，推进科学立法、严格执法、公正司法、全民守法，加快建设法治经济和法治社会，把经济社会发展纳入法治轨道。

——坚持统筹国内国际两个大局。全方位对外开放是发展的必然要求。必须坚持打开国门搞建设，既立足国内，充分运用我国资源、市场、制度等优势，又重视国内国际经济联动效应，积极应对外部环境变化，更好利用两个市场、两种资源，推动互利共赢、共同发展。

——坚持中国共产党的领导。中国共产党的领导是中国特色社会主义制度的最大优势，是实现经济社会持续健康发展的根本政治保证。必须贯彻全面从严治党要求，不断增强党的创造力、凝聚力、战斗力，不断提高中国共产党的执政能力和执政水平，确保我国发展航船沿着正确航道破浪前进。

专栏二　内蒙古自治区国民经济和社会发展"十三五"时期指导思想

高举中国特色社会主义伟大旗帜，全面贯彻中共十八大和十八届三中、四中、五中全会精神，以马克思列宁主义、毛泽东思想、邓小平理论、"三个代表"重要思想、科学发展观为指导，深入贯彻习近平总书记系列重要讲话和考察内蒙古重要讲话精神，深入贯彻自治区党委九届十一次、十二次、十三次、十四次全委会议精神和重大决策部署，坚持全面建成小康社会、全面深化改革、全面依法治国、全面从严治党的战略布局，坚持发展是第一要务，坚持创新、协调、绿色、开放、共享发展理念，以提高发展质量和效益为中心，加强供给侧结构性改革，加快形成引领经济发展新常态的体制机制和发展方式，坚持稳中求进，统筹推进经济建设、政治建设、文化建设、社会建设、生态文明建设，加快"五大基地"、"两个屏障"、"一堡一带"建设步伐，走新型工业化、信息化、城镇化、农牧业现代化"四化"同步发展之路，确保如期全面建成小康社会，把经济发展、民族团结、文化繁荣、边疆安宁、生态文明、各族人民幸福生活的祖国北疆风景线打造得更加亮丽。

必须坚持以下原则：

坚持人民主体地位。牢记人民是发展的根本力量，树立以人民为中心的发展思想，把增进人民福祉、促进人的全面发展作为发展的出发点和落脚点，发展人民民主，保障人民平等参与、平等发展权利，切实实现好、维护好、发展好各族人民根本利益。

坚持科学发展。牢记发展是硬道理的战略思想，从欠发达的基本区情实际和发展不足的主要矛盾出发，以经济建设为中心，把握经济发展新常态下的新特征，加快转变经济发展方式，推动实现更高质量、更有效率、更加公平、更可持续的发展。

坚持深化改革。牢记改革是发展的强大动力，紧紧围绕使市场在资源配置中起决定性作用和更好发挥政府作用，以经济体制改革为重点，加快完善各方面体制机制，破除一切不利于发展的体制机制障碍，把改革贯穿到经济社会发展全过程，为发展提供持续动力。

坚持依法治区。牢记法治是推动经济社会发展的可靠保障，坚定不移走中国特色社会主义法治道路，推进科学立法、严格执法、公正司法、全民守法，加快建设法治经济和法治社会，把经济社会发展纳入法治轨道。

坚持在国内国际两个大局中谋划和推动发展。牢记开放是繁荣发展的必由之路，坚持登高望远，以宽广的世界眼光和大局意识规划事业、谋求发展，既面向国内加强区域合作，又面向世界扩大对外开放，更好利用两个市场、两种资源，推动互动共赢，实现共同发展。

坚持党的领导。牢记党的领导是中国特色社会主义制度的最大优势，坚决贯彻全面从严治党的要求，始终维护党总揽全局、协调各方的领导核心作用，坚决贯彻落实中央和自治区党委的战略部署，不断创新和完善宏观调控方式，积极妥善应对各种矛盾和问题，推动经济社会持续健康发展。

（二）区域发展的方向和目标

1. 方向定位

根据区域发展的现实基础，内外部联系和在全国劳动地域分工中的地位与作用，对所承担的功能作出准确判断与勾画，是制定区域发展战略的关键和难点所在。在确定区域发展方向时，要注意以下几点：

一是方向定位一定要有层次性，要以劳动地域分工理论为基础，由大到小层次定位。

二是方向定位一定要以市场为导向，以最大限度发挥区域综合竞争力优势为重点，以提高区域整体发展实力和核心竞争能力为目标。

三是方向定位的内容应包括经济定位、社会定位、交通定位、政治定位以及科技文化定位等。

四是方向定位类型应包括经济发展性质定位、经济发展功能定位和经济发展阶段定位等。

五是定位力求准确、精练、全面、通俗、顺口、直观，易于理解，易于记忆和贯彻实施。

2. 发展目标

区域发展的战略目标包括三大部分：一是经济发展目标，包括经济总量目标、经济增长目标、经济结构目标、经济运行质量目标等；二是社会发展目标，包括基础设施发展目标、人口发展目标、科技教育发展目标、生活质量目标、社会保障目标等；三是资源环境发展目标，包括资源开发利用目标、环境保护目标等。每一项目标都可以通过一系列具体指标度量，如经济总量指标可用 GDP、财政收入、社会消费品零售总额、人均收入等指标反映；经济结构目标可用三次产业结构比例度量；生活质量指标可用恩格尔系数、受教育程度、人均预期寿命等反映。

专栏三 我国国民经济和社会发展"十三五"时期主要目标

按照全面建成小康社会新的目标要求，今后五年经济社会发展的主要目标是：

——经济保持中高速增长。在提高发展平衡性、包容性、可持续性基础上，到2020年国内生产总值和城乡居民人均收入比2010年翻一番，主要经济指标平衡协调，发展质量和效益明显提高。产业迈向中高端水平，农业现代化进展明显，工业化和信息化融合发展水平进一步提高，先进制造业和战略性新兴产业加快发展，新产业新业态不断成长，服务业比重进一步提高。

——创新驱动发展成效显著。创新驱动发展战略深入实施，创业创新蓬勃发展，全要素生产率明显提高。科技与经济深度融合，创新要素配置更加高效，重点领域和关键环节核心技术取得重大突破，自主创新能力全面增强，迈进创新型国家和人才强国行列。

——发展协调性明显增强。消费对经济增长贡献继续加大，投资效率和企业效率明显上升。城镇化质量明显改善，户籍人口城镇化率加快提高。区域协调发展新格局基本形成，发展空间布局得到优化。对外开放深度广度不断提高，全球配置资源能力进一步增强，进出口结构不断优化，国际收支基本平衡。

——人民生活水平和质量普遍提高。就业、教育、文化体育、社保、医疗、住房等公共服务体系更加健全，基本公共服务均等化水平稳步提高。教育现代化取得重要进展，劳动年龄人口受教育年限明显增加。就业比较充分，收入差距缩小，中等收入人口比重上升。我国现行标准下农村贫困人口实现脱贫，贫困县全部摘帽，解决区域性整体贫困。

——国民素质和社会文明程度显著提高。中国梦和社会主义核心价值观更加深入人心，爱国主义、集体主义、社会主义思想广泛弘扬，向上向善、诚信互助的社会风尚更加浓厚，国民思想道德素质、科学文化素质、健康素质明显提高，全社会法治意识不断增强。公共文化服务体系基本建成，文化产业成为国民经济支柱性产业。中华文化影响持续扩大。

——生态环境质量总体改善。生产方式和生活方式绿色、低碳水平上升。能源资源开发利用效率大幅提高，能源和水资源消耗、建设用地、碳排放总量得到有效控制，主要污染物排放总量大幅减少。主体功能区布局和生态安全屏障基本形成。

——各方面制度更加成熟更加定型。国家治理体系和治理能力现代化取得重大进展，各领域基础性制度体系基本形成。人民民主更加健全，法治政府基本建成，司法公信力明显提高。人权得到切实保障，产权得到有效保护。开放型经济新体制基本形成。中国特色现代军事体系更加完善。党的建设制度化水平显著提高。

专栏四　内蒙古自治区国民经济和社会发展"十三五"时期主要目标

综合分析"十三五"时期发展战略机遇期内涵和条件的变化，按照到 2020 年全面建成小康社会宏伟目标要求，力争提前实现地区生产总值和城乡居民收入比 2010 年翻一番，今后五年内蒙古自治区经济社会发展的主要目标是：

——经济保持中高速增长。投资规模扩大、结构优化、效率提高，全社会固定资产投资年均增长 10% 左右。消费对经济增长贡献率提高，社会消费品零售总额年均增长 10% 左右。"五大基地"建设深入推进，资源综合利用率和产业精深加工度提高，预期内蒙古自治区电力总装机、新能源装机和电力外送能力均居全国首位。基础设施体系更加完善，将历史性实现地上有高铁、地下有地铁，铁路、公路、航空全面发展，连接内外、覆盖城乡的现代化综合交通运输体系基本形成。经济发展综合水平明显提高，地区生产总值年均增长 7.5% 左右，人均地区生产总值达到 1.6 万美元左右。一般公共预算收入年均增长 7% 左右。

——转变发展方式取得重大突破。产业发展迈向中高端水平，农牧业现代化加快推进，工业转型升级取得新突破，服务业和战略性新兴产业比重明显上升，多元发展多极支撑的现代产业体系基本形成，服务业增加值占地区生产总值比重达到45%左右，战略性新兴产业增加值占地区生产总值比重达到10%以上。要素结构优化，科技对经济增长的贡献率提高到55%，信息化水平显著提升，创新驱动发展格局初步形成。城镇化内涵发展质量提高，户籍人口城镇化率年均提高1.4个百分点左右，新农村新牧区建设成效显著，城乡基本公共服务差距明显缩小，城乡协调发展格局基本形成。生产力布局进一步优化，呼包鄂协同发展战略深入实施，乌海及周边地区一体化发展水平明显提高，东部地区加快发展，县域经济实力持续壮大，区域发展协调性不断增强。

——人民生活水平和质量普遍提高。就业比较充分，城镇新增就业人数平均每年达到25万人。城乡居民人均可支配收入年均分别增长8%左右和9%左右，达到全国平均水平，城乡居民收入差距预计缩小到2.7∶1，中等收入人口比重明显上升。消费能力和消费层次显著提高。就业、教育、文化、体育、社保、医疗、住房等公共服务体系更加健全，基本公共服务均等化水平稳步提高，教育现代化取得重要进展，劳动年龄人口平均受教育年限明显提高。国家现行标准下农村牧区80.3万贫困人口实现脱贫，贫困旗县全部摘帽，解决区域性整体贫困。人均预期寿命达到76岁左右。

——国民素质和社会文明程度显著提高。"中国梦"和社会主义核心价值观更加深入人心，爱国主义、集体主义、社会主义思想广泛弘扬，向上向善、诚信互助的社会风尚更加浓厚，人民思想道德素质、科学文化素质、健康素质明显提高，全社会法治意识不断增强。公共文化服务体系基本建成，推动文化产业逐步成为国民经济支柱性产业，到2020年文化产业增加值占地区生产总值比重达到4%左右。

——生态环境质量持续改善。生产方式和生活方式绿色、低碳水平上升。生态环境持续好转。森林覆盖率提高到23%，草原植被覆盖率提高到46%，主要生态系统步入良性循环。能源资源开发利用效率大幅提高，能源消费总量和强度、水资源消耗总量和强度、建设用地总量和强度、碳排放强度、主要污染物排放总量达到国家要求，实现天更蓝、水更清、山更绿，城乡人居环境明显改善。主体功能区布局和生态安全屏障基本形成，对国家生态文明建设大局的贡献更加突出。

——各方面体制机制更加健全完善。政府和市场的关系进一步理顺，市场化程度提高，重点领域和关键环节改革取得决定性成果，鼓励创新的体制机制逐步完善，产权得到有效保护。非公有制经济快速发展，各类市场主体活力增强。开放型经济新体制基本形成，对内对外开放层次和水平明显提高，外贸进出口总额达到190亿美元左右，实际利用外资总额达到45亿美元。人民民主更加健全，法治政府基本建成，司法公信力明显提高，民族团结、社会稳定、边疆安宁的政治局面进一步巩固。

（三）区域经济发展的战略重点、战略布局和战略步骤

战略重点、战略布局和战略步骤，是分别从产业结构、空间配置和时序安排上保证区域发展战略目标顺利实现的三个重要方面。

（1）战略重点。一个时期内区域发展重点产业的安排，一般来说主要是两类：一是瓶颈产业，二是战略产业。重点抓瓶颈产业，旨在体现和实现产业之间平衡及协调发展的要求，通过拉长短线，克服瓶颈，使长线产业的闲置能力充分发挥。战略产业是指对产业结构的升级转换和经济持续增长起根本性、全局性作用的产业，主要指先导产业、主导产业和支柱产业。在产业结构的战略安排上，要考虑资源禀赋状况，既要有重点，又要适度倾斜，适时调节，协调发展。

（2）战略布局。旨在安排解决发展的空间配置问题。对不发达地区，首先是培育增长极，提高增长极的综合实力，形成支撑和带动整个地区经济发展的据点与核心区。在核心区已具备相当实力后，要充分依托核心区，向外围区扩展，推进经济布局有序展开。对于产业和人口过分密集的地区，战略布局的重点应考虑发挥其扩散效应，促使中心区传统产业和部分人口向外围区扩散，实现产业和空间重组，形成等级有序的城镇体系，既缓解由中心区过密引起的诸多矛盾，又推进外围地区的发展。

（3）战略步骤。战略步骤是从时序上对实现战略目标的阶段划分，重点在各阶段间的转移与衔接。一般来说，不发达地区首先要注意启动阶段形成自身积累的初步能力，再逐步转入正常增长阶段。对其他地区，第一步通常是理顺各种经济关系，实现产业结构协调化，焕发区域经济活力；第二步是在协调化的基础上，进一步实现结构优化和升级。

三、区域发展战略的主要类型

区域发展战略按研究的内容、目标、侧重点等可分为不同的类型组合，这些组合类型共同构成区域发展战略体系。

（一）按研究层次组合的类型

（1）全球或世界级发展战略。如麻省理工学院米都斯等提交给罗马俱乐部的《增长的极限》，提出了"零增长"下的全球均衡战略。我国正在推动的"一带一路"发展战略，也具有世界性的影响。

（2）国家级发展战略。印度的"甘地式发展战略"、日本与韩国的"国民收入倍增计划"以及我国全面建成小康社会等战略，都属于国家级发展战略。

（3）地区级发展战略。如我国西部大开发战略、东北等老工业基地振兴战略、中部崛起战略、京津冀协同发展战略以及长江经济带发展战略等。

（4）小区域发展战略。如经济特区、高新技术产业区、科技工业园、农业开发区、自由贸易区等发展战略。

（二）按行业层次组合的类型

按行业分类的发展战略，主要包括人口、资源开发、农业、工业发展、对外贸易、商业、金融业、科技教育、旅游业发展战略以及社会发展、环境保护、基础设施等发展战略。

（三）按战略目标不同组合的类型

按战略目标不同，可分为传统发展战略、变通发展战略、新发展战略以及激进自主的发展战略等。

（四）按区际激进关系组合的类型

（1）内向型发展战略。强调依靠本地资源和市场发展经济，通过贸易保护政策保护本区经济，特别是幼小工业的发展，以形成完整的工业体系。在区际市场不利于初级产品输出时，面向区内市场生产替代输入的产品以保护本区经济利益。

（2）外向型发展战略。强调利用区际市场，引进技术，以区际资源开发弥补本区资源不足，形成具有区际竞争力的产业结构。

（3）进口替代战略。用以发展本区工业制成品的生产，主要是轻工产品，替代原来需要从区外输入的这些产品，其目的在于通过限制输入制成品保护区内市场，促进地方工业的发展。

（4）出口替代战略。将以初级产品为主的输出转变为以制造业及加工产品为主的输出，将本国产品推销到区际市场。它是将发展中地区的廉价劳动力和发达地区的资金、技术相结合的依附性的经济发展。

（五）按战略内容侧重导向组合的类型

（1）资源导向型战略。该战略主要侧重于制定以开发区域内部资源为主要目的的发展战略，一般多在区域经济社会发展初期采用这种战略。

（2）市场导向型战略。该战略主要侧重于制定以充分利用区域内外部广阔的市场为特征的发展战略，即经济发展、产业结构调整必须以市场供求状况为标准进行调节，一般多在资源缺乏地区、市场经济发展较好的地区采用这种战略。

（3）资源与市场双导向型战略。该战略是资源导向和市场导向战略的有机结合，资源开发以市场需求为前提，市场容量决定资源开发规模。这种战略在有计划的市场经济国家中，特别是经济发展中期阶段采用。

（4）出口导向型战略。该战略侧重于资源产品和制成品的生产主要面向国外市场，如日本的加工贸易型战略、新加坡的转口贸易型战略、瑞士的过境贸易型战略等。

（5）技术导向型战略。该战略主要依靠引进、消化、吸收、创新科学技术，提高产业与产品的科技含量，提高科技进步对经济增长的贡献率。

（6）科技导向型战略。该战略主要依靠知识和高素质人才发展经济，实现区域经济的信息化、知识化和高新技术产业化。

（六）处于不同发展阶段的区域发展战略

（1）处于待开发（不发育）阶段的地区。资金投入的产业方面，要立足于本地资源，技术层次要适合本地区劳动力素质，同时选择发展潜力较好的产业；资金投入的空间方面，要培育区内增长极，以带动整个地区的发展，切忌平均分散使用力量；重视人口素质的提高和观念的转变，大力发展教育，促进市场发育；善于招商引资，吸引人才技术，使自然资源和劳动力丰富的有利条件与外部输入要素有机结合，转化为经济优势。

（2）处于成长阶段的地区。进一步巩固和扩大优势产业部门，充分发挥规模经济优势，降低产品成本，不断开拓市场，扩大优势产品的市场占有率；围绕优势产业，形成结构效益良好的关联产业链条；不断培育新兴产业，大力发展第三产业，特别是金融、贸易、信息、咨询、科技教育等，提高地区经济的结构弹性；沿主要开发轴线培育新的或次级增长极，促进区域经济向纵深发展。

（3）处于成熟阶段的地区。产业结构上，要着力发展新兴产业，不断利用新技术改造传统产业，实现产业结构优化组合，确保产业结构动态化；市场结构上，要大力发展外向型经济，开展跨国经营，促进区域经济走向世界；空间结构上，以城市为中心，加快向外围地区的产业扩散，形成城乡一体化的大城市经济圈；发展目标上，更重视社会目标和生态目标，更加注重经济增长的质量和效益。

四、区域发展战略的制定和实施

依据战略研究、制定和实施的时间过程，区域发展战略的制定可分为系统设计阶段、调研阶段、诊断阶段、开发阶段、优化和综合阶段、战略审查确定阶段以及战略追踪实施与监控预警阶段。

（一）系统设计阶段

这也是前期准备阶段。具体设计内容包括确定战略的空间范围、时间范围，熟悉区域区情，编制战略任务合同书，编写战略提纲与调研提纲，成立战略领导机构及调研组，落实物质与资金准备及工作技术设备等。

（二）系统调研阶段

这是野外调查阶段，工作量大，持续时间长，消耗人力、物力、财力多，且经查反复。调研成功与否直接决定着战略的可行性和可信度。调查内容包括系统内部要素和系统外部要素两大部分。系统内部要素主要指自然资源类，人口与生态环境类，国民经济各行业经济技术指标类，部门结构、产品结构与空间结构类，基础设施类等；系统外部要素主要指区域位置与相邻区域的比较，区域发展实力与相邻区域的比较，主要协作行业、外资与外向型经济发展状况，横向经济技术联合，国家指令性指标及上一级的计划安排等。调查资料一部分取自于各地农业区划报告、资源调查报告、国土资源报告、历年统计年鉴、以往的规划文本、工业普查与人口普查报告、各部门年报及五年计划、各部门专题论证及年度工作总结、文史资料、会议论文集、档案资料等，一部分取自于上级或国家文件与统计资料，一部分必须通过深入基层召开专题论证会议、各行业专家干部讨论会议、战略研究会议，或者采用抽样调查法、推导法、德尔菲法等途径获得。要特别注意数据的真实性、权威性以及统计口径一致性和计量单位的统一规范性。

（三）系统诊断阶段

在对区域发展历史与现状系统调查的基础上，对区域发展进行状态、趋势、优劣势、实力与潜力、限制条件与有利因素、机遇与挑战等方面的系统分析与诊断，提出区域总体发展设想和未来发展思路，进而编制出区域发展战略报告详细提纲。系统分析诊断一般包括以下几个方面：一是区域在全国劳动地域分工和国际分工中的地位与作用分析；二是区域人口、资源、环境状况分析诊断；三是区域发展优劣势、有利条件与制约因素及潜力分析；四是区域经济发展规模、速度与效益分析；五是区域产业结构、产品结构与空间结构现状诊断和进一步优化调整的趋向分析；六是区域经济和社会发展水平与发展实力的综合评估；七是区域进一步发展面临的机遇与挑战分析。

这也称为 SWOT 分析阶段，其分析步骤为：①用横向比较等方法列出区域的优势和劣势；②通过预测等方法把握区域未来发展的可能机会与不得不面对的威胁；③优势、劣势与机会、威胁相组合，形成 SO、ST、WO、WT 策略，构成 SWOT 矩阵；④对 SO、ST、WO、WT 策略进行甄别和选择，确定区域应该采取的具体战略和策略，如表 4-1 所示。

表 4-1 SWOT 矩阵

	优势	劣势
机会	SO 战略（增长性战略）	WO 战略（扭转型战略）
威胁	ST 战略（多元化经营战略）	WT 战略（防御型战略）

第一，机遇—优势（SO）。状态：外部有机遇，内部有优势。策略：充分发挥产业内部优势，抓住机遇。采用发展型战略。

第二，机遇—劣势（WO）。状态：存在一些外部机遇，但有一些内部的劣势妨碍我们利用这些外部机遇。策略：利用外部资源来弥补产业内部劣势。由稳定型向发展型战略过渡。

第三，威胁—优势（ST）。状态：外部有威胁，内部有优势。策略：利用内部的优势回避或减轻外部威胁的影响，最终转化为机遇。采用多元化经营战略。

第四，威胁—劣势（WT）。状态：外部有威胁，内部有劣势。策略：减少内部劣势，同时回避外部环境威胁。采用防御型战略。

（四）系统开发阶段

这是区域发展战略目标和战略布局开发阶段。主要内容包括在对各子系统调研分析诊断的基础上，提出本区域发展战略目标、战略重点、战略布局和战略对策，这是战略工作的核心和灵魂。一般采取以下几种方法：

一是召开全区域甚至更大范围的区域发展战略研讨会。

二是采取"请进来"的办法，邀请上级部门和专家学者座谈；采取"走出去"的办法，开展大范围、多渠道、广角度的战略咨询活动。

三是通过反复征求意见，达到发展战略方案的综合筛选并进行可行性分析和论证。

四是定性分析与定量分析有机结合。

（五）系统优化和综合阶段

这个阶段也叫子系统优化设计和大系统综合平衡阶段。主要任务是对总体发展目标及各种可行性方案进行详细分析，选择区域主导产业，优化区域产业结构，做好各行业发展战略和重大问题专题论证报告，建立反映大系统和周围环境、大系统内部各子系统之间、大系统同各子系统之间各种复杂关系的数学模型，对战略总方案和各行业战略方案进行优化协调，比较选优，做好总战略方案与行业战略方案之间的纵向衔接以及各行业战略之间的横向协调。

(六) 战略审查确定阶段

经过系统优化和综合后，将提交如下战略研究成果：①区域发展战略总报告；②区域各行业发展战略报告；③区域重大问题专题论证报告；④区域发展战略计算机程序库和多媒体演示文件包；⑤其他附件。将上述研究成果送各级领导、有关专家预评审后，提出进一步修改调整意见。再组织战略鉴定评审委员会评审通过，将补充修订稿交地方人民代表大会通过，并以立法的形式保证战略实施

(七) 战略追踪实施与监控预警阶段

编制区域发展战略的最终目的在于实施，实现战略目标。要使战略目标变成现实，要求总体战略部门、各行业制定出相应的战略实施方案，把战略的基本思路、内容和主要指标体系分解成年度计划或五年计划。在实施过程中，要建立区域发展战略追踪监控与预警系统，及时反馈战略实施存在的主要问题并及时提出解决问题的对策措施，保证区域发展战略在动态调整中日臻完善，更加有效地发挥其在区域经济和社会发展中的重要作用。

第二节　区域空间规划

区域空间规划的目的是在一个特定的地区建立合理的地域空间结构，其编制主要涉及区域城镇体系规划和区域基础设施规划。

一、区域城镇体系规划

城镇体系，是指在一定地域范围内，以中心城市为核心，由一系列不同等级规模、不同职能分工、相互密切联系的城镇组成的有机整体。将地域内相关的城市、城镇及乡村作为一个整体进行全面系统的规划，有利于地域经济的组织与发展，并推动城乡一体化和城市化进程。

（一）城镇体系规划的意义、内容和编制程序

城镇体系规划要达到的目标，应通过区域人口、产业和城镇的合理布局，协调体系内各城镇之间、城镇与体系之间以及体系与其外部环境之间的各种经济、社会等方面的相互联系，运用现代系统理论与方法，努力促进区域社会、经济、环境综合效益最优化，实现体系整体利益的不断增长。与区域国土规划相比，城市规划工作的有序性、规范性和滚动性特点更为明确。因此，城镇体系规划工作作为城市总体规划的组成部分，为各城镇总体规划修编提供区域依据。

1994 年，建设部发布了《城镇体系规划编制审批办法》，对城镇体系规划的任务和内容都作了规定。城镇体系规划的任务是：综合评价城镇发展条件；制定区域城镇发展战略；预测区域人口增长和城市化水平；拟定各相关城镇的发展方向与规模；协调城镇发展与产业配置的时空关系；统筹安排区域基础设施和社会设施；引导和控制区域城镇的合理发展布局；指导城市总体规划的编制。

城镇体系规划的内容一般包括：①综合评价区域与城市的发展和开发建设条件；②预测区域人口增长，确定城市化目标；③确定本区域的城镇发展战略，划分城市经济区；④提出城镇体系的功能结构和城镇分工；⑤确定城镇体系的等级和规模结构；⑥确定城镇体系的空间布局；⑦统筹安排区域基础设施、社会设施；⑧确定保护区域生态环境、自然和人文景观以及历史文化遗产的原则及措施；⑨确定各时期重点发展的城镇，提出近期重点发展城镇的规划建议；⑩提出实施规划的政策和措施。

1998 年，建设部在《关于加强省域城镇体系规划工作的通知》中，进一步强调了要以下内容作为核心：①制订城市化和城市发展战略，包括确定城市化方针和目标，确定城市发展与布局战略。②协调和部署影响省域城市化与城市发展的全局性和整体性事项，包括确定不同地区、不同类型城市发展的原则性要求，统筹区域性基础设施和社会设施的空间布局和开发时序；确定需要重点调控的地区。③按照规划提出的城市化与城镇发展战略和整体部署，充分利用产业政策、税收和金融政策、土地开发政策等政策手段，制订相应的调控政策和措施，引导人口有序流动，促进经济活动和建设活动健康、合理、有序的发展。

城镇体系规划的编制程序与区域国土规划、城市规划相似，总的过程可以分为以下几个阶段：

一是规划工作准备阶段。主要是组织规划工作的队伍，规划内容分工负责；查阅规划区域的背景资料，选择与规划区域相适应的规划理论和方法，准备调查提纲和表格；准备区域的工作底图，供实地调查和方案构思用。

二是实地调查、收集资料和访问座谈阶段。

三是调查内容的分析研究阶段。主要分析城镇发展的各项条件，分析现状特点和存在问题，并进行城镇发展条件综合评价。调查内容的分析要做到宏观、中观和微观分析相结合，在发展战略、目标和城镇化水平预测等大的方向性问题上，要注重宏观分析，与高层次的乃至全国的发展战略、方针政策和预测指标相衔接。中观分析是城镇体系规划的主要工作领域，既需要分门别类地进行部门分析，也需要进行综合归纳的特点分析。微观分析主要是根据一些有代表性城镇的典型调查进行比较深入的分析，进一步说明中观和宏观的分析内容。调查内容的分析还要做到定性分析和定量分析相结合。

四是规划方案的构思阶段。先在现状分析的基础上进行规划期的发展战略和发展预测研究，充分利用当地的计划部门、经济研究机构等已有的国民经济社会发展的远期和远景规划，各有关部门的发展规划，去粗取精，去伪存真，形成观点，制定城镇体系规划的目标和指导思想。继而确定城镇的发展战略、城镇化水平预测，并进一步构思城镇体系的三大结构以及城市经济区、城镇体系的支撑系统和城镇发展时序等。在规划预测、方案构思、观点形成过程中，要与主管部门及主管的政府领导交流协商，以取得基本的共识。

五是与当地党政领导及有关部门协调规划方案、编写规划报告和编制规划图件阶段。向当地党政领导及有关部门汇报规划方案一般有两次。第一次汇报是附有几张主要图件的多种方案汇报（2~3个方案），目的主要是选择一个可以接受的方案，并听取反馈意见；第二次汇报则是一个方案的系列图件（草图）和规划综合报告的征求意见稿，必要的话还可增加附件（即专项报告和基础资料汇编）。通过多方交流与当地党政领导及上级主管部门达到比较一致的认识后，就可以编写规划成果的评审稿。城镇体系规划要按照《城镇体系规划编制审批办法》第十五条的要求，必须图件、文本、表格资料齐全。

六是组织专家评审和上报审批阶段。评审后，可根据专家意见，进一步修改文字与图件定稿，报上级人民政府审批。作为城市总体规划组成部分的城镇体系规划一般与总体规划的其他成果一起汇报、评审。

（二）城镇发展区域条件分析评价

要考虑城镇发展区位条件与区际联系、自然条件与自然资源、城镇体系演变的历史基础和现状特点、人口与社会经济条件、生态环境条件等，综合评价城镇发展的区域条件。

1. 区位条件与区际联系

一个比较完整的区域城镇体系，是与其中心城市的直接吸引区域范围大体吻合的。以各级行政区域为单元开展城镇体系规划时，必须分析中心城市的吸引范围，以确定所规划区域城镇体系是否完整。如果中心城市吸引范围明显小于或大于所辖区域，就不是一个完整的地域，因而也不能规划完整的城镇体系，在规划工作中必须说明其不完整性。规划中还可以提出调整行政区域的建议，提出跨行政区域或若干行政区协调规划城镇体系的建议。

作为城镇发展区域条件之一的区位条件，包括整个区域城镇体系的区位和各城镇的区位。既有与周围山川、水域等的空间关系，更重要的是与周边区域、中心城市、工业基地、农业基地、道路交通、商品市场等的空间关系。地理位置上还可以分为宏观位置、微观位置、中心位置以及边缘位置等。这些区域位置对城市发展都有重要影响。影响区位条件的要素包括自然要素、运输要素、吸引辐射影响因素以及边缘区位效应等。

2. 自然条件与自然资源

影响城镇与城镇体系发育的自然资源及自然条件很多，主要可归纳为土地资源、水资源、矿产和森林资源、旅游资源四大类。

3. 城镇体系演变的历史基础与现状特点

城镇的发展布局具有历史继承性，分析城镇体系演变的历史进程，目的是在城镇及其体系形成发展的历史过程中探索其成因、演变的动因和某些规律性，这对总结归纳现状特点，规划未来的城镇体系有重要作用。

4. 人口与社会经济条件

影响城镇体系发展的社会经济条件主要是人口与劳动力、经济发展水平与产业结构、基础设施、教育与科技水平四大方面。通过社会经济条件分析可以揭示城镇发展的基本动力，可以为下一步确定区域与城镇的发展战略，确定城镇化水平和城镇体系结构打下坚实的基础。

5. 生态环境条件

良性循环的生态环境是保证区域经济社会持续稳定发展的前提条件。因此，分析评价区域和城镇的生态环境状况，对以可持续发展为宗旨的城镇体系规划方案的确定，无疑是不可缺少的。根据城镇体系规划的需要，一般对整个区域主要是分析评价比较宏观的生态环境状况，对城镇主要分析评价环境污染状况，为规划期提出环境保护整治的措施提供基础资料，保证区域城镇体系的健康发展。

6. 城镇发展条件综合评价

城镇发展受地理区位、交通条件、资源条件、城镇现状规模、经济发展水平、基础设施状况等多种因素的影响，这些因素对城镇的影响程度不尽相同，它们对各城镇影响作用的叠加，共同决定了不同城镇的发展条件优劣差异。因此，综合评价区域内各城镇的发展条件，是规划各个城镇发展速度、职能类型、等级规模及其城镇体系空间布局的重要依据。

综合评价就是选取与城镇发展密切相关的若干指标因素，通过定性和定量分析，利用数学模型计算的结果进行分析，以此评定各城镇发展前景的优劣，使规划决策定量化、客观化。具体步骤为：确定评价指标体系、选择综合评价模型、确定评价指标权重、计算确定各项指标的标准值、按照综合评价模型计算后分级编绘评价图。

（三）城镇发展战略与人口城镇化水平预测

区域城镇发展战略既是区域经济社会发展战略的一个组成部分，又是在已有战略构思基础上就城镇方面进一步深化和具体化，为城镇规划的后续工作提供依据。一般区域城镇发展战略主要研究城镇发展的战略方针、战略目标和战略阶段。

城镇化水平一般理解为城镇人口占总人口的比重，不论及城镇化的质量水平，这对城镇体系规划的任务是比较合理的。

预测规划期的区域城镇化水平，首先要从自然增长和机械增长两方面预测区域总人口。自然增长率一般按照计划生育的要求；机械增长参照近 10 年人口的迁入迁出情况可采用趋势外推法。总人口也应是常住总人口，而不能只是户籍总人口。因此无论是现状还是规划期，都要考虑外来常住人口的情况，还要考虑本地户籍人口常年在外的情况，通过调查估算得到一个比较准确可信的常住总人口现状数和常住总人口的预测数。城镇化水平预测可采用时间序列趋势预测、自下而上预测和剩余劳动力转化法[①]。

（四）城镇体系结构规划

城镇体系是由多个城镇组成的有机系统，其系统结构基本上由职能结构、等级规模结构和空间布局结构组成，在基础设施等网络支撑下运行。因此，城镇体系结构规划，一般指以上三项结构的规划。

在一个规划区域内的大大小小城镇，由于发展条件的异同也会表现出相同

[①]　以时间序列趋势预测，即根据近些年城镇人口的变动情况，外推至规划近远期。还可以把城镇人口中的户籍非农人口、户籍农业人口和其他常住人口分别进行预测。用这种方法预测，关键是要选好年均递增率，不仅要考虑调查统计的资料，还要考虑规划期城镇人口迁入的增加情况。自下而上预测法。一种方法是将各城镇总体规划中的人口预测进行汇总平衡，另一种方法是对主要城市分别进行预测，再对其他城镇分类进行预测，然后进行汇总平衡，得到城镇总人口。剩余劳动力转化法。在依据城镇和农村人口自然增长率的基础上，通过农村劳动力结构变动估计规划期的剩余劳动力资源，预测城镇可能吸纳的农村劳动力数量，考虑一定的带眷率，并根据历年区外迁入人口状况等因素，预测区域城镇人口数。城镇人口与上述预测的区域总人口数之比，就得到规划期的城镇化水平。

或相异的城镇职能，会以不同的程度对区域内外的政治、经济、文化发生各种作用。因此，对城镇体系内各城镇的职能进行共性研究和分类研究，从整个规划区域到更大范围乃至全国的全局认识各个（类）城镇的性质；结合社会需求和当地条件，选择最有利的职能类型组合作为城镇发展方向，使各类城镇优势互补，获得最好的社会经济效益。城镇体系职能结构规划，同各城镇的发展规模、空间布局和城镇内的功能分区等项规划工作密切相关，在规划程序上，可以作为后几项规划的条件和依据。

等级规模结构规划是根据城镇体系的规模分布理论、高效的区域城镇群体会在等级规模组合方面表现出序列性，据此既可以推导规划期区域城镇规模序列的理想模式，又可以验证现状的与规划的城镇位序—数量—规模分布的吻合或偏离程度，并分析偏离的原因。

城镇的分布受自然条件、经济发展水平、交通、行政管理等多种因素影响，所以，城镇体系空间布局是区域自然环境、经济结构和社会结构在空间上的一种投影，反映了一系列规模不等、职能各异的城镇在空间上的组合形式。改革开放以来，在市场经济发展的强有力推动下，我国的区域城镇体系空间布局已表现为由单一中心转变为主次中心、多中心组群结构，由自给自足封闭式转为有机联系开放式的变化趋势。我国各省份的自然条件、经济发展水平和城镇化进程差异很大，在城镇体系空间布局上表现为两大方面的差异：一是因发展水平不同而导致空间布局演化的阶段性差异；二是受区域资源、环境、生产力布局影响而形成的空间布局类型差异。

我国的城镇体系空间布局按照城市作用和区域性质不同，大体有以下四大类型：

一是大城市地区城镇体系空间布局类型。以大城市为中心，与郊区工业区和中小城镇以及广大农村集镇共同组成有机联系的城镇体系。其特征是：城镇主次分明，核心城市突出，占绝对的主导地位。首位度高，城镇联系较密切，但以向心联系为主，同级城镇之间的横向联系薄弱。这类城镇体系形成的条件是：中心城市区位特别优越并伴随着强有力的外向推动力，发展速度大大超前于周围地区。

二是多中心城镇体系空间布局类型。在一个特定地域范围内，由两个以上城市为核心，包括郊区工业区、小城镇以及它们影响范围的许多城镇和广大农村集镇组成。从特征上看，中心城市的主从关系不明确，城市间相互依存，又相互制约，体现在区域原材料、能源供求关系以及城镇产业结构等各个方面。在经济发达地区，周围的中小城镇发展迅速，中心城市的带动作用明显；在经济不发达地区则不一样，周围地区的城镇发展速度慢。这种类型城镇体系形成的条件，多为区域发展条件近似，区域与城市发展比较协调，优势区位点较多，从而能同时产生数个中心集聚地。

三是以自然资源综合开发利用为主的城镇体系空间分布类型。由于资源种类、丰度及资源组合特征不同，大体又可分为：以某种丰富的自然资源综合开发利用为主的类型，形成一城多镇或多中心城镇组群式空间格局，由于受资源分布及开采布点影响，除主城相对集中外，其他小城镇布局分散，且规模偏小；以多种丰富自然资源综合开发为主体的类型，城市间经济技术协作联系密切，职能分工明确，经济规模效益较好。

四是行政—经济区域城镇体系空间布局类型。以行政—经济区为地域单元建立起来的城镇体系，其特征是：等级序列明显，不同等级城镇间职能分工明显，同一等级城镇职能较单一、雷同。由于长期以来的计划体制影响及地方政府干预，经济发展水平不均衡，中心城市地位较突出，小城镇发展多依赖农副产品的开发利用。

二、区域基础设施规划

基础设施是指国民经济体系中为社会生产和再生产提供一般条件的部门和行业，包括交通、邮电、供水供电、商业服务、科研与技术服务、园林绿化、环境保护、文化教育、卫生事业等技术性工程设施和社会性服务设施。基础设施是实现国家或区域经济效益、社会效益、环境效益的重要条件，对区域经济的发展具有重要作用。主要包括交通运输规划、给排水规划、电力规划、电信规划等。

（一）区域交通运输规划

交通运输系统是基础设施的骨架，是国家或区域社会经济发展的先行条件。区域交通运输系统规划的任务是：在全国统一交通运输网指导下，根据地区社会经济、人民生活和国防建设的需要，以及区内自然条件、自然资源和经济布局的特点，选择合适的交通运输方式和各种运输方式之间的合理分工与协作，有秩序地构筑地域综合运输网。主要包括铁路网、公路网、水运网、航空港以及综合运输网的规划。

交通运输的基本要求是使交通流达到便捷、通畅、经济、安全，在当代，尤其要形成快速化、网络化、系统化的交通运输结构。为此，交通运输规划内容应包括客货运量及流量、流向的预测；运输方式结构的确定；提出交通运输网的基本方案；选定重大交通工程项目（例如高速通道）和具体布局；工程修建时间和造价估算等。一般地域范围愈大，规划内容愈宏观，侧重于交通骨架和交通枢纽以及交通运输网络结构和布局。

交通运输规划一般包括以下几个程序：客货运输与交通网现状的调查与分析；未来客货运量、流量、流向预测；客货运量在各种运输方式间的合理分配；运输网规划和主要建设工程项目的基本方案；估算投资、修建时间和经济效果分析。在交通运输规划中，主要有以下几种方法：图上作业法，即通过各种图件和相片，可以了解路网现状、地理环境、经济布局，进行路网结构调整和初步规划选线；实地调查法，如现状交通线路和运输量的调查，腹地和吸引范围的调研，交通量实测、OD调查（起讫点调查）、居民出行调查、选线勘察等可为现状分析和远景预测提供第一手资料；统计分析法，即通过统计资料和统计分析，对交通运输业现状特征和远景规划提供数量依据，如运用运量历年增长法、运输系数法（运输量与工农业生产量之比）、运输弹性系数法（货运量增长率与工业产值增长率之比）、交通线路密度法（交通线路长度与区域面积之比）等，可进行交通量和线网密度预测；计量模型法，即运用经济计量学原理和计算机技术，建立各种数学模型可以用来进行结构分析（计算弹性、乘数效果）和经济预测，如利用线性回归分析（一元回归或多元回归）预测未来货物周转量，图论用于运网结构分析，单纯形法解决货物运输最优化，动态规划求解最短距离，投入产出法通过部门间平衡预测客货运输量，等等。除此之外，历史分析、综合分析和专家经验也必不可少。

（二）区域给排水规划

随着城市工业的发展和城市规模的扩大，城市需水量迅猛增长。许多城市为了解决供水问题，纷纷各自寻找水源，建设水厂、铺设管网、形成城市供水系统，但常造成不必要的重复建设和对水资源的浪费。因此，建设区域供水系统是区域供水规划的重点，既能协调城镇供水需求和供水工程建设，又有利于统一排放经处理的污水，也有利于管理城市用水。

区域给水系统一般由水源、取水工程、净水工程、输配水工程四部分组成。水源是指地表水（包括江河水、湖泊水以及海水等）和地下水（包括浅层水、承压水、裂隙水、岩溶水和泉水）。此外，污水的回收处理再利用，也越来越被人们重视。取水工程是指在适当的水源和取水地点建造的取水构筑物，其主要目的是保证城镇取得足够数量和良好质量的水。净水工程是指建造的给水处理构筑物，对天然水质进行处理，满足国家生活饮用水质标准或工业生产用水水质标准要求。输配水工程包括由水源或取水工程至净水工程之间的输水管、渠或天然河道、隧道以及由净水工程和用户之间的输水管道、配水管网和泵站、水塔、水池等构筑物。

水源地选择。地下水、地表水、水库水等清洁水源（三类水以上）可作为供水的水源地，视其水量、分布和周围环境择优而定。一般应选择水量充沛，水质良好，便于防护和综合利用矛盾小的水源，同时，接近用水大户，有利于经济合理地布置给水工程。

拟定水厂地址。地下水应根据水文地质条件，选在接近主要用户的水质良好的富水地段，取水构筑物位置应设在城镇和工业企业的上游。河流水应选择水深岸陡、泥沙量少的凹岸或河床稳定、水深流快的河段较窄的顺岸，接近用水集中的大户，布置在不受洪水淹没、安全可靠的城镇和工业区的上游地段。

管网布置。区域性给水工程一般有以下三种形式：一是长距离输水工程，如南水北调；二是集中型布置，即若干个乡镇由一个水厂供水；三是分散型布置，各个乡镇和工业区各自取水就近布置输水管网。此外，城市人口、工业集中，用水量大，需要若干个水厂分区供水，可同时组成统一的输配管网，便于互相补充和调剂。

城镇和工业区的排水可以采用合流制，也可采用雨污分流制。由于工业污水和生活污水对环境污染日趋严重，一般都采用雨污分流排放制。其规划步骤如下：①污水量预测。按用水量的80%～85%计算，或工业污水和生活污水分别计算，如1980年全国每万元工业总产值废水排水量为387立方米，最高广西达1203立方米，最低天津104立方米。②污水管网规划，根据地形和水网划分排水区域，确立排污管走向、断面、泵站位置。③污水处理厂设置，一般选择距城镇工业区一定距离的河流下游，经物理、生物、化学等方法处理达到排放标准后，始能排入河道。此外，雨水排放按暴雨强度公式估算排水量，设计排水管网，就近排入河道。

就农业田块排水而言，只需做好排水渠系即可，问题是农业地区涉及地域广大，应与防洪排涝相结合，形成一个完整的防洪排涝工程体系。

（三）区域电力规划

电力是国民经济的动力能，是一种清洁的二次能源，便于传输、转化和控制。由于电力不能储存，反应迅速，因此电力系统自动化程度高，安全可靠性高，系统协调性高。电力规划必须满足国民经济和人民生活不断增长的需要，廉价、安全、质高的电能供应必须有经济、合理、可靠的电源和输配电网络结构系统。

电力规划应以大区域的供电系统为基础，结合本区域电源和电网现状、用电量和用电负荷结构，根据经济社会发展和人民生活对用电量的需求，制定出电力系统规划。

（1）现状基础资料收集和分析。包括发电厂、变电所及输配电线路的主要设备规范、位置和接线方式，运行的经济性，扩建、改造的可能性和合理性；用电负荷和负荷结构、负荷分布；能源矿藏储量、分布、开采条件和经济合理性；交通运输现状和发展要求；国民经济发展、人口规模和居住生活水准、城市规划等资料。

（2）需电量预测。根据本区域社会经济发展和人民生活提高对用电负荷的需求，采用多种方法加以预测。①弹性系数法，指同时期电力增长水平与国内生产总值增长水平之比，由于我国电力建设滞后，不同程度地存在电力缺口，今后电力弹性系数应大于或等于1，各地可根据实际情况选择电力弹性系数，预测远景电力负荷。②增长递推法，按照历年电力增长水平推算到规划期末电力增长水平。③单耗法，按工业企业单位产品耗电量或单位产值耗电量计算出年用电量，也可以根据典型设计或同类企业估算该工业企业用电量。在工业发达区域，工业用电量常占总用电量的70%以上，从而可推算出总用电量。④综合分析法，分别对工业、农业、运输电信和城乡生活用电进行预测，再加以综合，得出远景用电量。以上各种方法可互相检验、校正，估计出一个比较准确的负荷水平。

（3）电源建设规划。电源一般来自发电厂或变电所。根据需电量预测和现状电源的不足，规划电源建设。电源一般分为火电、水电、核电以及风能、潮汐能电站等。我国电力行业应优先发展水电，适当发展大型火电，积极发展核电和其他电能。各地宜充分利用自身的优势能源进行电源建设，同时可以通过远距离超高压直流输电输送到消费地，如葛洲坝输电给千里之外的上海。在缺乏能源的负荷中心，也可建立港口电站、路口电站、热电站、核电站等电源，保证区域内电力供需平衡，如江阴市预测2000年需电量19.3亿千瓦时，按现有电力挖潜，仍缺电力32.14%。为此，规划江阴电厂增加一台5万千瓦机组，力争扩建华东电网的利港电厂，远期保留长山核电站的站址。江苏省为了保证电力供应，在1998年开工建设连云港核电站，天荒坪抽水蓄能电站以及山西阳城电厂通过500千伏向450千米以外的江苏省送电工程。

（4）电网规划。为了保障电力供应，必须完善电网，做到有电能输，有电能用。输变电网按其电压等级可分为低压、中压、高压和超高压，电压越高，输送容量越大，距离越远。因此，一个地区的电网结构要根据负荷量的大小和输送范围选择适宜的主网架和送配电网络。

（5）高压线走向。高压线电压很高，露天架设尤应注意安全、经济，留出高压走廊。确定高压线走向的一般原则是：①线路尽量短捷；②尽可能避免穿越城镇建设用地；③尽量减少与铁路、公路、河流和工程管线的交叉；④应避开洪水淹没区、河岸冲刷区或容易塌方、有泥石流活动等地区；⑤应避开空气污染严重的地区和雷电活动多发地区。电力线路的高压走廊通常考虑到倒杆危险，而预留出杆高两倍的宽度，并对各种设施和建筑物都有一定的距离要求。

在电力规划中，要注意总持续发展角度规划电源建设，电网建设与电源建设并重，调整电价促使高耗电工业向电源地集中。

(四) 区域电信规划

电信通信是利用无线电、有线电、光等电磁系统传递符号、文字、图像或语言等信息的通信方式，被誉为国家的神经系统。在人类进入信息社会的今天，作为传递信息的电信也成为推进社会发展的强大动力。据国外统计交通部门采用电信调度，运输能力提高 50%，基建施工部门可提高劳动生产率 15% 以上；利用电话、传真等电信业务代替商务面谈，可节省交通能源 60%；在人均GNP100 美元以上的国家，在电话主线上每投资 1 美元，将获得 GNP46.8 美元的效益。因此，做好电信规划，在推动地区社会经济发展、提高现代化生活水准、维护国家安全方面都有着重大意义。

电信规划依据全国电信发展战略和本地区社会经济现代化的需要所做出的电信系统总体战略布局，包括业务预测、局所规划和网络规划三个主要部分。

(1) 业务预测。包括用户预测和话务量预测。用户预测主要指标是电话普及率和主线普及率。前者指每人拥有的电话机数量，反映电话服务水平；后者指每人拥有交换机门数，反映电话发展总体水平。

(2) 局所规划。确定局所数量、位置、容量和交换区界线及新建扩建计划，其基本方法是：首先根据规划期末用户分布做出用户密度图，在最经济局所容量基础上初步划定交换区界和寻找线路图中心；其次按中心位置修正区界再寻找路网中心，多次反复进行得出理想的局所分布方案；最后结合现有局所分布，通过技术经济论证得出一个合理的局所分区方案，勘定局址，局所容量和建设计划。在实际规划工作中可利用经验数据确定局所容量。

(3) 网络规划。我国电话网路分为三网五级，首要的是国际网，由国际局发送电信，长途网包括一至四级交换中心，本地网指端局（和汇接局），包含在同一个长途编号区范围内，一般由城市地区内若干个端局和汇接局及有关线路、终端组成的电话网。区域网络规划指本地网的规划，主要内容有中继网规划、用户线路规划、管道规划、传输规划等。

第三节 区域产业规划

产业规划是综合考虑产业内自然资源和社会经济基础的各个方面，在一定地区范围内对产业开发和布局、产业结构调整进行的整体布置和安排，并制定策略措施。产业规划是区域规划的重要组成部分，包括主导产业的选择，产业结构的优化布局，第一、第二、第三产业规划等。

一、产业规划的性质

（1）产业规划是"条"、"块"结合的规划。其中"条"是指从产业门类的视角，解释一个区域应发展什么样的产业以及推动这些产业发展的对策。"块"是指从区域空间的视角，剖析具体区域应采取什么样的产业布局以及基于具体地块的开发策略。制定产业规划是一个系统工程，需要各部门之间、部门和地区之间密切配合，以产业归口主管部门为主，以一定区域为空间载体，编制产业发展规划。所谓归口，并不是由一个部门包揽一切，而是加强信息沟通，相互协调，分工合作，避免重复建设、盲目生产和低水平延伸的情况发生，确保规划的质量。

（2）产业规划是高度指导性规划。意味着产业规划要具有很强的实践操作性，能够与区域总体规划、各专项规划和重点项目规划相结合，有机地转化为区域产业政策、招商引资指南和政府考核的内容，对区域的产业发展和升级起到明显的引导作用。

（3）产业规划是政策、空间、协调的统一体，是产业政策在某一空间的协调发展。产业规划是为政策服务的，是为促进产业发展的科学决策而制定的，具备可操作性，能够切实可行。以空间资源配置为重点是新时期产业规划发展的方向，产业规划是区域内重大产业建设项目和固定资产投资的主要依据，投资项目的建设必然要求产业规划对土地空间的利用提出指导性建议。产业规划必然涉及国民经济各部门和社会发展的各个环节，因此产业规划能否协调各方面关系，是检验其有效性的重要标准。

二、主导产业的选择

主导产业是对一地区发展具有战略性影响的带头产业，是能够带动整个区域产业发展的产业或产业群。主导产业是根据国内外市场需求、本地资源状况、产业发展前景等选择的，对本地区经济发展起决定意义并由此形成高度化、现代化的产业结构的部门。主导产业的选择要遵循以下原则：

（一）竞争优势明显

相对于其他产业而言，主导产业不仅应该具有较强的获取资源的能力，从而在资源配置中具有明显的优势，而且应该具有更高的价值创造能力，从而不断将资源转化为产业竞争力，将潜在的优势转化为竞争优势。只有这样，才能在激烈的产业竞争中得以发展、壮大。从主导产业发展的过程看，其壮大是现有产业优势得以利用并不断改进、提升并转变为竞争优势的过程。主导产业是未来的支柱产业，应该具有预期的产业优势，主导产业的壮大实质上是支柱产业和产业优势的动态发展过程；现实的支柱产业是主导产业（即未来支柱产业）发展的基础，现实的产业优势是主导产业的优势（即预期的产业优势）得以创建、积累的条件。因此，主导产业的选择必须充分考察备选产业现有的产业优势及其发展趋势，并进一步判断其是否具有竞争优势。

（二）内生增长能力强

主导产业所具有的竞争优势只是其外在表现，产业的内生增长能力才是获得竞争优势的关键，所以必须选择内生能力强的产业作为主导产业。迈克尔·波特从生产要素的角度阐述了内生能力对产业竞争优势重要性的机理。他将生产要素分为基本生产要素和高级生产要素两类。其中，基本生产要素大多是天然禀赋，是既定的条件；高级生产要素是产业发展的不确定因素，来自后天创造。当产业发展面临选择性的劣势时（如土地昂贵、天然资源缺乏等），要想在市场竞争中生存，就必须通过高级生产要素的作用将基本生产要素带来的劣势消化，并创造出产业的竞争优势。这种创造力主要依靠的是以创新力为主体的产业内生能力。

早在罗斯托的主导产业理论中，就提出了创新是产业兴衰的主要动力，是产业内生能力的集中体现，是主导产业形成与发展的必要条件之一。因为有了创新，主导产业的增长率会大大超过国民经济总增长率。创新通过多方面的作用影响主导产业的发展方向。首先，创新氛围可以培养劳动者对产业发展相关知识的敏感，尤其是对创造性要求高的产业；其次，不断创新可以通过完善现有生产要素供给状态、创造或调节现有生产要素供给等方法改善生产要素供给结构，合理配置资源；再次，创新可以不断带来新的投资领域、提升人们的消费水平，进而影响需求结构；最后，对于产出需求弹性较大的产业，创新可以通过创造新的市场需求而吸引生产要素的流入，从而提高产出的数量并有可能获取较高的收益，而对于产出需求弹性较小的产业，创新通过需求的相对缩小而引起生产要素的流出。

（三）需求弹性大

在市场经济的条件下，国民收入经过初次分配和再分配，最终形成了对各种产品有支付能力的需求。市场需求是主导产业生存、发展和壮大的必要条件之一。作为区域主导产业，必须拥有长期而广阔的国内外市场容量。主导产业的产品应在国内和国际市场具有较大量、长期、稳定的需求。当然首先是针对国内市场。市场需求是所选择的主导产业生存、发展和壮大的必要条件。没有足够的市场需求拉动，主导产业很快就会衰落。所以，主导产业选择必须把"需求的收入弹性最大化"作为一个基本原则，也就是说，产品的需求收入弹性系数至少要大于1。

产业是一个诸要素相互关联的系统，产业需求结构的任何一点变动都将触发到产业系统的方方面面。其中，消费需求结构是需求结构变动的主要方面，它可以通过市场引发投资需求结构以及投资与消费比例的变动。只有把产品需求的收入弹性系数最高或较高的产业作为主导产业，才能促进收入水平的提高和消费结构的提升，才能保证经济的持续增长。

（四）技术先进

主导产业与其他产业的一个重要区别在于它依靠科学技术进步，获得了新的生产函数。所以，主导产业的选择必须特别重视技术进步的作用，所选择的主导产业应当能够集中地体现技术进步的主要方向和发展趋势。作为优先发展的主导产业，应能够较快地吸纳先进技术，从而提高产业的劳动生产率，增加产品的技术附加值，在市场竞争中获得优势。众所周知，在产业发展的过程中离不开技术进步的作用，这不仅表现在技术进步能够改变劳动手段、劳动资料和劳动对象等生产要素的质量，从而影响它们之间的数量比例，导致资源的重新配置，而且还表现在技术进步能开创出新产品、新产业、新部门，逐步替代或改造传统产品、传统产业和传统部门，最终提升整个产业的素质和区域产业结构的水平。

通过对产业革命史的分析，不难得出这样的结论：主导产业更替的动力来源于科学技术的发展和运用，每次科学技术的重大发展，都不可避免地导致新技术的产业化，并导致该产业逐渐成为国民经济中的主导产业。因此，在选择主导产业时，应该自觉地将主导产业选择与技术进步对接起来。所选择的主导部门应能够集中地体现技术进步的主要方向和发展趋势。与此同时，我们还应注意到，我国受科技和教育水平的制约，整个产业技术水平还很低，不能过分追求高技术。我国技术与经济发展本来就有多层次的特点，技术进步也具有不同层次的内涵，并非一定具有最高水平。所以，我国选择主导产业，必须考虑到技术发展的多层次性和协调性，选择具有启动关联作用的"适用技术"。

（五）关联强度高

主导产业所具有的带动性是主导产业的一个重要性质，而主导产业正是通过与相关产业的关联而带动其发展的。所谓产业的关联，在本质上是社会生产中不同部门之间和不同产业之间的技术结构及产品的需求结构，是社会生产力发展的一种结构状态。主导产业的选择必须充分考虑它对相关产业的带动作用，它应具有较大的前、后向联系和影响，通过这种关联产生对一系列部门的带动与推进作用，并使这些部门派生出对其他部门的进一步促进作用，从而产生经济发展中的连锁反应和加速效应。产业的关联度是指产业之间这种技术结构和产品的需求结构的扩散程度及其相互依存、相互推动的强度。

区域产业系统是一个相互关联、相互依存的复杂的大系统，不同产业由于产品生产方式和技术复杂程度不同，与其他产业之间的关联程度也不同，从而对区域经济的推动力和拉动力有相当大的差别。选择关联度高的产业作为主导产业，可以在很大程度上带动或推动区域内其他产业的发展。

三、产业结构的优化和布局

合理的产业结构是区域健康发展的前提，有利于充分利用区域资源，提高区域产业经济效益，增强区域经济实力。对产业结构进行优化配置是区域经济规划的重要内容。产业之间的联系及产业结构的优化组合，主要注意主导产业的合理规模，主导产业与其他产业以及其他产业之间的比例关系和时序上的衔接与协调。

区域产业结构的布局是把生产要素按部门配置，并把它们组合起来，部门间按一定比例协调发展。而区域空间布局是把生产要素按地域空间配置，地区间按比例协调发展。区域空间布局主要通过生产力的布局协调区域内各地区之间的发展关系，促进区域生产力的发展和经济效益的提高。在安排区域空间布局规划时要注意以下问题：要明确区域空间布局框架，在规划期内应确定开发建设的区域方向、重点基本轮廓，以便作为项目选点和生产布局的宏观依据；在区域空间投资上，采取非均衡协调发展模式，要正确处理投资重点地区和非重点地区的关系，既要从总体上把握投资效果，又不拉大区域内各地之间的差距；从区域全局上对主导企业和相关企业的区位选择、各建设项目的规模配套和建设时序进行协调安排。

（一）第一产业布局规划

农业生产不仅是经济再生产的过程，也是自然再生产的过程。其生产发展布局，不仅受经济规律影响，且对区域的自然条件依赖较强。

1. 影响农业发展的条件

影响农业发展的条件包括自然条件、技术经济条件和农业原有基础。农业生产对自然条件的依赖性，主要是光照（太阳辐射、热量）、土地和水分。农作物对劳动力技术经济条件的要求，包括劳动力条件、农业技术装备程度、农艺技术和耕作制度、种植方式等。农业生产原有基础反映了农业生产已达到的规模和水平，反映了对农业资源开发利用程度以及已经形成的农业内部结构和分布状况。研究新的农业布局方案，调整现有农业结构，进一步改进农业资源开发利用状况都应在原有基础上进行。其分析研究原有基础的主要内容包括：

（1）分析农业发展规模、水平与发展速度，生产总投入和产出，主要通过农业总产量、产值、单位面积产量与人均产量、产值、商品总量、商品率，以及单位面积劳动耗费、经济效益等进行分析，研究历年发展变化特点并分析其原因，从中总结经验为制定农业发展方案提供依据。

（2）分析农业生产结构、总体布局态势与土地综合利用状况，即对区域内农业内部农、林、牧、渔等组成比例及地区分布与占用土地状况进行分析，考察其历年变化与地区差异，为调整农业内部结构、土地合理利用提供依据。

（3）分析研究粮食作物与经济作物、商品性生产与自给性生产、集中种植与分散种植等关系及其历史演变规律，为调整农业生产布局提供依据。

（4）分析农业生产条件变化与农业资源开发程度变化。分析农业基本建设、农业现代化发展及农业产业化程度，并联系农业产量与农业生态环境变化进行对比分析，为进一步改变生产条件，充分开发资源，拟定新的农业技术措施提供依据。

（5）分析区域农业收入分配和消费状况。包括农业总收入、总费用与分配总额、积累与消费比例，农民人均收入消费水平，为改善农民生活水平和提高农民消费水平提供依据。

自然条件、技术经济条件和农业原有基础三方面影响因素，在制定农业发展布局中缺一不可，相互影响并产生复杂的反馈关系。因此，在制定区域农业规划布局时，应充分了解各种生产条件及其相互作用，并保持一定数量比例关系，才能制定出合理布局方案。

2. 农业区域专业化与综合发展

农业区域专业化是以区域自然条件的地域分异规律和社会经济发展水平的不平衡性为依据而实施的。自然条件的地区差异性和社会经济发展的不平衡性，决定了各个区域农业发展水平和农业生产结构的地区分布千差万别。农业生产要按照自然规律和经济规律办事，就一定要实施因地制宜的原则。宜农则农，宜林则林，宜牧则牧。扬长避短，发挥区域优势，这样才能合理充分利用光照水土资源，避开自然灾害，夺取高额产量，取得良好经济社会效果。在小农经济自给自足要求下，万物俱全的布局格局，难以做到因地制宜，发挥优势。在商品经济发展国家和区域，其农业生产专门化和区域化表现突出。世界各国农业发展经验证明，农业生产从自给自足到商品性生产，由小而全到专业化，由分散到集中，由"千篇一律"到地域分工，这是农业布局必然趋势。但农业生产专业化、区域化程度取决于区域生产力发展水平。就我国目前经济发展水平看，在农业专业化、区域化的同时，也必须进行综合发展，这是因为在目前社会主义市场经济条件下，农业生产是多部门（包括农、林、牧、渔）相结合的产业，各部门间的发展往往是相辅相成，并组成合理的区域农业内部结构。如单一发展粮食生产，首先，不可能充分合理利用多样化的自然资源，不可能创造出更大的经济效益，不利于生产基金的积累和扩大再生产；其次，人们需要是多方面的，除粮食的需要外，还有衣、用、住、行等方面要求，农产品作为工业原料，更是需要多方面的农副产品资源；最后，为保持农业生态平衡，也要农、林、牧、渔保持合理结构，不顾条件单一发展粮食生产必然会破坏农业生态环境，不能建立高效低耗多功能的农业生产结构。同时，其他农业部门发展也是粮食生产持续发展必要的条件，如林业是粮食生产屏障，畜牧业为粮食生产提供更多肥料，经济作物与粮食作物结合，合理充分利用土地，有利于增加农民收入。因此在农业规划布局中，在坚持农业生产专门化的同时，还必须注意区域农业综合发展。

区域专业化与综合发展，也就是各个区域应明确发展的重点，以一种或两种农业部门，一种或两种作物作为发展经营重点，但要兼顾一切可以发展的其他农业部门。只有在农业生产力水平达到现代化程度，市场经济充分发挥作用条件下，农业发展与布局才能达到专业化、区域化生产的目标。

3. 农业生产基地布局规划

农业生产基地和农业生产集中区规划布局是在充分研究区域各种农作物生物学特性及其对生产环境要求的前提下，并结合区域自然条件，划分出各种农业部门的适宜区和适生地，集中种植形成商品性生产为主的农业生产地区。每一种农作物对自然条件都有一定选择性和适应性。选择性强的农作物，适应性弱，其分布范围区的局限大；相反，选择性差的农作物，适应性强，其分布范围的局限小。按照农作物对环境适应性强弱和地区分布的局限性大小，由投入产出状况决定经济效益和持续利用的满足程度在区域内划出适宜生长区。一般来说，高度适宜区和中等适宜区都可规划成为农业生产集中区。但作为农业专业化生产基地还必须具备以下条件：生产条件好，土地集中连片，生产规模较大；技术装备条件好，有较高的生产技术水平和丰富的生产经验，劳动生产率高；生产水平高，单位面积产量大，尤其是土地潜在生产能力大；农产品按人均占有产量产出商品率高，商品量大。具备以上条件的高度适宜区均可选择为农业专业化生产基地。在市场经济支配作用的条件下，在高度适宜地区也可采用区位级差地租理论，按农作物区位地貌曲线来确定基本农田和农业专业化生产基地。农业专业化生产基地，按农业各部门的分类，有种植业专业化生产基地（包括粮食和经济作物）、林业生产基地、畜牧业生产基地、渔业生产基地等，其用地选择和布局生产要求均不相同。

（二）第二产业布局规划

第二产业是以矿产品或农副产品为原料的加工、深加工的产业部门，包括原材料工业（初步加工业）、加工制造（组装）工业以及高新技术工业等部门。前两者又称传统工业部门，后者又称新兴产业部门。传统工业和新兴工业在区域产业规划布局中的要求各不相同。

1. 原材料工业（初步加工业）

一是以矿产品为原料的初步加工业。包括冶金工业、化学原料工业（基本化工、有机化工）和建筑材料工业等。在具体的规划布局中，一般将这类工业与采掘业及加工制造业共同布置在一起，组成从矿山开采—初步加工—制成品生产的联合企业，并构成区域工业生产综合体，形成区域经济的主导部门，也可以以采掘业为依托就地进行初步加工并围绕资源综合利用形成区域原材料工业基地，更可以按区域内条件特别是在大型港口地区结合港口建设和与港口有关的工业共同组成临港工业区。

二是以农副产品为原料的初步加工业。农副产品加工业，在区域第二产业规划布局时，一般应按照初步加工分散布点，精加工相对集中布局的原则进行，即初步加工应接近农副产品集中产区，而精加工则应集中布置在主要消费区——城市。

2. 加工制造（组装）工业

影响加工制造工业布局的因素，主要有原料供应状况、市场需求、专业化协作和技术基础四方面。

一是原料供应状况。加工制造工业在生产过程中需用大量原材料，特别是金属原材料。目前在我国仍以钢铁（灰口铁和钢材）为主，有色金属用量虽少但因其有独特优良性能，往往也成为加工制造业主要原材料。金属原材料对加工制造业布局影响，主要表现在满足需求的状况，特别是那些重型机械，工业装备制造大型金属构件、铸件等企业一般都要求接近金属原料产地，以减少加工中金属量的运输，同时就地加工中大量废金属又可就地回收冶炼，所以一些大型钢铁工业基地往往布置有重型机械工业和工业装备制造工业。

二是市场需求。由于加工制造业是为国民经济提供各种机器设备和国民经济技术改造的物质基础部门，其市场需求范围广泛，各区域的需求品种数量均不相同，其产品种类也相当复杂。因此按市场需求布置加工制造业更显得重要。特别是那些通用设备，仪器、仪表制造，生活日用电器等适用于大众生活需求的新产品必须根据需求状况进行生产布局，一旦重复布置超过市场需求饱和，往往造成产品过剩，而造成经济损失。区内外市场需求是加工制造业布局需研究重要因素之一，必须重视。

三是专业化协作。专业化协作是加工制造业本身生产的特点和要求，只有在专业化条件好的区域布置加工制造业才能取得较好经济效益。加工制造业专业化，必须依赖企业内外协作。具有内部协作才能共同完成完整的产品生产，有了外部协作，才能节约投资。专业化协作，能降低运输费用和生产成本。一般来说，区域规划中加工制造业合理的专业化不应导致产品生产数量过分集中而形成长距离运输；正确的协作应以区域或城市建设条件的可能为基础，不应出现过度集聚而对环境造成影响。

四是技术基础。加工制造业需要较熟练的技术工人，这是加工制造产品质量的根本保证。因此拥有大量技术力量、工业比较集中的城市区域是加工制造业布局优选地区，这些地区往往吸引着加工制造业的发展，导致区域经济迅速增长，最终也成为加工制造业的市场消费区域。

3. 高新技术产业

所谓高新技术产业是相对一般技术或传统产业而言。它是以当代科学技术和新兴生产技术武装生产出高新产品的部门。在区域产业规划布局中，影响高新技术产业发展布局的条件和因素是多方面的，但主要是经济社会、科学技术和生产、生活环境等因素。

一是经济社会因素。经济社会因素对高新技术产业发展布局的影响表现在两方面：一方面，高新技术产业发展是在区域经济水平高度成熟的驱动下发展起来的，是适应区域产业结构自然演化规律的一种必然结果；另一方面，高新技术产业发展必须加以各种经济和政策扶持的驱动措施，保证在具备一定条件和特殊要求的区域促进其发展，这就是某些区域尚不具备经济实力和智力资源优势而能建立起高新技术产业的原因。

二是科学技术因素。高新技术产业是在技术研究开发基础上形成的产业。科技（智力）密集区域是高新技术产业发展布局的重要基础。高新技术产业一方面受区域整体的科学技术水平和文化素质影响，这关系到其发展布局的背景条件和社会支撑程度；另一方面受区域内新技术开发能力的影响，这种开发能力是指具有一种能把科研成果转化为生产力的能力，其转化过程必须具有一批新的技术手段和科技人才，能够对高新技术吸纳、消化和再创新。在这里必须指出：有关新的技术手段，就目前世界高新技术发展水平看，应把机器人、数控机床和电子计算机三者结合起来形成自动化生产体系；有关科技人才，不是一般意义上的教育型和基础理论研究型的高等院校研究人员，而是指具有科研与开发相结合的理工科大学、相关科研机构以及大型工业企业的技术人员相结合共同组成的科技人才。

三是生产、生活环境条件。高新技术产业，需要有优良的生产环境，健全的基础设施（包括交通、通信、供电、供水等）和方便舒适的生活条件。总之，在区域产业规划中，高新技术产业发展布局与区域经济发展阶段，科技发展水平以及生产、生活环境密切相关，在不同区域应作具体分析。

（三）第三产业布局规划

广义的第三产业是为人们生产、生活和社会发展提供服务，以满足更多需要的产业，所以又称服务业。区域第三产业规划布局一般应根据区域第一产业和第二产业发展水平的需求和区域人口、劳动力数量因地制宜地进行。但是，第三产业主要集中在各级城市和乡镇中，而城乡人口规模和人均收入水平又往往是区域第三产业规划布局的重要依据。

由于第三产业涉及的行业庞杂，门类多样，其规划布局要求也不尽相同，在具体进行规划布局时应分门类区别对待。这里就旅游业规划布局问题进行阐述。

1. 旅游与旅游业

旅游是社会经济发展到一定阶段的产物。在生产力低下的古代，一般人总是把出门到其他地方去看作一种困难和危险的事，所谓"在家千日好，外出一时难"，当人们必须外出时，亲友们总是祝愿"一路平安"、"一路顺风"。这说明了在过去外出要遇到食、住、行等条件限制，要遇到严寒酷暑的折磨，要遭到野兽、盗贼的袭击等。人们往往产生望而生畏的情绪。在今天，交通、住宿、餐饮、通信等条件大为改善，旅游被看成调剂生活环境、接受新鲜事物的乐趣活动，而且现代旅游成为世界性、大众性的活动。这无不与工业发展、生产力迅速提高有着密切关系。第一，生产力的发展意味着国民经济收入的增长、工作时间的缩短，这为人们参与旅游活动提供了可能；第二，生产力发展，生产生活环境的变化，现代化快节奏的环境，又向人们提出改变环境、外出旅游、消除身心疲劳的需要；第三，现代科技发展为人们提供了方便、快捷、安全的交通运输、信息通信、餐饮住宿和各种服务条件。

旅游是人们物质文化生活的一个组成部分，旅和游，旅行是手段，游览则是目的。因此，旅游的特征是人们离开常住地到另一个地方进行物质文化生活的活动。旅游目的对于具体的旅游者来说可能是多种多样的，有欣赏山水风光、观赏名胜古迹，有了解异国异地历史文化、风土人情，有改换生活环境、增进身体健康，也有探亲访友追怀故旧，或者是各种目的兼而有之。尽管人们在另一个地方进行吃、住、行、游、娱、购等活动，但总的来说，仍是以游览为主的形式表现出来，都可以说是为了寻求新的感受而表现出来的物质文化活动的组成部分。特别是在今天，旅游已跨越国界，表现为世界各国人民的相互交往。在旅游中一方面鉴赏、了解和吸收接待国家区域及民族的文化，另一方面也将文化修养、民族习惯带给对方。这种交往促进了各国人民之间的相互了解，文化交流，达到共同发展的目的。

旅游者要完成旅游活动，必须借助于旅游业来完成旅游过程中的吃、住、行、游、娱、购等服务性活动。因此，旅游业是现代旅游活动中的重要组成部分。

旅游业是一种高度综合性行业。它由不同大小，不同地点，不同作用，不同性质，不同服务范围和不同服务方式的各企事业组成。按照我国目前情况，涉及旅游的企事业部门包括由旅行社、旅馆膳宿供应、交通、通信、银行保险、游览娱乐、宗教文化、园林艺术、旅游商品以及医疗卫生、公安海关等部门各企事业共同组成旅游服务的总体，以满足旅游者的需要，任何行业都不能单独完成对旅游者的全部服务。但各行业本身又是独立单位，除旅行社外，服务对象又不限定旅游者，而且还为社会上其他消费者服务。正因为旅游业具有高度综合性和服务的广泛性特点，在旅游业规划发展过程中必须充分考虑各行业的配套性和充分利用社会基础设施为其服务，才不会造成服务设施重复建设和浪费。

2. 影响旅游业规划布局的主要因素——旅游者

（1）旅游客源产生的动力。旅游客源产生由内动力、外动力和中间条件三部分构成。

一是内动力——旅游者动机。动机是激动人们去行动以达到一定目的的内在原因。动机产生于人的需要，而人们的需要有多方面，且随社会经济发展，其需要也在不断深化，旅游的动机是在当人们满足最基本生存需要，而有多余的金钱、时间和精力时提出来的。一般旅游者动机可归纳为四类：

第一类：精神动机——有欢乐、欣赏知识、见闻等要求；

第二类：健康动机——有治疗、保健、运动等需求；

第三类：心情动机——有信仰、交流（为蜜月）、思乡（探亲）等心情；

第四类：其他动机——有购物、考察、会议等目的。

不同的旅游动机往往构成旅游活动的行为层次：

第一层次：观光旅游——能陶冶情操、增加知识，给予美的享受。

第二层次：参与娱乐旅游——在野外进行各种娱乐、健身活动，如游泳、划船、钓鱼、打猎以及参加民族风情活动等。

第三层次：专业旅游——如休疗养、会议考察、宗教朝拜等。

各层次行为可以同时并存，也可以在低层次出现后向高层次发展。所以，观光旅游是最基本层次的大众化旅游。其他层次旅游是在满足最低层次基础上的进一步拓展性旅游。

二是外动力——旅游对象的空间相互作用。旅游对象主要是指景观。各地区的自然景观是千差万别的，各地的人文景观和民族文化也因地而异。这种差别和差异与人们日常生活区内的景观、环境往往形成一种梯度差，其变化越大，差异越突出，其梯度差也越大，对人们旅游的吸引力也越强。所以，长期生活在城市里的人们总向往到视野开阔、环境清新、风景优美的自然界中游玩，而长期居住在风景区的居民，往往又向往城市的繁华，看看高楼林立、车水马龙、一片繁忙的景象而感到精神振奋。

三是中间条件——距离（时间距离）、费用和旅途条件。旅游者出游是有条件的，最重要的是时间距离、费用高低和旅途舒适（疲劳）状况。

当出游的时间距离与闲暇时间一致，出游费用与可自由支出开支一致（或略有余），出游疲劳（舒适）程度与身体健康状况可以承受时，人们就可能做出旅游的决策，如有某一方面达不到上述要求时，则出游的可能性很小。

（2）旅游者的数量，受旅游对象吸引半径和半径区域内人口密度限制。旅游对象的吸引半径与其旅游资源价值和旅游条件有关。不同旅游资源价值和开发条件，可定为不同级别。一般有国家级、省级、市县级，各级分别满足不同范围内游人的需要。国家级景区知名度大，吸引国内外旅游者，其吸引范围往往是跨国，省级景区则满足国内省区人民旅游需要，而市县级景区仅能满足当地居民休息、娱乐的需要。这种不同级别，不同服务目的，规定了服务半径的大小。同时，在一定旅游对象开发基础上，其吸引半径按距离和开发时间而衰减，制约着旅游者的数量。

在一定吸引半径内，人口密度越大而产生旅游者的数量越多，相反则较少。

（3）旅游者对旅游对象的偏爱。旅游者具有需要旅游这是共同要求，但具体到每个人，则有很大差异。由于他们的兴趣爱好、能力、气质和性格不同，往往构成各自个性特征，这种个性特征往往从年龄、职业、文化素质三方面体现。

一是年龄。一般人的个性随年龄和生活经历而不断发生变化。少年儿童天真活泼，对新生事物充满热情，特别对各种游乐设施感兴趣；中青年精力充沛，感情奔放，新鲜感强，喜动，爱联想，特别对自然景观有特殊爱好；老年人沉着老练，生活经历丰富，但体力不足，喜回忆，爱清静，对人文景观有一定偏爱。

二是职业。社会职业多种多样，其对旅游产业的兴趣和偏爱各不相同。学生、教师喜欢跋山涉水，猎奇访古，工人喜欢自然景观和田园风光，农民则喜欢人文景观，特别是对城市景观独有偏爱。

三是文化素质。旅游者的文化素质，反映出不同教育水平。受高等教育者，往往知识面广，对旅游的目的性强，对旅游质量要求高；中等文化素质，产生旅游兴趣往往受大众媒介的宣传影响，去哪里，游什么要求并不高，只要有新鲜感就能满足；文化素质不高的旅游者，往往是跟着游，要求不高，换一个环境领略到新环境即可。

（4）旅游市场预测。旅游市场预测是旅游业规划的主要依据，一般对旅游业规划有直接影响，市场预测包括：

一是市场容量及分布构成预测。估计旅游市场未来的发展的可能性，以便通过预测，决定未来旅游服务设施发展规模，以及采取相应的不同对策，确定争取客源的重点。这就必须具备旅游市场总量及分布构成的资料。它包括旅游者总人数、平均逗留天数、床位利用数、国内与国外、区内与区外市场构成比例，不同旅游地区之间的构成，不同职业，不同收入水平分布构成以及城市市场潜力分析。

二是居民收入状况及消费构成预测。旅游业的繁荣以人民生活水平提高为基础。预测居民收支情况，包括国民收入的分配、消费比例，居民货币收入和实际购买力，消费资金使用方向，旅游消费金的可能数量以及旅游普及率等。

三是旅游者消费需求变化预测。为了满足旅游者的需求，提高服务质量，扩大旅游市场，首先必须了解旅游消费者的需求变化。预测的具体内容包括旅游目的、旅游方式和旅游消费水平等。

四是旅游市场竞争性情况预测。竞争是指各地区旅游业之间竞争。必须对客源产生地到接待地的交通状况（交通工具、交通线路以及运输价格等）和邻近地区的各种旅游价格、服务水平等进行比较性预测。

五是与旅游市场有关的行业生产情况预测。旅游业并不是独立存在的，区域国民经济各行各业的生产都对旅游业发展有直接或间接影响。因此，对旅游市场预测要在经济总体水平基础上，用全局观点，围绕旅游业发展，做好综合平衡。

当然，仅从旅游经济角度预测还是不够的，还必须同社会、国家和个人各个因素综合考虑，才能做出比较可靠的预测结果。

旅游市场预测的具体方法多种多样，但常用的主要有三种：

第一种：逻辑判断推理预测（定性预测）。其主要特点是借助过去已有的情况和资料进行，预测的结果只是发展趋势。一般在预测时间系列中许多影响客源产生的因素时不能用量化指标表示，而且在调查研究中也不易取得，需要根据实际情况进行分析估算。例如国家与区域旅游政策的改变，在预测期内交通技术发展程度以及期内可支付旅游费用和闲暇时间等，都不能对旅游市场用量化指标反映。因此，只能借助已有的经验和少量的数据，根据可能变化情况进行归纳、推理、判断、预测其趋势。在实际预测中，往往也产生很多方法，如典型调查法（先导分析法）、专家预测法（德尔菲法）、经验估算法等。

第二种：市场调查推算预测法。这种方法是向市场直接作实际调查，取得资料进行加工、整理、计算。这种方法简单易行，不仅可作定性描述，还可作定量预测。例如年平均增长数或年平均增长率预测法、回归方程预测法（包括直线回归方程、指数回归方程和多元回归方程）、进程曲线预测法等。据有关部门分析、采用市场调查分析预测法的各种数字计算方法不同，其预测数据差别较大。因此，各种数字计算方法有一定适应性。一般趋势型旅游市场，其客源在一定时间内变动按平滑向上或向下变化时，可选择坐标趋势线（即进程曲线法预测较可靠）。季节型旅游市场多采用二次曲线方程或指数曲线方程预测较好，稳定性旅游市场多采用年平均增长率或年平均增长数法进行预测。而随机型旅游市场，其变动受因变量控制而变化，多采用多元回归方式进行预测。

第三种：数学模型法。根据影响旅游市场变化因素状况建立数学模型，其预测结果对旅游业发展规划具有重要指导作用。只要具备需要的数字资料就可以建立数字模型，并求解出具体的参数。现在，借助电子计算机极为方便，它不仅可作出预测市场总量，也能对市场结构、游客花费构成等进行分析预测。在建模时要善于抓住主要矛盾和关键因素，不要把模型复杂化，而失去实用价值。

3. 旅游交通运输业规划

旅游者在作出旅游的决定时，他同旅游目的地总是处在不同地理位置上，这一段空间距离，必须通过交通运输部门提供的各种运输工具完成。同时各种运输工具和所耗费旅途时间与旅游者的闲暇时间要结合起来分析。旅游交通业为旅游者服务的要求是：充分发挥交通运输工具和设施的效率，降低运输成本，以合理价格提供舒适、方便、快速、安全的交通运输服务，以招徕更多的旅客，并尽可能从中获取最大的经济社会效益。因此，在规划中必须解决以下问题：

一是旅游者流量及不同运输形式。一个旅游城市或地区的旅游交通运载能力，首先应与这一地区的游客流量相适应，否则会影响该地区旅游资源和设施能力的发挥，得不到应有的效益；其次应根据游客的需要，适当安排各种不同的旅游交通工具（汽车、火车、飞机等）以适应各旅客的不同要求，更要以不同的等级待遇适应各旅客不同的经济水平；最后各游览地对游客的吸引力有强有弱，各交通线路上游客的流量也不相同，旅游交通服务中，应根据游客流量变化趋势，认真分析游客构成变化，经常调整和不断发展旅游交通线路，并按不同运输工具技术经济特点、自然地理条件、现有区域运输体系状况、规划旅游交通发展规模和速度，使各条运输线路上运力与客流量相协调，这样才能使旅游业各部门协调起来。

二是不断提高运输线路和工具的运载能力。旅游交通运载率的高低决定旅游交通规划的成败。一般运载率高，其运输成本低，经济效益也好，而运载率低则运输成本高，经济效益也差，其规划也会因此而失误。影响旅游交通运输运载率的因素有线路密度的高低，运输工具运量大小，旅游的季节变化，运输费用的变动以及旅客需求状况，服务态度的优劣，等等。

三是安全、方便和舒适。安全是旅游者对旅游交通最起码的要求。如交通运输不安全，就谈不上为旅游者提供服务，若经常发生事故，将直接影响整个旅游业的发展。方便是旅客较低的要求，游客到任何地方旅游要进得去、出得来、散得开，达到方便要求。舒适是旅游必备的条件。现代旅游是一种游乐享受。在旅游业发达的地区，交通运输十分舒适，火车有舒适卧铺和座椅，有空调和各种必需品的供应；汽车有大玻璃窗，甚至顶窗可供旅途观赏沿途风光，有电视、录像以消除旅途疲劳；轮船更有装饰华丽的舱位和各种设备齐全的服务，犹如水上宫殿。这些交通运输设备都可适应旅途舒适的要求。

当然，旅游交通运输价格问题，在区域旅游业规划中也应重视，它直接影响交通工具和游览地点的选择，而进一步影响交通运输线路运载率。一般来说，旅游交通运输价格应根据旅游市场供应情况制定出有利招徕游客的合理灵活的价格。

4. 旅游食宿旅馆业规划

食宿是旅游业重要组成部分，它往往体现在旅游的旅馆中。旅馆不仅提供食宿而且也是休息和娱乐的场所。旅馆对旅游者来说是一个放松精神，补充体力的地方。因此，旅馆必须给旅游者以"宾至如归"的感觉，才能使他们在游程中得到心理、精神上的满足。旅馆的规划建设必须结合客流量、旅游区域的交通、购物以及与旅游区点景观相协调来考虑其建设。

一般来说，在旅游区域内规划建设旅游旅馆必须进行充分调查研究。

一是评价规划建设旅馆附近旅游资源在旅游市场中的地位。旅游资源在旅游市场中地位主要表现在它对旅游者吸引力的大小，即是热线、温线或冷线。一个热线旅游点，当然可建设相适应旅馆，而对冷线来说则不能效仿热线规模来建，但冷线在一定时间内通过其他设施建设和改造也可成热线。因此，在规划中的冷线要留有充分余地。

旅馆吸引力大小反映在客流量上，建造规模（床位）必须与客流量相适应。床位数量决定于接待总人数、逗留天数、床位利用率三个指标。其计算公式为：规划床位数量＝规划游客总量×平均逗留天数/365 天×床位利用率。

二是客源结构分析。旅游者经济水平的高低，可支配的货币多少是决定他们对旅馆等级、膳食供应和服务水平要求的重要因素。经济水平高，可支配支出多的旅游者，往往要求提供高水平的食宿服务条件，而一般散客往往需要普通标准食宿和服务水平。这种客源结构调查分析往往决定了规划旅游旅馆规模，等级标准和相应的服务设施水平。

三是旅游旅馆的地址选择。旅游旅馆必须建立在交通方便的地方。首先，为了旅游者的方便，保证在较短时间内能迅速到风景名胜区的旅游地点和火车站、飞机场。其次，要与市政规划结合起来考虑适当地点。这样就能与城市规划的现代化建设相协调，又可凭借市政规划解决旅馆的水、电、通信以及副食品供应等。最后，旅馆建筑要与当地景观相协调。由于旅游旅馆的规模、特色和外型不同，对选址就有不同要求，在规划布局中应慎重考虑，应与旅游资源综合成为一个和谐的整体。

5. 旅游商品供应规划

旅游商品是指旅游者在旅游过程中所购置的商品，包括各种纪念品、欣赏品、礼品和旅游中所需生活性用品等。

旅游者购置旅游商品主要出于旅游纪念，馈赠亲友或出于偏爱等需要。一般旅游者到一处旅游，都需要购置一点值得纪念、帮助愉快回忆和具有当地特色的商品。因此，旅游商品供应必须针对这种需求，联系产地，合理设点进行计划生产。否则旅游商品不对路往往造成滞销。同时，旅游商品要有联系性，即其商品生产造型、式样、图案设计以及销售商品特点都必须与当地旅游资源和当地特色紧密联系起来，这样才能增添旅游商品的纪念意义而大受欢迎。

旅游商店布点，以便利旅游者购置为原则。一般布置在车站、码头、旅馆以及旅游区出入的中心地带，这些地区往往是布置大型综合性旅游商店最佳地点。同时，考虑旅游者经常处在流动中，根据客流情况，在客流集中点、休闲点布设流动供应点，往往也能取得较好的商业效果。

第四节　区域环境规划

区域环境规划，是针对区域社会发展状况，环境特征及其环境发展趋势，而对人类自身活动和环境建设所做的时间和空间上的合理安排。区域环境规划是区域规划的重要组成部分，是制定和指导环境计划的重要依据。

一、区域环境规划的主要内容

区域环境规划按行政隶属关系、按部门行业及特征区域不同构成一个多层次的网络结构。各层次根据不同的区域特点，按环境要素、规划内容和规划时间编制具体的污染控制规划和计划或生态保护规划和计划。层次之间，做到上下联系，左右协调，综合平衡，实现整体上的优化。具体规划内容则包括以下内容。

（一）社会、经济、环境状况与评价

社会经济状况涉及区域内资源潜力，工农业生产及人口等国民经济和社会发展情况及主要指标。它们是环境规划的起点和基础，阐明其发展趋势，以使环境与国民经济和社会发展规划相协调。

环境状况则包括前期环境规划环境目标和指标的执行情况，环境现状及存在的主要环境问题，特别是本期环境规划基准年的现状，以此作为环境规划的起点。

通过环境调查与评价，认识环境现状，发现主要环境问题，确定各环境问题的重要性以及造成环境污染的主要污染源。环境评价包括自然环境评价、经济和社会评价、污染评价。环境调查与评价要特别重视污染源的调查与评价，并通过污染源调查与评价，将污染物排放总量、"三废"超标排放情况进行排序，决定本区域污染物总量控制的主要污染物和主要污染源。

（二）环境规划的目标、指标及指标体系

环境目标是为改善、管理、保护该区域的环境而设定的，拟在该规划期限内力求达到的环境质量水平与环境结构状态。环境目标可划分为战略目标、策略目标、规划目标等。环境规划目标可用精练而明确的文字概括地阐明，在确定总目标的基础上，针对最突出的环境问题和规划期的工作焦点，将必须实施的规划目标和措施作为纲领或总任务确定下来，充分体现规划的重点。

指标是目标的具体内容、要素特征和数量的表述。环境规划指标体系是由一系列相互联系、相互独立、互为补充的指标所构成的有机整体。在实际规划工作中，应根据规划区域对象、规划层次、目的要求、范围、内容而选择适当的指标。指标选取的基本原则是科学性原则、规范化原则、适应性原则、针对性原则、超前性原则和可操作性原则。指标类型主要包括环境质量指标、污染物总量控制指标、环境管理与环境建设指标、环境投入以及相关的社会经济发展指标等。

（三）环境功能区划

环境功能区划是依据社会发展需要和不同区域在环境结构、环境状态和使用功能上的差异，对区域进行合理划分。功能区是指对经济和社会发展起特定作用的地域或环境单元。环境功能区，实际上是社会、经济与环境的综合性功能区。在环境规划中划分功能分区是为了合理布局，确定具体环境目标和便于管理与执行而划定的。

划分功能区主要根据如下原则进行：①环境功能与区域总体规划相匹配，保证区域或城市总体功能的发挥；②根据地理、气候、生态特点或环境单元的自然条件划分功能区，如自然保护区、风景旅游区、水源区或河流及其岸线、海域及其岸线等；③根据环境的开发利用潜力划分功能区，如新经济开发区、生态绿地等；④根据社会经济的现状、特点和未来发展趋势划分功能区，如工业区、居民区、科技开发区、教育文化区、开放经济区等；⑤根据行政辖区划分功能区，按一定层次的行政辖区划分功能，往往不仅反映环境的地理特点，而且也反映某些经济社会特点，有其合理性，也便于管理；⑥根据环境保护的重点和特点划分功能区，特别是一些敏感区域，可分为重点保护区、一般保护区、污染控制区和重点整治区等。

（四）污染控制规划

污染控制规划又称污染综合防治规划，是针对区域或城市环境质量制定的目标及主要环境问题而拟定的污染控制措施。污染控制规划包括工业或行业控制规划、乡镇环境保护和建设规划、城市环境综合整治规划等。也可以按环境要素划分：水污染控制规划（包括区域、水系、城市）；大气污染控制规划；固体废弃物处理和处置规划；噪声控制规划。

（五）生态规划

生态规划至今并无统一的理解和认识，20 世纪 60 年代，是根据资源管理和开发以及环境保护的需要提出来的，这是一种合理配置资源，制订符合生态要求的土地利用规划。随着生态学迅速发展，生态学理论渗入社会、经济各个领域，目前的生态规划已不仅仅限于空间结构布局、土地利用等方面，而且扩展到经济、人口、资源、环境诸方面。因此生态规划一般认为：应用生态学的基本原理，根据社会、经济、自然等条件，提出不同层次的开发战略与发展决策，合理布局和安排农、林、牧、渔业和工矿交通事业，以及住宅、行政和文化设施等，保证自然资源得到最适当的配量，保护环境，实现可持续发展。

生态规划特别强调协调性、区域性和层次性，充分运用生态学的整体性原则、循环再生原则、区域分异原则，融生态规划、生态设计、生态管理于一体，编制生态规划。生态规划可按地理空间尺度、地理环境和生物生存环境、社会科学门类分成不同的规划类型，其中城市生态规划、农村生态规划与社会经济建设最为密切，普遍受到政府和规划部门的重视。

（六）自然保护规划

自然保护是为了给当代和后代人建立最适宜的生活、工作和生产条件，通过一系列合理的管理措施，保护人类生活的自然资源，使之免遭破坏。自然保护的目标是：保护人类生存和发展的生态过程及生命系统（如水、土、气、森林、草地等）使其免遭破坏和污染；保证生物资源的永续利用；保存生物种的遗传多样性；保存自然历史纪念物。自然保护规划是在对自然资源进行调查、分析、评价的基础上，对其保护、增殖、开发利用等做出全面安排。自然保护规划根据不同要求、不同保护对象可以分成不同的类型规划，常有两类：自然资源保护规划、自然保护区规划。

（七）区域环境规划实施的措施与条件

环境规划的实用价值主要取决于它的实施程度。环境规划的实施既与编制

153

规划的质量有关，又取决于规划实施过程所采取的具体步骤、方法和组织。环境规划实施的保证措施主要有：

（1）环境规划必须切实纳入国民经济与社会发展规划体系。经济与环境相互依存、相互促进，又相互制约。保护环境是发展经济的前提和条件，发展经济是保护环境的基础和保证，环境规划纳入国民经济与社会发展规划是协调环境与社会经济关系不可缺少的手段。其纳入的内容包括：环境规划指标的纳入；环境技术政策的纳入；环境保护资金的平衡和环境建设项目的纳入等。

（2）环境规划与环境管理制度相结合。环境规划是环境管理制度的先导和依据，而管理制度又是环境规划的实施措施与手段。

（3）环境规划实施的政策与法律的保证。政策与法律是保证规划实施的重要方面，尤其是在一些经济政策中，逐步体现环境保护的思想和具体规定，将规划结合到经济发展建设中，是推进规划实施的重要保证。

（4）环境规划实施的组织管理。组织管理是对规划实施过程的全面监督、检查、考核、协调与调整，环境规划管理中的手段主要是行政管理、协调管理和监督管理，建立与完善组织机构，建立目标责任制，实行目标管理，实行目标的定量考核，保证规划目标的实现。

二、区域环境规划方法与技术要点

环境规划是一个多目标、多层次、多个子系统的研究与技术开发工作，具有综合性、区域性、长期性、政策性等特点，主要包括环境区划、环境预测、环境规划优化或系统模拟等环节，需要运用各种方法与技术。环境规划工作的关键是合理筛选并运用各种不同的方法，将其组成一个方法体系，其关键技术是环境区划技术、环境预测技术、环境规划技术等。

（一）环境预测方法与技术

预测是为决策提供必需的未来信息。选择预测方法时，应考虑的基本要素是预测方法的应用范围，包括预测对象、预测时段、预测条件、预测资料的性质、预测模型类型、预测方法和精度、预测方法的适用性及预测方法的费用等。预测方法根据预测结果一般可分为两类，即定性预测和定量预测。在环境规划预测中，常用的方法有约束外推预测法、回归分析法、决策树图预测法、马尔科夫预测法、灰色系统预测法、箱式模型预测法等，选用何种预测方法，应根据环境条件、资料、技术等情况决定。

（二）环境功能区划主要技术

区域环境功能区划一般分两个层次，即综合环境区划与单要素环境区划。综合环境区划依据区域环境特征，服从区域总体规划，满足各个分区功能的要求，并充分考虑土地利用现状、发展趋势，根据敏感目标、保护级别而确定，常用专家咨询法，辅助数学计算分析。单要素环境区划是以综合环境区划为基础，结合每个要素自身的特点加以划分，主要分为大气环境区划、水环境区划及噪声环境区划等。

（三）总量控制技术

总量控制是区域污染防治规划方法的核心，分为宏观规划总量控制和详细规划总量控制。宏观规划总量控制是研究规划区污染物的产生、治理、排放规律和治理资金的需求与经济、人口发展的协调关系，以致从宏观上把握经济、人口的发展对环境的影响，提出对策，促进环境与社会经济的协调发展。详细规划总量控制受环境容许纳污总量的控制，是寻求技术经济条件与环境质量要求的最佳结合。

（四）污染物总量控制规划常用方法

污染物总量控制规划中，已有多种方法应用和探索，一般通过线性规划方法可求得总污染源排放最大和总污染源削减量最小或削减污染物措施的总投资费用最小。通过整数规划方法或离散规划模型可获得最佳削减污染物措施和方案，还可通过动态规划模型求得总排放量的分配问题等。

第五节 区域规划政策体系

区域规划最终要体现为各项政策的设计，才能保证规划的有效实施。区域规划中的政策体系是由多种专项政策有机结合在一起而组成的综合系统，各项政策之间相互联系、相互支撑、相互影响。

一、区域财政政策

区域财政政策是通过财政分配关系的调整来协调区域关系，促进区域经济稳定发展和产业结构合理化的政策。财政作为主要宏观经济政策，不仅可以通过引导、限制、激励性政策来改变生产者的要素投入行为，引导要素合理流动，使社会资源投向更有利于社会和谐发展和帕累托优化的领域，可以通过引导、限制、激励广大消费者的行为，使消费行为为趋向生态化。更重要的是，国家可以通过集中财力、生态补偿、转移支付等财政手段，实现国民收入的二次乃至三次分配，从而尽可能消除一次分配领域的不公，使收入更加公平，使社会每个成员都能分享社会经济发展的成果。

财政政策的具体手段有：

（1）地区税收手段。税收是财政收入的主体，税收收入直接成为区域内经济与管理的资金来源。在财政收入中，关税、消费税等为中央固定收入，营业税、个人所得税、房地产税等归地方所有；增值税、资源税和企业所得税为中央和地方共享。

（2）财政转移支付手段。转移支付是政府将以税收形式筹集的财政资金转移到社会福利和财政补贴等费用的支付上。转移支付主要用于缩小地区差距、基本公共设施建设和扶贫支出三方面支出。

（3）财政支出手段。在财政收入的基础上，通过财政支出将这些资金分配给不同的产业和领域，从而实现政府资金的有效配置。

二、区域投资政策

区域投资政策是国家区域政策体系的重要组成部分，在国家宏观调控和经济社会发展过程中始终扮演着重要角色，是政府通过投资支持落后地区、缩小区域发展差距的政策手段，对于促进区域经济增长与协调区域经济发展具有举足轻重的作用。

区域投资政策通过政府的直接投资行为和改善投资环境的各项措施，引导社会投资的方向，并吸引区外资金的流入，从而促进区域经济发展。

区域投资政策主要包括三方面的内容：

（1）营造良好投资环境。投资环境包括硬件环境和软件环境。硬件环境主要指交通运输业、通信业、水电煤气供给等，这些产业一般具有正外部经济和规模经济的特点，投资规模大、投资周期长，应由政府通过投融资实现。软件环境包括区域发展战略，完善的法律法规、优良的政府服务等，这些可以有效地维护市场秩序，保障生产者和消费者权益。

（2）投资重点产业的选择。在区域规划中，主导产业或优先发展产业已规划好，应按照规划内容实施，投资政策的重点在于延长产业和产品链条，提高产业质量，发展主导产业，并及时把握产业生命周期特点，挖掘潜在主导产业，保证产业的衔接和发展。

（3）引资优惠政策的制定。吸引外部资金进入区域内进行投资，是区域发展的一个重要条件。优惠政策一般包括税收优惠、土地优惠和能源优惠三种。这些优惠政策的制定应符合国家规划，较好地处理引资与当地居民利益、可持续发展之间的关系。

三、区域产业政策

区域产业政策是国家或政府为了实现区域的某种经济和社会目标，以区域内全产业为直接对象，通过区域内全产业的保护、扶植、调整和完善，积极或消极参与某个产业或企业的生产、经营和交易活动，以及直接或间接干预商品、服务、金融等市场形成和市场机制的政策的总和。区域产业政策主要包括：

（一）与产业之间结构有关的产业结构政策

产业结构政策是政府制定的通过影响和推动产业结构调整优化以促进经济

增长的产业政策。主要用于调节资源在产业间配置的构成及其关联性，涉及结构调整和优化两方面的问题，包括产业结构调整政策和产业援助政策。不同的区域有不同的发展特点，其产业结构也会存在差异。应根据区域产业发展现状和未来趋势以及区域自身特点，因地制宜，制定符合区情的产业结构政策，通过主导产业带动实现产业结构优化升级。产业结构政策的具体内容包括幼稚产业的保护政策、主导产业的选择政策、战略产业的扶持政策和衰退产业的调整政策等。

（二）与产业内部竞争组织有关的产业组织政策

产业组织政策是指为了获得理想的市场效果，由政府制定干预市场结构和市场行为、调节企业间关系的公共政策。产业组织政策的实质是协调竞争与规模经济之间的关系，从而实现有效竞争。产业组织政策主要分为两大类：一类是鼓励专业化和规模经济的产业合理化政策，主要用于限制过度竞争；另一类是限制垄断，促进和鼓励市场竞争。产业组织政策的手段主要有：

一是控制市场结构，即对市场结构的变动进行监测和控制，保障有效性。

二是控制市场行为，即对市场行为实施监管和控制，限制垄断，保证公平竞争。

三是直接调节不合理资源利用，对不合理的市场干预行为进行纠正，不断完善政府调节机制。

（三）与产业空间协调有关的产业布局政策

产业布局政策是政府机构根据产业的经济技术特征、国情国力状况和各区域的综合调节，对若干重要产业的空间布局进行科学引导和合理调整的意图及其相关措施。产业布局政策主要包括产业集中发展战略的制定和地区产业发展重点的选择。产业布局主要依据对产业分布成本和收益的分析，成本主要包括交通成本、管理费用、人力成本以及市场因素和需求结构带来的成本；收益主要指利润率、销售范围以及网络布局等。合理的产业布局能够形成产业分工优势和区位优势。

四、区域科技政策

科技政策（Science and Technology Policy，STP）是一个国家或者政党在一定历史时期和一定的目标下，为发展科学技术和协调科技发展中的各种关系而制定的行为准则，既包括国家发展科学技术的方针、战略、步骤，又包括科研机构、学科、部门的具体科技政策。

科技创新作为不可或缺的要素，对区域实现集约型增长和结构性增长起着重要的促进作用。科技创新政策通过鼓励和引导来提高区域内科技创新的数量及优化科技创新结构，衡量科技政策对科技活动的调控作用，可从以下两个方面考察：

（一）从纵向看

从纵向看，科技政策一般可分为垂直的三个层次：

一是战略层次。主要解决科学技术的发展与国家经济发展、社会发展之间的全面性问题、目标以及这些目标之间的联系。

二是计划层次。STP 制定的主体提出广泛的研究课题并确定完成这项课题的具体项目。

三是执行层次。执行层次是科学技术活动的主体或知识生产单元在各种研究组织中，完成单个项目或特定目标。

这三个层次在知识生产中分别作用于知识生产的规划、组织和实施三个阶段。战略层次的 STP，一般解决知识生产的方向问题，围绕国家经济社会发展目标来规划知识生产活动，使科技与经济实现一体化并协调发展。计划层次的 STP 位于中观层次，对于组织生产起着协调作用。当知识生产的方向定位后，围绕特定的研究领域、特定的研究项目组织知识生产，计划层次是战略层次的具体化，又是执行层次的组织与协调。执行层次的 STP 直接影响着知识生产的实施运行。在各个专门领域、各个发展阶段上的知识生产不可能脱离社会系统孤立地进行，执行层次的 STP 起着调节知识生产与物质生产各种形式、各个环节的相互关系，保证知识生产的顺利进行。

（二）从横向看

从横向看，科技政策体系包括平行的四个方面，即投入调控政策、运作调控政策、产出调控政策和转化调控政策，对应于知识生产的投入、运作、产出、转化四个环节。

投入调控的科技政策是对知识生产的资源进行配置，主要涉及科学技术经费和 R&D 投入。[①] 运作调控的科技政策主要是要创造一种机制以促使知识生产围绕特定的目标组织和运转起来。协调功能的实现，可以是市场机制，也可以是计划机制。产出调控的科技政策是对知识生产的产品（论文、报告、专利等）进行评价，从知识产品的质量和数量判断国家的科技实力，从知识生产的投入产出比判断科技活动的效率，从而对科技活动进行宏观调控。转化调控的科技政策，是将科技成果转化到生产之中，从而将知识生产与物质生产统一成社会大生产，有效促进经济社会发展。

---

① R&D（Research and Development）指在科学技术领域，为增加知识总量（包括人类文化和社会知识的总量），以及运用这些知识去创造新的应用进行的、系统的、创造性的活动，包括基础研究、应用研究、试验发展三类活动，可译为"研究与开发"。

第五章

区域规划指标体系的构建

　　区域经济规划涉及面广，区域内部的各类要素和区域之间的关系都必须考虑到。区域规划的各层次目标需要通过一系列指标量化和具体化，形成指标体系。

第一节　区域规划指标体系构建的原则和内容

区域经济与社会发展规划作为一个结构复杂的系统，变量多而复杂，在评价指标体系的构建过程中，要尽可能选取各种有代表性的指标，涵盖区域发展的各个方面，保证评价结果的科学性和客观性。

一、区域规划指标体系构建的目的和原则

制定区域规划评价指标体系，是为了反映社会经济发展状况的全貌，分析区域规划的实际效果。指标体系必须比较全面，能够反映经济和社会方面的整体发展情况。

（一）规划评价指标体系的主要任务

（1）通过指标体系提供的基本数据资料，加深对经济和社会各领域不同部分之间关系的认识，为制定政策和规划服务。

（2）检测政策的实施效果，检查规划的落实情况，观察社会经济发展的现状和趋势，了解区域各部门在发展过程中可能出现的问题，提供反馈信息，为进一步改进规划服务。

（二）规划评价指标选取的原则

1. 科学性原则

区域经济规划是一项科学的经济活动。所谓科学性就是要有科学的理论、科学的方法和科学的态度。要做到以客观事实为基础，准确反映区域经济发展的实际情况。区域经济在不同的地区、不同的阶段，由于所处地区的资源、环境、人文条件等方面存在巨大的差异，导致发展水平的区别很大。在条件相对优越的地方，经济发展可能已经达到后工业化社会阶段，而那些闭塞、贫困落后的地区，可能仍然停留在传统社会阶段。对于规划来讲，用什么指标反映这种差异，是我们能否正确认识差异、认识到何种程度、用什么方法来把握差异

的关键所在。

2. 准确性原则

区域规划评价指标必须准确反映区域经济社会发展状况及其趋势，对于区域发展才有意义。应该说，凡是能够从区域经济发展的实践中得到的、能真实反映区域经济发展现状的指标体系，都是准确的。有些指标的数据可以从调查中通过第一手资料直接得到，也有些数据要采取间接的方法，比如从统计资料中得到。强调准确性，还要注意数据的使用方法。不是所有的数据都能够使用，也不是所有的数据都能够在任何地方使用，要注意数据使用的范畴和适用范围，还要注意数据在时间、空间的统一性，要对数据进行选择和加工。以反映区域经济发展的客观现实为目的的指标，应加大其量化准确程度。在我们选取的指标体系中，有相当一部分属于非量化的指标。如反映制度先进程度的指标、反映人们思想状况的指标、反映投资软环境的指标等，很难用统计上的数据一目了然地展示出来。但是，这些指标在我们进行区域经济规划时十分重要，缺少数据可能对规划本身产生很大影响。所以，采用专家打分的方法取得量化数据，是最常用的方法之一。

3. 系统整体性原则

规划指标体系必须全面地反映区域的综合水平以及各方面发展的因素指标，如资源利用指标、经济发展指标、社会进步指标等。指标的选择力求具备典型性、导向性、完备性、广泛的涵盖性和高度的概括性。指标体系的各个指标之间不是简单相加而是有机联系而组成的一个层次分明的系统整体，但同时指标之间应保持各自彻底独立性，避免指标之间的重复交叉、相互包含及大同小异现象。

4. 协调性原则

区域经济规划是将区域内部和区域外部的各种生产因素进行统一归类，然后科学地在区域经济发展中进行配置。由于这些要素十分复杂，反映这些要素的指标之间要求有协调性。例如，区域产业结构的指标相互之间要求有协调性，自然环境对区域发展的影响指标与人文环境对区域发展影响指标要有协调性，资本投入指标与劳动投入指标也需要有协调性，地区之间相互关系的指标更需要有协调性。例如，我们研究我国沿海地区与中西部地区的关系，研究三个地带的发展差距，都涉及区域协调的问题，反映它们之间的相互关系必须有一系列的指标说明问题，如人均国民生产总值、工业总产值等。指标的协调反映区域关系的协调，区域关系的协调要靠区域政策来调整。在研究区域经济关系时，要注意区别区域经济的规模指标和水平指标，保证所研究的问题具有可比性。设立区域经济规划的协调性指标，要注意四点：

（1）正确协调好规划目标与指标的支配关系，注意指标体系的弹性。

（2）正确协调好区域发展的关系，始终将区域的可持续发展思想贯穿于区域规划的指标体系全过程。

（3）合理安排指标体系的顺序和层次的关系。

（4）正确协调好数量指标与质量指标、速度指标与效益指标、定性指标与定量指标之间的关系，突出对指标经济含义的解释评价。[①]

5. 可比可量性原则

规划指标体系必须适用于不同的区域、各项指标的含义、统计口径和适用范围对不同区域必须一致，具有可比性；所有选择的指标要能够根据测量标准进行量度，以利量化；指标体系在应用中必须简单明了，容易理解，以便供不了解指标体系建立过程的人员操作使用，全部使用过程力求方便简洁，易于获取，不至于耗费过多的人力、物力和财力。

6. 动态导向性原则

区域发展规划本身作为一种动态过程，客观上要求编制动态性的规划指标体系，所选取指标既能反映以往区域发展的历史状况和各项指标的变动情况，又能对区域发展现状做出客观描述和评价，还能对未来区域发展做出预测。不同时期的指标体系必须适应特定时期区域发展规划的要求，每个指标都要求具有导向性，即对区域发展规划目标有积极的指导和监督作用。同一时期不同区域的规划指标体系除满足可比性原则外，不能搞大一统，而应根据需要进行适当调整取舍，构建适合本区域发展的规划指标体系。[②]

---

① 孙久文. 区域经济规划 [M]. 北京：商务印书馆，2004.

② 李克强. 区域经济规划理论与方法 [M]. 北京：中央民族大学出版社，2006.

二、规划指标体系的设置框架与内容

（一）区域规划指标体系的分类

区域规划评价指标体系是一个完整的系统。依据不同的标准，可分为以下几种类别。

（1）数量指标与质量指标。根据指标反映的内容不同，规划评价指标可分为数量指标和质量指标。数量指标是反映区域经济发展水平和规模的指标，一般用绝对量表示，如GDP、工农业生产总值、主要产品产量等。质量指标是反映国民经济总体增长的素质、经济绩效、生产质量等指标，如劳动生产率、科技进步贡献率、资金利润率等。

（2）实物指标与价值指标。根据指标的不同表现形式，可分为实物指标与价值指标。实物指标是用重量、容量、长度、数量等实物计量单位来表现使用价值的指标，如粮食总产量、棉花产量、煤炭产量等。实物指标的运用比较有利于实物产品生产和需求之间平衡关系的确定，便于建立部门之间的物质联系和比例关系。价值指标是以货币为计量单位的指标，如GDP、财政收入等。价值指标综合反映社会经济活动的总成果、总产量构成以及经济发展的规模和水平，并据此安排各种比例和平衡关系。

（3）单项指标、结构指标和综合指标。根据指标核算范围不同，可分为单项指标、结构指标和综合指标。单项指标是指反映经济和社会发展某一方面的指标或某一具体经济项目的指标，如人口总量、原油产量等。结构指标是反映社会再生产不同环节、不同领域和不同空间格局之间比例关系和技术经济联系的指标，一般用比例或比重表示，如三次产业结构、消费结构、投资结构等。综合指标是反映国民经济和社会活动总体性的指标，如总需求、总供给等。

（4）描述指标、评价指标和预警指标。根据作用功能的不同，可分为描述指标、评价指标和预警指标。

描述指标是用于反映社会经济现实状况，反映社会生产生活的过程和结果的统计指标。包括反映社会经济条件的指标，如自然资源拥有量、土地面积、人口等指标；反映生产经营过程和结果的指标，如国民生产总值、国民收入、固定资产投资、财政收入与支出、进出口贸易总额等；反映社会物质文化生活情况的指标，如居民文化程度、在校生人数、医院床位数、文化娱乐设施等指标。

评价指标是用于对社会经济行为的结果进行比较、评估、考核，以检查其工作质量和经济效益的指标。包括企业经济活动的评价指标，如劳动生产率、资金周转速度、资金利润率等；国民经济评价指标，如国民生产总值增长速度、社会劳动生产率、社会积累率等。评价指标通常要和计划、预算或其他定额指标相比较，才能确定其优劣程度。

预警指标主要用于对宏观经济运行的监测，并根据指标数值的变化，预报国民经济即将出现的不平衡状态、突变事件以及某些结构性障碍等，通常利用国民经济关键性指标或敏感性指标来建立监测指标体系，以发挥预警作用。属于宏观经济监测的对象如经济增长、经济周期波动、失业与通货膨胀、进出口贸易、国际收支等。相应的预警指标有国民生产总值与国民收入增长率、就业量与失业率、社会消费积累率、储蓄与投资率、物价水平、汇率与利率等。

（二）区域规划指标体系建设

截至目前，国内外还没有公认的区域规划指标体系，当前影响较大的是以下四大体系：

一是英格尔斯的现代化目标体系，该体系从人均收入、社会结构、文化教育和医疗条件等方面，提出了 11 个评价指标。由于英格尔斯标准简明、可测，数据容易取得，度量比较直接，因此受到许多人的青睐，并且迅速地被加以引用，尤其在中国目前向现代化迈进的时期，更被许多人奉为评估现代化的实用工具。现在来看，该指标体系存在一些不足之处：缺少生态、环保方面的指标，这在当前大力强调绿色发展和生态文明建设的大背景下是很不合适的；没有反映信息化和科技进步等方面的指标，也与创新发展和新型工业化等要求相悖；个别指标有交叉，由于婴儿死亡率和人口自然增长率是相关的，所以中国学者使用时只用其中的 10 个指标（即舍弃了婴儿死亡率指标）。实际上，如农业增加值占 GDP 比重、服务业增加值占 GDP 比重、非农业从业人员占全部从业人员比重，三项都是反映产业结构的，也没有必要全部纳入。

二是国家统计局提出的全面小康监测指标体系。该体系从经济发展、社会和谐、生活质量、民主法制、文化教育和资源环境 6 个方面提出了 23 个考核指标。涵盖面很广，但有些方面不好操作，如公民自身民主满意度、社会安全指数等。

三是国家"十一五"规划从经济增长、经济结构、人口资源环境和公共服务及人民生活四个方面，提出了 23 个规划指标。该体系从国家层面看是合理的，但目前在区域层面，总人口（常住人口）、累积转移劳动力等指标可以不要，因为中国的就业平衡是在全国范围内维持的。此外，农业灌溉用水有效利用系数太难把握、太难监测。国家"十二五"规划沿用了这个指标，值得商榷。

四是国家"十二五"规划，该规划从经济发展、科技教育、资源环境和人民生活四个方面提出了 28 个规划指标。该体系与"十一五"规划体系差不多。这就是说，国家层面的两个规划，用到区域层面，需要调整。尤其是较小的、低层次的区域，更应该突出自己的特色，体现自身的发展诉求。

在我国经济社会发展进入新常态的背景下，区域规划要有新的理念，建立新的指标体系。其中的新理念就是《中华人民共和国国民经济和社会发展第十三个五年规划纲要》提出的"创新、协调、绿色、开放、共享"五大发展理念。因此，新的区域规划指标体系就必须瞄准这五大理念进行构建。[①]

1. 经济社会发展基础性指标

区域规划首先应该体现出本地区未来一段时间内经济、社会发展的基本诉求。现代化指标和全面小康指标包含了 GDP 或人均 GDP 等指标，但对于中国目前正处在经济起飞、工业化、城镇化快速发展阶段的区域来说，仅用这几个指标远远不够。国家"十一五"规划中，有 GDP、人均 GDP、总人口、城镇居民可支配收入、农村居民人均纯收入、五年新增就业岗位、五年转移农村劳动力人数等。其实，后两个指标，即新增就业和转移农村劳动力在地方层面可以不作为规划指标，因为中国的就业是在全国范围内平衡的。此外，总人口是 GDP 和人均 GDP 的函数，这三个指标任取其二作为规划指标即可。"十二五"

---

① 吴殿廷，胡灿，吴迪. 新常态下区域规划指标体系建设研究 [J]. 区域经济评论，2016 (4).

规划中则调整为 GDP、城镇化率、总人口、城镇居民人均可支配收入、农村居民人均纯收入和人均预期寿命、城镇新增就业人口等指标，这些指标应该都纳入。结合我国的统计制度，可考虑如下经济社会发展基础性指标，如表 5-1 所示。

表 5-1　经济社会发展基础性指标

领域	指标	说明
经济和社会总体	GDP 或 GDP 增长率	直接反映经济总体状态，在当前经济下行压力下很有意义
	人均 GDP	经济繁荣程度。GDP、人均 GDP 和总人口，三取二即可
	人均财政收入	公共发展条件和政府调控能力，但该值太大也不好。目前是正指标
	城镇人均可支配收入	收入方面，为了显得紧凑凝练，建议将这两个指标加权计算合成为人均收入
	农村居民人均纯收入	一个指标
	城镇化率	综合社会进步状况，目前中国的城镇化率大约是55%，因此是正指标
生活质量	城镇居民恩格尔系数	综合生活水平，为了显得紧凑凝练，建议将这两个指标加权计算合成为人均
	农村居民恩格尔系数	收入一个消费结构指标
	人均预期寿命	医疗健康状况的最佳指标，也是现代化指标
	万人拥有医疗机构床位数	反映医疗状况（国外用医生数反映现代化水平，我们的医生含义与国外不同，所以建议用医疗机构床位数）
发展能力	全员劳动生产率（GDP/社会劳动者人数）	反映劳动力的效率和社会装备水平，体现经济发展规律的要求
	人均固定资产投资额	反映经济发展活力和动力；过去很重要，现在对于发达地区则不是最重要的

2. 创新发展指标体系

创新发展强调把发展基点放在创新上，形成促进创新的体制架构，塑造更多依靠创新驱动、更多发挥先发优势的引领型发展。在区域规划指标体系建设中的创新，更多是指具有操作性的科技创新。描述科技创新发展的指标，包括创新投入和创新产出两个方面。其中，创新投入包括研发经费、科技人员、人均受教育年限等；创新产出包括高新技术产业增加值、发明专利等。国家"十一五"规划中曾把研发经费占 GDP 比重、人均受教育年限等纳入，而没有创新产出方面的指标；"十二五"规划中则把九年义务教育普及率、高中阶段毛入学率、研发经费和万人发明专利数等作为创新发展的规划指标。最后一个指标即发明专利，属于创新产出成果。英格尔斯的现代化指标中，有大学生入学率等指标，该指标与人均受教育年限等的价值相仿。全面小康社会建设中，除研发经费外，还包括了文化产业增加值占 GDP 比例、文化娱乐消费占家庭生活消费比例等，这几个指标可用高新技术产业增加值占 GDP 比例、战略性新兴产业增加值占 GDP 比例替代，高新技术产业和战略性新兴产业的核算，国家已经有明确规定，如表 5-2 所示。

表 5-2　创新发展指标体系设计

领域	指标	说明
创新投入	人均受教育年限	教育总体状况，也可以换成就业人口人均受教育年限，或细分为高中阶段毛入学率、九年义务教育巩固率等指标，现代化指标中用的是文盲率
	教育投资占财政投资比例	对教育重视，也是对未来创新能力的储备
	R&D 投入占 GDP 比例	对科技重视
创新产出	科技人员占从业人员比例	科技资源密度（也可换成专业技术人员占比）
	万人发明专利数	科技成果密度
	高新技术产业增加值占 GDP 比例	产业进步情况

3. 绿色发展指标体系

绿色发展强调坚持绿色富国、绿色惠民，为人民提供更多优质生态产品，推动形成绿色发展方式和生活方式，协同推进人民富裕、国家富强、中国美丽。因此，必须努力建立资源节约、环境友好社会，普及生态文明，发展循环经济。绿色发展也要求调整产业结构，增加环保投入等。因此，绿色发展规划指标可以从这些方面入手。在区域层面，如下指标可考虑作为规划指标，如表5-3所示。

表5-3 绿色发展指标体系设计

领域	指标	说明
高效利用资源	非农产业增加值比例	反映结构调整。也可以用工业增加值占比、服务业增加值占比等。当前情况下，该指标是正指标
	单位建设用地面积创造的GDP	反映土地集约节约利用效率，正指标
	城镇人均建设用地	反映土地节约方面的努力，可参照城乡规划法设计指标标准
	乡村人均建设用地	反映土地节约方面的努力，可参照城乡规划法设计指标标准
	万元GDP能耗下降	反映绿色低碳方面的进步，也可以用单位GDP能耗。后者反映的是静态情况，对于不同发展阶段的地区而言是不可比的；前者反映的是根据国家政策所作努力的效果
	万元GDP（或工业增加值）水耗下降	反映节约集约利用资源方面的进步，也可以用工业用水重复利用率，正指标
	农业灌溉有效利用系数	国家"十一五"、"十二五"规划都使用了这个指标，意义很大，但操作性不强
减少环境破坏	万元GDP二氧化碳排放下降	反映环保方面的努力，正指标
	万元GDP化学耗氧量降低	反映环保方面的努力，正指标
	工业废水排放达标率	反映环保方面的努力，正指标
	工业固体废弃物综合利用率	环保努力，正指标
	生活垃圾无害化处理率	环保努力，正指标

续表

领域	指标	说明
提高环境质量	城市大气环境达标天数	环境质量，正指标
	流域断面水质平均水质	环境质量，水利、环保部门专门数据，正指标
	受保护国土占国土面积	反映环保方面的努力，理论上有合理标准，但在当前情况下，越大越好
	森林覆盖率	反映环境质量，正指标
	城镇人均绿地面积	反映宜居环境建设，理论上有合理标准，但对大部分城市而言，目前是越大越好
增大环保投入	环保投入占 GDP 比例	环保制度建设，理论上有合理标准，但当前情况是越大越好
	环保产业占 GDP 比例	环保产业越发达，则区域的可持续性越高，正指标
	公共交通占城镇居民出行比例	绿色出行的努力，正指标，城市化区域适用
	城市建成区轨道交通密度	绿色交通的努力，正指标，适合都市区使用

国家"十一五"规划中，曾把单位 GDP 能耗降低、单位工业用水量降低、农业灌溉利用有效系数、工业固体废弃物综合利用率、主要污染物（二氧化硫、化学需氧量）和耕地保有量及森林覆盖率等作为规划目标；"十二五"规划中，涉及耕地保有量、单位工业增加值用水降低、农业灌溉有效利用系数、非化石能源利用占一次能源比例、单位 GDP 能耗降低、单位 GDP 碳排放降低、主要化学污染物（化学需氧量、二氧化硫、氨氮、氮氧化物）减少、森林增长（森林覆盖率、林木蓄积量）等指标。其中，化学污染物分得太细，增加了监测的难度；木材蓄积量也不是很合适，因为这个指标的操作性较差（主观性较强），不同人员、不同方法测得的结果也不大可比。此外，农业灌溉用水有效利用系数的操作性也值得商榷。全面小康建设指标中，有单位 GDP 能耗、耕地保有面积指数和环境质量指数三大指标，后两个指标需要特殊计算，显得直观操作性不够强。

4. 和谐发展指标体系

协调发展要求增强发展协调性，坚持区域协同、城乡一体、物质文明精神文明并重、经济建设国防建设融合，在协调发展中拓宽发展空间，在加强薄弱领域中增强发展后劲；共享发展则是按照人人参与、人人享有的要求，坚守底线、突出重点、完善制度、保障基本民生，实现全体人民共同迈入全面小康社会。为此，必须统筹区域协调发展，统筹城乡协调发展，特别关注弱势群体和基本公共服务均等化。因此，可以从城乡之间、区域之间和不同群体之间的角度考察"协调发展"；从基本生活保障、失业保障及社会保险覆盖情况设计"共享发展"评价和规划指标，如表5-4所示。

表5-4 和谐（协调和共享）发展指标体系设计

领域	指标	说明
协调	乡城收入比（农民人均纯收入/城镇居民人均可支配收入）	城乡协调，目前仍需要进一步缩小城乡收入差距
	不同收入群体之间收入分配的基尼系数	群体协调，体现了基尼系数经典理论和方法要求。当前可以0.3~0.4为合理区间
	县（市、区）（下级区域）人均财政收入基尼系数	地区协调，当前可以0.3~0.4为合理区间
共享	城镇调查失业率	就业—失业状况。过去用"登记失业率"，有很大水分；现在改用"调查失业率"更科学，但不同年份的调查数据，可比性有待商榷
	城镇基本养老保险覆盖率	同国家"十二五"规划，国家"十一五"规划也有相似指标
	新型农村合作医疗覆盖率	同国家"十二五"规划，国家"十一五"规划也有相似指标
	最低生活保障水平与（城镇/农民）人均收入之比	关注弱势群体是社会进步的标志，当前情况下是正指标

国家"十一五"规划中，曾把城镇基本养老保险覆盖人数、新型农村合作医疗覆盖率、城镇登记失业率等纳入；"十二五"规划则使用了城镇登记失业率、城镇参加养老保险人数、城乡三项基本养老参保率、城镇保障性安居工程建设等作为规划指标，对农村未设专门指标。这两个规划都没有直接将城乡收

入差距、地区收入差距和群体收入差距考虑进来，也没有考虑到弱势群体的生存要求。为此，可考虑"和谐（协调、共享）"规划目标体系。

5. 开放发展指标体系

开放发展即努力开创对外开放新局面，丰富对外开放内涵，提高对外开放水平，协同推进战略互信，努力形成深度融合的互利合作格局。开放发展取决于两个方面：一是对外影响力和包容性，二是内外一体化。国家"十一五"规划和"十二五"规划都没有与此对应的规划指标，主要原因是作为国家一级的宏观规划，没有必要把很难控制的相关指标如外商投资额、进出口贸易额等作为规划目标。为此，可构建区域层面开放发展的指标体系（见表5-5）。应该说，这样的指标体系，比较适合省域层面，特别是城镇化高级阶段的区域发展规划。

表5-5　开放发展指标体系

领域	指标	说明
内外一体化	等级公路网密度	内部交通便捷程度及对外开放条件
	城镇人均道路面积	城市内部交通便捷程度及对外开放条件
	人均社会商品零售额	对内对外商业影响力，也是经济活跃的标志
	人均货物周转量	内外物流活跃程度
	人均旅客周转量	人流活跃程度
对外影响力与包容性	国内旅游吸引力（即国内游客/常住人口）	地区形象与吸引力
	国际旅游吸引力（即入境游客/常住人口）	地区国际影响力
	人均金融机构年末存款余额	财富累积和金融吸引力情况
	人均金融机构年末贷款余额	经济活跃态势和金融辐射力情况
	人均外商投资额（FDI）	对外经济吸引力，也是发展潜力的反映

领域	指标	说明
对外影响力与包容性	人均对外投资额	包括对境外和区外投资两个方面，反映区域资源配置能力
	人均进出口贸易额	对外贸易能力，可以分进口、出口两个方面，也可以细分机电产品出口、高新技术产品出口及服务业出口等
	常住人口与户籍人口比例	反映包容性与就业活力。世界性大都市还可以把境外常住人数与本地户籍人数之比作为开放发展的规划指标

第二节 区域分析方法

建立科学的评价指标体系后，需要运用有效的方法对指标体系进行研究和处理，从而得出有效结论以供决策和参考。区域分析方法主要包括层次分析法、模糊综合评价法、因子分析法和主成分分析法等。

一、层次分析法

（一）层次分析法概述

1. 层次分析法的产生背景

定量分析方法对于社会科学的发展产生了巨大的促进作用，因此越来越受到重视，特别是最优化模型，曾一度在决策问题中得到非常广泛的应用。但在应用过程中，也出现了一些问题，主要体现在：

（1）社会问题的复杂性决定了难以构造合适的模型。即使构造出数学模型，有时也难以说明问题或者难以执行。

（2）决策问题带有相当多的主观性，而这很难体现在最优化模型中。

（3）庞大的模型成本太大，难以理解。由于存在上述问题，人们重新思考数量方法在社会科学中的作用，特别是对于决策问题，如何既考虑数学分析的精确性，又考虑人类决策思维过程及思维规律，即定性与定量相结合，正是在这种背景下，产生了层次分析法。

2. 层次分析法的发展

层次分析法（Analytic Hierarchy Process，AHP）是由美国运筹学家、匹兹堡大学萨第教授于 20 世纪 70 年代提出的，他首先于 1971 年在为美国国防部研究"应急计划"时运用了 AHP，又于 1977 年在国际数学建模会议上发表了"无结构决策问题的建模——层次分析法"一文，此后 AHP 在决策问题的许多领域得到应用，同时 AHP 的理论也得到不断深入和发展，以 AHP 为基本方法的决策分析系统——"专业选择系统"软件也早已推向市场，并日益成熟。

AHP 于 1982 年传入我国。在当年召开的中美能源、资源、环境会议上，萨第教授的学生高兰尼柴向中国学者介绍了这一新的决策方法。随后，1982 年许树柏等发表了国内第一篇介绍 AHP 的文章"层次分析法——决策的一种使用方法"。此后，AHP 在我国得到迅速发展，1987 年 9 月我国召开了第一届AHP 学术讨论会，1988 年在我国召开了第一届国际 AHP 学术会议，目前 AHP在理论和应用方面得到不断发展与完善。

3. 层次分析法基本原理

层次分析法的基本原理是排序的原理，即最终将各方法（或措施）排出优劣次序，作为决策的依据。可具体描述为：层次分析法首先将决策的问题看作受多种因素影响的大系统，这些相互关联、相互制约的因素可以按照它们之间的隶属关系排成从高到低的若干层次，叫作构造递阶层次结构。然后请专家、学者、权威人士对各因素两两比较重要性，再利用数学方法，对各因素层层排序，最后对排序结果进行分析，辅助进行决策。

4. 层次分析法的特点

层次分析法的主要特点是定性与定量分析相结合，将人的主观判断用数量形式表达出来并进行科学处理，更能适合复杂的社会科学领域的情况，较准确地反映社会科学领域的问题。同时，这一方法虽然有深刻的理论基础，但表现形式非常简单，容易被人理解、接受，得到了较为广泛的应用。

5. 层次分析法的注意事项——准确构造递阶层次结构

构造递阶层次结构是层次分析法的基础，因此深入分析问题、找出影响因素及其相互关系，从而准确构造递阶层次就显得十分重要。准确构造递阶层次结构一般有以下要点：

（1）合理确定因素及相互关系。在深入分析问题后，首先详细找出各个影响因素。这时目标层因素和措施层因素一般都比较明确，而准则层因素通常较多，需要仔细分析它们的相互关系，以及上下层次关系和同组关系，如果对于有关因素及因素间的相互关系不能明确，通常是对决策问题缺乏深入认识，这时需要重新分析问题。这里，真正认识问题、把握问题是关键。

（2）合理分组（每一因素所支配的元素不超过9个）。在层次分析法中，对于因素总个数及总层次数没有要求，即复杂的问题也能用多层次解决。但一般要求每一因素所支配的元素不超过9个，这是因为心理学研究表明，只有一组事物个数在9个以内，普通人对其属性进行辨别时才较为清晰。因此，当同一层次因素较多时，就需要进行分组归类，在增加层次数的同时减少每组个数，保证后面两两判断的准确性。

（二）层次分析法步骤

层次分析法的基本步骤和要点，可用一个具体例子说明。

【案例分析】市政工程项目建设决策：层次分析法问题提出。

市政部门管理人员需要对修建一项市政工程项目进行决策，可选择的方案是修建通往旅游区的高速路（简称建高速路）或修建城区地铁（简称建地铁）。除了考虑经济效益外，还要考虑社会效益、环境效益等因素，即是多准则决策问题，考虑运用层次分析法解决。

1. 建立递阶层次结构

应用 AHP 解决实际问题，首先明确要分析决策的问题，并把它条理化、层次化，理出递阶层次结构。AHP 要求的递阶层次结构一般由以下三个层次组成。

（1）目标层（最高层）：指问题的预定目标。

（2）准则层（中间层）：指影响目标实现的准则。

（3）措施层（最低层）：指促使目标实现的措施。

通过对复杂问题的分析，首先明确决策的目标，将该目标作为目标层（最高层）的元素，这个目标要求是唯一的，即目标层只有一个元素。

然后找出影响目标实现的准则，作为目标层下的准则层因素。在复杂问题中，影响目标实现的准则可能有很多，这时要详细分析各准则因素间的相互关系，即有些是主要的准则，有些是隶属于主要准则的次准则，然后根据这些关系将准则元素分成不同的层次和组，不同层次元素间一般存在隶属关系，即上一层元素由下一层元素构成并对下一层元素起支配作用，同一层元素形成若干组，同组元素性质相近，一般隶属于同一个上一层元素（受上一层元素支配），不同组元素性质不同，一般隶属于不同的上一层元素。

在关系复杂的递阶层次结构中，有时组的关系不明显，即上一层的若干元素同时对下一层的若干元素起支配作用，形成相互交叉的层次关系，但无论怎样，上下层的隶属关系应该是明显的。

最后分析为了解决决策问题（实现决策目标）、在上述准则下，有哪些最终解决方案（措施），并将它们作为措施层因素，放在递阶层次结构的最下面（最低层）。

明确各个层次的因素及其位置，并将它们之间的关系用连线连接起来，就构成了递阶层次结构。

【案例分析】市政工程项目进行决策：建立递阶层次结构。

在市政工程项目决策问题中，市政管理人员希望通过选择不同的市政工程项目，使综合效益最高，即决策目标是"合理建设市政工程，使综合效益最高"。

为了实现这一目标，需要考虑的主要准则有三个，即经济效益、社会效益和环境效益。但问题绝不这么简单。通过深入思考，决策人员认为还必须考虑直接经济效益、间接经济效益、方便日常出行、方便假日出行、减少环境污染、改善城市面貌等因素（准则），从相互关系上分析，这些因素隶属于主要准则，因此放在下一层次考虑，并且分属于不同准则。

假设本问题只考虑这些准则，接下来需要明确为了实现决策目标，在上述准则下可以有哪些方案。根据题中所述，本问题有两个解决方案，即建高速路或建地铁，这两个因素作为措施层元素放在递阶层次结构的最下层。很明显，这两个方案与所有准则都相关。

将各个层次的因素按其上下关系摆放好位置，并将它们之间的关系用连线连接起来。同时，为了方便后面的定量表示，一般从上到下用 A、B、C、D……代表不同层次，同一层次从左到右用 1、2、3、4……代表不同因素，构成的递阶层次结构如图 5-1 所示。

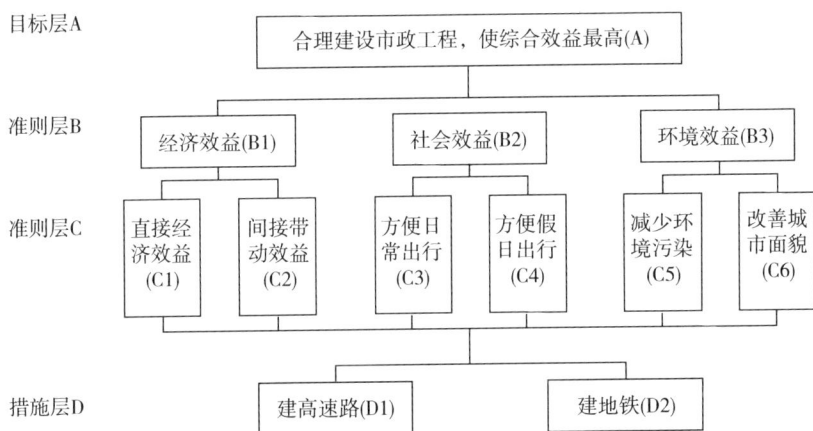

图 5-1 递阶层次结构

2. 构造判断矩阵并赋值

根据递阶层次结构能很容易地构造判断矩阵。构造判断矩阵的方法是：每一个具有向下隶属关系的元素（被称作准则）作为判断矩阵的第一个元素（位于左上角），隶属于它的各个元素依次排列在其后的第一行和第一列。

重要的是填写判断矩阵。填写判断矩阵大多采取的方法是向填写人（专家）反复询问：针对判断矩阵的准则，其中两个元素两两比较哪个重要，重要多少，对重要性程度按 1~9 赋值，重要性标度值如表 5-6 所示。

表 5-6　重要性标度含义

重要性标度	含　义
1	表示两个元素相比，具有同等重要性
3	表示两个元素相比，前者比后者稍重要
5	表示两个元素相比，前者比后者明显重要
7	表示两个元素相比，前者比后者强烈重要
9	表示两个元素相比，前者比后者极端重要
2，4，6，8	表示上述判断的中间值
倒　数	若元素 i 与元素 j 的重要性之比为 a_{ij}，则元素 j 与元素 i 的重要性之比为 $a_{ji} = 1/a_{ij}$

设填写后的判断矩阵为 $A = (a_{ij})_{n \times n}$，判断矩阵具有如下性质：

（1）$a_{ij} > 0$。

（2）$a_{ij} = 1/a_{ji}$。

（3）$a_{ii} = 1$。

根据上面性质，判断矩阵具有对称性，因此在填写时，通常先填写 $a_{ii} = 1$ 部分，然后再仅需判断及填写上三角形或下三角形的 $n(n-1)/2$ 个元素即可。

在特殊情况下，判断矩阵可以具有传递性，即满足等式：

$$a_{ij} \times a_{jk} = a_{ik}$$

当上式对判断矩阵所有元素都成立时，则称该判断矩阵为一致性矩阵。

【案例分析】市政工程项目建设决策：构造判断矩阵并请专家填写。

接前例，征求专家意见，填写后的判断矩阵如下：

表 5-7　判断矩阵表

A	B1	B2	B3
B1	1	1/3	1/3
B2		1	1
B3			1

B1	C1	C2
C1	1	1
C2		1

B2	C3	C4
C3	1	3
C4		1

B3	C5	C6
C5	1	3
C6		1

续表

C1	D1	D2
D1	1	5
D2		1

C2	D1	D2
D1	1	3
D2		1

C3	D1	D2
D1	1	1/5
D2		1

C4	D1	D2
D1	1	7
D2		1

C5	D1	D2
D1	1	1/5
D2		1

C6	D1	D2
D1	1	1/3
D2		1

3. 层次单排序 (计算权向量) 与检验

对于专家填写后的判断矩阵, 利用一定数学方法进行层次排序。

层次单排序是指每一个判断矩阵各因素针对其准则的相对权重, 所以本质上是计算权向量。计算权向量有特征根法、和法、根法、幂法等, 这里简要介绍和法。

和法的原理是, 对于一致性判断矩阵, 每一列归一化后就是相应的权重。对于非一致性判断矩阵, 每一列归一化后近似其相应的权重, 在对这 n 个列向量求取算术平均值作为最后的权重。具体的公式是:

$$W_i = \frac{1}{n} \sum_{j=1}^{n} \frac{a_{ij}}{\sum_{k=1}^{n} a_{kl}}$$

需要注意的是, 在层层排序中, 需要对判断矩阵进行一致性检验。

在特殊情况下, 判断矩阵可以具有传递性和一致性。一般情况下, 并不要求判断矩阵严格满足这一性质。但从人类认识规律看, 一个正确的判断矩阵重要性排序是有一定逻辑规律的, 如 A 比 B 重要, B 又比 C 重要, 则从逻辑上讲, A 应该比 C 明显重要, 若两两比较时出现 A 比 C 重要的结果, 则该判断矩阵违反了一致性准则, 在逻辑上是不合理的。

因此在实际中要求判断矩阵满足大体上的一致性, 需进行一致性检验。只有通过检验, 才能说明判断矩阵在逻辑上是合理的, 才能继续对结果进行分析。一致性检验的步骤为:

第一步, 计算一致性指标 CI (Consistency Index)。

$$CI = \frac{\lambda_{max} - n}{n - 1}$$

第二步，查表确定相应的平均随机一致性指标 RI（Random Index）。

据判断矩阵不同阶数如表 5-8 所示，得到平均随机一致性指标 RI。例如，对于 5 阶的判断矩阵，查表得到 RI＝1.12。

表 5-8　平均随机一致性指标 RI 表（1000 次正互反矩阵计算结果）

矩阵阶数	1	2	3	4	5	6	7	8
RI	0	0	0.52	0.89	1.12	1.26	1.36	1.41
矩阵阶数	9	10	11	12	13	14	15	
RI	1.46	1.49	1.52	1.54	1.56	1.58	1.59	

第三步，计算一致性比例 CR（Consistency Ratio）并进行判断。

$$CR = \frac{CI}{RI}$$

当 CR<0.1 时，认为判断矩阵的一致性是可以接受的；当 CR>0.1 时，认为判断矩阵不符合一致性要求，需要对该判断矩阵进行重新修正。

【案例分析】市政工程项目建设决策：计算权向量及检验。

上例计算所得的权向量及检验结果如表 5-9 所示：

表 5-9　层次计算权向量及检验结果

A	单（总）排序权值
B1	0.1429
B2	0.4286
B3	0.4286
CR	0.0000

B1	单排序权值
C1	0.5000
C2	0.5000
CR	0.0000

B2	单排序权值
C3	0.7500
C4	0.2500
CR	0.0000

B3	单排序权值
C5	0.7500
C6	0.2500
CR	0.0000

C1	单排序权值
D1	0.8333
D2	0.1667
CR	0.0000

C2	单排序权值
D1	0.7500
D2	0.2500
CR	0.0000

C3	单排序权值
D1	0.1667
D2	0.8333
CR	0.0000

C4	单排序权值
D1	0.8750
D2	0.1250
CR	0.0000

C5	单排序权值
D1	0.1667
D2	0.8333
CR	0.0000

C6	单排序权值
D1	0.2500
D2	0.7500
CR	0.0000

可以看出，所有单排序的 CR<0.1，认为每个判断矩阵的一致性都是可以接受的。

4. 层次总排序与检验

总排序是指每一个判断矩阵各因素针对目标层（最上层）的相对权重。这一权重的计算采用从上而下的方法，逐层合成。

很明显，第二层的单排序结果就是总排序结果。假定已经算出第 $k-1$ 层 m 个元素相对于总目标的权重 $w^{(k-1)} = (w_1^{(k-1)}, w_2^{(k-1)}, \cdots, w_m^{(k-1)})^T$，第 k 层 n 个元素对于上一层（第 k 层）第 j 个元素的单排序权重是 $p_j^{(k)} = (p_{1j}^{(k)}, p_{2j}^{(k)}, \cdots, p_{nj}^{(k)})^T$，其中不受 j 支配的元素的权重为零。令 $P^{(k)} = (p_1^{(k)}, p_2^{(k)}, \cdots, p_n^{(k)})$，表示第 k 层元素对第 $k-1$ 层元素的排序，则第 k 层元素对于总目标的总排序为：

$$w^{(k)} = (w_1^{(k)}, w_2^{(k)}, \cdots, w_n^{(k)})^T = p^{(k)} w^{(k-1)}$$

或 $w_i^{(k)} = \sum_{j=1}^{m} p_{ij}^{(k)} w_j^{(k-1)} \ (i=1, 2, \cdots, n)$

同样，也需要对总排序结果进行一致性检验。

假定已经算出针对第 $k-1$ 层第 j 个元素为准则的 $CI_j^{(k)}$、$RI_j^{(k)}$ 和 $CR_j^{(k)}$，$j=1, 2, \cdots, m$，则第 k 层的综合检验指标为：

$$CI_j^{(k)} = (CI_1^{(k)}, CI_2^{(k)}, \cdots, CI_m^{(k)}) w^{(k-1)}$$

$$RI_j^{(k)} = (RI_1^{(k)}, RI_2^{(k)}, \cdots, RI_m^{(k)}) w^{(k-1)}$$

$$CR^{(k)} = \frac{CI^{(k)}}{RI^{(k)}}$$

当 $CR^{(k)} < 0.1$ 时，认为判断矩阵的整体一致性是可以接受的。

【案例分析】市政工程项目建设决策：层次总排序及检验。

上例层次总排序及检验结果如表 5-10 和表 5-11 所示：

表 5-10 C 层次总排序（CR = 0.0000）

C1	C2	C3	C4	C5	C6
0.0714	0.0714	0.3214	0.1071	0.3214	0.1071

表 5-11 D 层次总排序 （CR = 0.0000）

D1	D2
0.3408	0.6592

可以看出，总排序的 CR<0.1，认为判断矩阵的整体一致性是可以接受的。

5. 结果分析

通过对排序结果的分析，得出最后的决策方案。

【案例分析】市政工程项目建设决策：结果分析。

从方案层总排序的结果看，建地铁（D2）的权重（0.6592）远远大于建高速路（D1）的权重（0.3408），因此，最终的决策方案是建地铁。

根据层次排序过程分析决策思路：

（1）对于准则层 B 的 3 个因子，直接经济效益（B1）的权重最低（0.1429），社会效益（B2）和环境效益（B3）的权重都比较高（皆为0.4286），说明在决策中比较看重社会效益和环境效益。

（2）对于不看重的经济效益，其影响的两个因子直接经济效益（C1）、间接带动效益（C2）单排序权重都是建高速路远远大于建地铁，对于比较看重的社会效益和环境效益，其影响的四个因子中有三个因子的单排序权重都是建地铁远远大于建高速路，由此可以推出，建地铁方案由于社会效益和环境效益较为突出，权重也会相对突出。

（3）从准则层 C 总排序结果也可以看出，方便日常出行（C3）、减少环境污染（C5）是权重值较大的，而如果单独考虑这两个因素，方案排序都是建地铁远远大于建高速路。

由此我们可以分析出决策思路，即决策比较看重的是社会效益和环境效益，不太看重经济效益，因此对于具体因子，方便日常出行和减少环境污染成为主要考虑因素，对于这两个因素，都是建地铁方案更佳，由此，最终的方案选择建地铁也就顺理成章了。①

---

① 侯景新，尹卫红. 区域经济分析［M］. 北京：商务印书馆，2004.

二、模糊综合评价法

模糊综合评价法是一种基于模糊数学的综合评标方法。该综合评价法根据模糊数学的隶属度理论把定性评价转化为定量评价，即用模糊数学对受到多种因素制约的事物或对象做出一个总体的评价。它具有结果清晰、系统性强的特点，能较好地解决模糊的、难以量化的问题，适合各种非确定性问题的解决。模糊集合理论（Fuzzy Sets）的概念于1965年由美国自动控制专家查德（L. A. Zadeh）教授提出，用以表达事物的不确定性。

（一）模型介绍

模糊综合评价通常包括以下三个方面：设与被评价事物相关因素有 n 个，记为 $U = \{u_1, u_2, \cdots, u_n\}$，称为因素集。又设所有可能出现的评语有 m 个，记为 $V = \{v_1, v_2, \cdots, v_m\}$，称为评判集。由于各种因素所处地位不同，作用也不一样，通常考虑用权重来衡量，记为 $A = \{a_1, a_2, \cdots, a_n\}$。

1. 评判步骤

进行模糊综合评价通常按以下步骤进行：

（1）确定因素集 $U = \{u_1, u_2, \cdots, u_n\}$。

（2）确定评判集 $V = \{v_1, v_2, \cdots, v_m\}$。

（3）进行单因素评判得 $r_i = \{v_{i1}, v_{i2}, \cdots, v_{im}\}$。

（4）构造综合评判矩阵：

$$R = \begin{bmatrix} r_{11} & r_{12} & \cdots & r_{1m} \\ r_{21} & r_{22} & \cdots & r_{2m} \\ \vdots & \vdots & \ddots & \vdots \\ r_{n1} & r_{n2} & \cdots & r_{nm} \end{bmatrix}$$

（5）综合评判：对于权重 $A = \{a_1, a_2, \cdots, a_n\}$，计算 $B = A \circ R$，并根据最大隶属度原则作出评判。

2. 算子 $\circ$ 的定义

在进行综合评判时，根据算子 $\circ$ 的不同定义，可以得到不同的模型。

（1）模型Ⅰ：M（∧，∨）——主因素决定型。

运算法则为 $b_j = \max\{(a_i \wedge r_{ij}), i=1, 2, \cdots, n\}(j=1, 2, \cdots, m)$。该模型评判结果只取决于在总评判中起主要作用的那个因素，其余因素均不影响评判结果。比较适用于单项评判最优就能认为综合评判最优的情形。

（2）模型Ⅱ：M（·，∨）——主因素突出型。

运算法则为 $b_j = \max\{(a_i \cdot r_{ij}), i=1, 2, \cdots, n\}(j=1, 2, \cdots, m)$。该模型与模型Ⅰ比较相近，但比模型Ⅰ精细些，不仅突出了主要因素，也兼顾了其他因素，比较适用于模型Ⅰ失效，即不可区别而需要加细时的情形。

（3）模型Ⅲ：M（·，+）——加权平均型。

运算法则为 $b_j = \sum_{i=1}^{n} a_i \cdot r_{ij}(j=1, 2, \cdots, m)$。该模型依权重大小对所有因素均衡兼顾，比较适用于要求总和最大的情形。

（4）模型Ⅳ：M（∧，⊕）——取小上界和型。

运算法则为 $b_j = \min\{1, \sum_{i=1}^{n}(a_i \wedge r_{ij})\}(j=1, 2, \cdots, m)$。使用该模型时，需要注意的是：各个 a_i 不能取得偏大，否则可能出现 b_j 均等于1的情形；各个 a_i 不能取得太小，否则可能出现 b_j 均等于各个 a_i 之和的情形，这将使单因素评判得有关信息丢失。

（5）模型Ⅴ：M（∧，+）——均衡平均型。

运算法则为 $b_j = \sum_{i=1}^{n}\left(a_i \wedge \dfrac{r_{ij}}{r_0}\right)(j=1, 2, \cdots, m)$，其中 $r_0 = \sum_{k=1}^{n} r_{kj}$。该模型适用于综合评判矩阵 R 中的元素偏大或偏小时的情形。

（二）模糊综合评价法在物流中心选址中的应用

物流中心作为商品周转、分拣、保管、在库管理和流通加工的据点，其促进商品能够按照顾客的要求完成附加价值，克服在其运动过程中所发生的时间和空间障碍。在物流系统中，物流中心的选址是物流系统优化中一个具有战略意义的问题，非常重要。

基于物流中心位置的重要作用，目前已建立了一系列选址模型与算法。这些模型及算法相当复杂。其主要困难在于：①即使简单的问题也需要大量的约束条件和变量。②约束条件和变量多使问题的难度呈指数增长。

模糊综合评价方法是一种适合物流中心选址的建模方法。它是一种定性与定量相结合的方法，有良好的理论基础。特别是多层次模糊综合评判方法，其通过研究各因素之间的关系，可以得到合理的物流中心位置。

1. 模型

（1）单级评判模型。

1）将因素集 U 按属性的类型划分为 k 个子集，或者说影响 U 的 k 个指标，记为：

$$U = (U_1,\ U_2,\ \cdots,\ U_k)$$

且应满足：

$$\bigcup_{i=1}^{k} U_i = U,\ U_i \cap U_j = \phi$$

2）权重 A 的确定方法很多，在实际运用中常用的方法有：德尔菲法、专家调查法和层次分析法。

3）通过专家打分或实测数据，对数据进行适当的处理，求得归一化指标关于等级的隶属度，从而得到单因素评判矩阵。

4）单级综合评判 $B = A \circ R$。

（2）多层次综合评判模型。一般来说，在考虑的因素较多时会带来两个问题：一方面，权重分配很难确定；另一方面，即使确定了权重分配，由于要满足归一性，每一因素分得的权重必然很小。无论采用哪种算子，经过模糊运算后都会"淹没"许多信息，有时甚至得不出任何结果。所以，需采用分层的办法来解决问题。

2. 应用

运用现代物流学原理，在物流规划过程中，物流中心选址要考虑许多因素。根据因素特点划分层次模块，各因素又可由下一级因素构成，因素集分为三级，三级模糊评判的数学模型如表5-12所示。

表5-12 物流中心选址的三级模型

第一级指标	第二级指标		第三级指标	
自然环境 u_1 （0.1）	气象条件 u_{11} （0.25）			
	地质条件 u_{12} （0.25）			
	水文条件 u_{13} （0.25）			
	地形条件 u_{14} （0.25）			
交通运输 u_2 （0.2）				
经营环境 u_3 （0.3）				
候选地 u_4 （0.2）	面积 u_{41} （0.1）			
	形状 u_{42} （0.1）			
	周边干线 u_{43} （0.4）			
	地价 u_{44} （0.4）			
公共设施 u_5 （0.2）	三供 u_{51} （0.4）		供水 u_{511} （1/3）	
			供电 u_{512} （1/3）	
			供气 u_{513} （1/3）	
	废物处理 u_{52} （0.3）		排水 u_{521} （0.5）	
			固体废物处理 u_{522} （0.5）	
	通信 u_{53} （0.2）			
	道路设施 u_{54} （0.1）			

因素集 U 分为三层：

第一层为 $U = \{u_1, u_2, u_3, u_4, u_5\}$。

第二层为 $u_1 = \{u_{11}, u_{12}, u_{13}, u_{14}\}$；$u_4 = \{u_{41}, u_{42}, u_{43}, u_{44}\}$；$u_5 = \{u_{51}, u_{52}, u_{53}, u_{54}\}$。

第三层为 $u_{51} = \{u_{511}, u_{512}, u_{513}\}$；$u_{52} = \{u_{521}, u_{522}\}$。

假设某区域有 8 个候选地址，决断集 $V = \{A, B, C, D, E, F, G, H\}$ 代表 8 个不同的候选地址，数据进行处理后得到诸因素的模糊综合评判如表 5-13 所示。

表 5-13 某区域的模糊综合评判

因　　素	A	B	C	D	E	F	G	H
气象条件	0.91	0.85	0.87	0.98	0.79	0.60	0.60	0.95
地质条件	0.93	0.81	0.93	0.87	0.61	0.61	0.95	0.87
水文条件	0.88	0.82	0.94	0.88	0.64	0.61	0.95	0.91
地形条件	0.90	0.83	0.94	0.89	0.63	0.71	0.95	0.91
交通运输	0.95	0.90	0.90	0.94	0.60	0.91	0.95	0.94
经营环境	0.90	0.90	0.87	0.95	0.87	0.65	0.74	0.61
候选地面积	0.60	0.95	0.60	0.95	0.95	0.95	0.95	0.95
候选地形状	0.60	0.69	0.92	0.92	0.87	0.74	0.89	0.95
候选地周边干线	0.95	0.69	0.93	0.85	0.60	0.60	0.94	0.78
候选地地价	0.75	0.60	0.80	0.93	0.84	0.84	0.60	0.80
供水	0.60	0.71	0.77	0.60	0.82	0.95	0.65	0.76
供电	0.60	0.71	0.70	0.60	0.80	0.95	0.65	0.76
供气	0.91	0.90	0.93	0.91	0.95	0.93	0.81	0.89
排水	0.92	0.90	0.93	0.91	0.95	0.93	0.81	0.89
固体废物处理	0.87	0.87	0.64	0.71	0.95	0.61	0.74	0.65
通信	0.81	0.94	0.89	0.60	0.65	0.95	0.95	0.89
道路设施	0.90	0.60	0.92	0.60	0.60	0.84	0.65	0.81

（1）分层作综合评判。

$u_{51} = \{u_{511}，u_{512}，u_{513}\}$，权重 $A_{51} = \{1/3，1/3，1/3\}$，对 u_{511}，u_{512}，u_{513} 的模糊评判构成的单因素评判矩阵：

$$R_{51} = \begin{pmatrix} 0.60 & 0.71 & 0.77 & 0.60 & 0.82 & 0.95 & 0.65 & 0.76 \\ 0.60 & 0.71 & 0.70 & 0.60 & 0.80 & 0.95 & 0.65 & 0.76 \\ 0.91 & 0.90 & 0.93 & 0.91 & 0.95 & 0.93 & 0.81 & 0.89 \end{pmatrix}$$

用模型 M（·，+）计算得：

$B_{51} = A_{51} \circ R_{51} = (0.703，0.773，0.8，0.703，0.857，0.943，0.703，0.803)$

类似地：$B_{52} = A_{52} \circ R_{52} = (0.895，0.885，0.785，0.81，0.95，0.77，0.775，0.77)$

$$B_5 = A_5 \circ R_5 = (0.4 \quad 0.3 \quad 0.2 \quad 0.1) \circ \begin{pmatrix} 0.703 & 0.773 & 0.8 & 0.703 & 0.857 & 0.943 & 0.703 & 0.803 \\ 0.895 & 0.885 & 0.785 & 0.81 & 0.95 & 0.77 & 0.775 & 0.77 \\ 0.81 & 0.94 & 0.89 & 0.60 & 0.65 & 0.95 & 0.95 & 0.89 \\ 0.90 & 0.60 & 0.92 & 0.60 & 0.60 & 0.84 & 0.65 & 0.81 \end{pmatrix}$$

$= (0.802,\ 0.823,\ 0.826,\ 0.704,\ 0.818,\ 0.882,\ 0.769,\ 0.811)$

$$B_4 = A_4 \circ R_4 = (0.1 \quad 0.1 \quad 0.4 \quad 0.4) \circ \begin{pmatrix} 0.60 & 0.95 & 0.60 & 0.95 & 0.95 & 0.95 & 0.95 & 0.95 \\ 0.60 & 0.69 & 0.92 & 0.92 & 0.87 & 0.74 & 0.89 & 0.95 \\ 0.95 & 0.69 & 0.93 & 0.85 & 0.60 & 0.60 & 0.94 & 0.78 \\ 0.75 & 0.60 & 0.80 & 0.93 & 0.84 & 0.84 & 0.60 & 0.80 \end{pmatrix}$$

$= (0.8,\ 0.68,\ 0.844,\ 0.899,\ 0.758,\ 0.745,\ 0.8,\ 0.822)$

$$B_1 = A_1 \circ R_1 = (0.25 \quad 0.25 \quad 0.25 \quad 0.25) \circ \begin{pmatrix} 0.91 & 0.85 & 0.87 & 0.98 & 0.79 & 0.60 & 0.60 & 0.95 \\ 0.93 & 0.81 & 0.93 & 0.87 & 0.61 & 0.61 & 0.95 & 0.87 \\ 0.88 & 0.82 & 0.94 & 0.88 & 0.64 & 0.61 & 0.95 & 0.91 \\ 0.90 & 0.83 & 0.94 & 0.89 & 0.63 & 0.71 & 0.95 & 0.91 \end{pmatrix}$$

$= (0.905,\ 0.828,\ 0.92,\ 0.905,\ 0.668,\ 0.633,\ 0.863,\ 0.91)$

（2）高层次的综合评判。

$U = \{u_1,\ u_2,\ u_3,\ u_4,\ u_5\}$，权重 $A = \{0.1,\ 0.2,\ 0.3,\ 0.2,\ 0.2\}$，则综合评判：

$$B = A \circ R = A \circ \begin{pmatrix} B_1 \\ B_2 \\ B_3 \\ B_4 \\ B_5 \end{pmatrix}$$

$$= (0.1 \quad 0.2 \quad 0.3 \quad 0.2 \quad 0.2) \circ \begin{pmatrix} 0.905 & 0.828 & 0.92 & 0.905 & 0.668 & 0.633 & 0.863 & 0.91 \\ 0.95 & 0.90 & 0.9 & 0.94 & 0.60 & 0.91 & 0.95 & 0.94 \\ 0.90 & 0.90 & 0.87 & 0.95 & 0.87 & 0.65 & 0.74 & 0.61 \\ 0.8 & 0.68 & 0.844 & 0.899 & 0.758 & 0.745 & 0.8 & 0.822 \\ 0.802 & 0.823 & 0.826 & 0.704 & 0.818 & 0.882 & 0.769 & 0.811 \end{pmatrix}$$

$= (0.871,\ 0.833,\ 0.867,\ 0.884,\ 0.763,\ 0.766,\ 0.812,\ 0.789)$

由此可知，8 块候选地的综合评判结果的排序为 D，A，C，B，G，H，F，

E，选出较高估计值的地点作为物流中心。

应用模糊综合评判方法进行物流中心选址，模糊评判模型采用层次式结构，把评判因素分为三层，也可进一步分为多层。这里介绍的计算模型由于对权重集进行归一化处理，采用加权求和型，将评价结果按照大小顺序排列，决策者从中选出估计值较高的地点作为物流中心即可，方法简便。[①]

三、因子分析法

在区域经济研究过程中，常常需要用多个变量对多个区域或城市进行综合评价，如区域经济发展水平、区域经济综合竞争力、地区经济发展潜力、地区投资环境、城市经济综合实力、城市综合影响力等。这些综合评价指标的共同特点是需要将多个相关指标合成一个综合指标，以反映各区域或城市在某一方面的综合水平。要完成这项工作，一般要经过以下五个步骤：

第一步，选取指标。

第二步，对指标进行无量纲化处理。

第三步，对指标进行简化或归类处理。

第四步，确定权重。

第五步，计算综合评价值。

第一步骤主要涉及指标的选取原则，依研究目的以及定量评价所依赖的概念模型或理论基础而定，与所采用的定量方法关系不大。

第二步骤所涉及的指标无量纲化处理技术已经比较成熟，只要依研究目的选取恰当的方法即可。

不同定量方法对综合评价指标的合成主要体现在第三步骤、第四步骤和第五步骤中，常用的如德尔菲法、层次分析法，以及我们将要介绍的因子分析法和主成分分析法。德尔菲法、层次分析法评价结果的可靠性主要依赖于建模人所建的概念模型的水平和打分人的专业水准。主成分分析法和因子分析法评价结果的可靠性主要依赖于分析过程和结果的可解释性以及主成分或公因子的方差贡献率。

---

① 邱明静. 物流中心选址的模糊综合评价 [J]. 潍坊高等职业教育，2006（4）.

（一）因子分析法的基本思想

因子分析是多元统计分析中常用的一种方法。其基本思想是通过研究众多变量之间的内部依赖关系，寻求这些数据的基本结构，并用少数几个被称为公因子的不可观测变量来表示基本数据结构。这些公因子能够反映原来众多变量所代表的主要信息，从而有利于研究者达到简化数据结构，方便研究的目的。

在区域经济研究中，描述某种区域综合特征的统计指标往往很多，但这些指标之间常常具有很强的相关性，使研究工作复杂化。运用因子分析，可以从反映某些区域综合特征的众多变量中提取几个主要的公因子，每个公因子代表一种重要影响，依据这些公因子，既可以分析出影响区域或城市经济发展不可观测的主要影响因素，而且可以简化数据结构，确定综合评价数学模型的权重，从而计算出综合评价值。

（二）因子分析法的数学模型

因子分析中的公共因子是不可直接观测但又客观存在的共同影响因素，每一个变量都可以表示成公共因子的线性函数与特殊因子之和，即：

$$X_i = a_{i1}F_1 + a_{i2}F_2 + \cdots + a_{im}F_m + \varepsilon_i \quad (i = 1, 2, \cdots, p)$$

式中，F_1，F_2，$\cdots$，F_m 称为公因子，ε_i 称为 X_i 的特殊因子。该模型可用矩阵表示为：

$$X = AF + \varepsilon$$

这里：

$$X = \begin{bmatrix} X_1 \\ X_2 \\ \vdots \\ X_p \end{bmatrix}, A = \begin{bmatrix} a_{11} & a_{12} & \cdots & a_{1m} \\ a_{21} & a_{22} & \cdots & a_{2m} \\ \vdots & \vdots & \ddots & \vdots \\ a_{p1} & a_{p2} & \cdots & a_{pm} \end{bmatrix}, F = \begin{bmatrix} F_1 \\ F_2 \\ \vdots \\ F_m \end{bmatrix}, \varepsilon = \begin{bmatrix} \varepsilon_1 \\ \varepsilon_2 \\ \vdots \\ \varepsilon_p \end{bmatrix}$$

且满足：

（1）$m \leqslant p$。

（2）$Cov(F, \varepsilon) = 0$，即公共因子与特殊因子是不相关的。

$$(3)\,D_F = D(F) = \begin{bmatrix} 1 & & & 0 \\ & 1 & & \\ & & \ddots & \\ 0 & & & 1 \end{bmatrix} = I_m,\ 即各个公共因子不相关且方差为 1。$$

$$(4)\,D_\varepsilon = D(\varepsilon) = \begin{bmatrix} \sigma_1^2 & & & 0 \\ & \sigma_2^2 & & \\ & & \ddots & \\ 0 & & & \sigma_p^2 \end{bmatrix},\ 即各个特殊因子不相关,方差不要求$$

相等。

注:模型中的矩阵 A 称为因子载荷矩阵,a_{ij} 称为因子"载荷"是第 i 个变量在第 j 个因子上的负荷,如果把变量 X_i 看成 m 维空间中的一个点,则 a_{ij} 表示它在坐标轴 F_j 上的投影。

1. 因子载荷矩阵的求解

因子载荷矩阵的求解方法有很多,这里仅介绍最为常用的主成分分析法。为了节省篇幅,不加证明地给出使用主成分分析法求解因子载荷矩阵的一般步骤:

(1) 计算原始数据的协差阵 $\sum$。

(2) 计算协差阵 $\sum$ 的特征根为 $\lambda_1 \geq \cdots \geq \lambda_p \geq 0$,相应的单位特征向量为 T_1,T_2,$\cdots$,T_p。

(3) 利用 $\sum$ 的特征根和特征向量计算因子载荷矩阵:

$$A = (\sqrt{\lambda_1}T_1,\ \sqrt{\lambda_2}T_2,\ \cdots,\ \sqrt{\lambda_p}T_p)$$

由于因子分析的目的是减少变量个数,因此,因子数目 m 应小于原始变量个数 p。所以在实际应用中,仅提取前 m 个特征根和对应的特征向量,构成仅包含 m 个因子的因子载荷矩阵:

$$A = (\sqrt{\lambda_1}T_1,\ \sqrt{\lambda_2}T_2,\ \cdots,\ \sqrt{\lambda_p}T_p)$$

2. 因子解释与因子旋转

因子分析的目标之一就是要对所提取的抽象因子的实际含义进行合理解释,即对因子进行命名。有时直接根据特征根、特征向量求得的因子载荷矩阵难以看出公共因子的含义。例如，可能同一个变量在多个公共因子上都有较大的载荷，也可能多个变量在同一个公共因子上都有较大载荷，说明该因子对多个变量都有较明显的影响作用。这种因子模型反而很难对因子的实际背景进行合理的解释。这时需要通过因子旋转的方法，使每个变量仅在一个公共因子上有较大的载荷，而在其余的公共因子上的载荷比较小，至多达到中等大小。这时对于每个公共因子而言（即载荷矩阵的每一列），它在部分变量上的载荷较大，在其他变量上的载荷较小，使同一列上的载荷尽可能地向靠近 1 和靠近 0 两极分离。这时就突出了每个公共因子和其载荷较大的那些变量的联系，该公因子的含义也就能通过这些载荷较大的变量做出合理的说明。

因子旋转方法有正交旋转和斜交旋转两类，这里重点介绍正交旋转。对公共因子作正交旋转就是对载荷矩阵 A 作一正交变换，右乘正交矩阵 Γ，使得旋转后的因子载荷矩阵 $B = A\Gamma$ 有更鲜明的实际意义。旋转以后的公共因子向量为 $F^* = \Gamma' F$，它的各个分量 F_1^*，F_2^*，$\cdots$，F_m^* 也是互不相关的公因子。根据正交矩阵 Γ 的不同选取方式，将构造出不同的正交旋转的方法。实践中常用的方法是最大方差旋转法，其原理是使得旋转后因子载荷矩阵 B 的每一列元素的方差之和达到最大，从而实现使同一列上的载荷尽可能地向靠近 1 和靠近 0 两极分离的目的。

3. 因子得分

因子得分是因子分析的最终体现。当因子载荷矩阵确定以后，便可以计算各因子在每个样本上的具体数值，成为因子得分。得到了因子得分之后，就可以像主成分分析那样，用因子得分来代替原始变量，从而达到降维的效果。

在因子分析模型 $X = AF + \varepsilon$ 中，如果不考虑特殊因子的影响，当 $m = p$ 且 A 可逆时，我们可以非常方便地从每个样品的指标取值 X 计算出其在因子 F 上的相应取值：$F = A^{-1}X$，即该样品在因子 F 上的"得分"情况，简称该样品的因子得分。

但是因子分析模型在实际应用中要求 $m < p$，因此，不能精确计算出因子的得分情况，只能对因子得分进行估计。估计因子得分的方法也有很多，常用的方法包括回归法、巴特莱特法、安德森—鲁宾法等。

可以证明，如果使用回归法，则因子得分可以由下面的式子给出：

$$F = A' \sum{}^{-1} X$$

式中，$\sum$ 为样本协差阵。称 $m \times p$ 的矩阵 $W = A' \sum{}^{-1}$ 为因子得分系数矩阵。

应该注意，如果因子载荷矩阵经过了旋转，则上式中的因子载荷矩阵 A 应该是旋转后的因子载荷矩阵。

四、主成分分析法

主成分分析法是把反映某项特征的多个指标变量转化为少数几个综合变量的多元统计方法。

在区域经济研究中，描述某种区域特征的可选统计指标往往比较多，而这些指标又常常互相相关，这给研究带来很大不便。在具体研究过程中，选取指标过多不但会增加研究难度，而且会导致问题复杂化。选取指标过少又可能会导致研究对象影响较大的指标未能入选，而影响结果的可靠性。主成分分析法正是解决这一问题较为理想的多元统计工具。

假定有 n 个区域，有 p 个指标反映某一综合区域特征。这 p 个指标反映了n 个区域间的差异。那么能否从这 p 个指标中提取出 m（m<p）个综合指标，使这 m 个综合指标仍能基本保持原来 p 个指标所反映的区域差异？如果原有各指标间是相互独立的，则意味着各指标间不可互相替代，否则减少指标会严重影响研究的可靠性。如果各指标间是完全相关的，则只要采用任何一个指标反映区域差异即可。实际情况是各个指标常常存在一定的相关性，既不完全独立又不完全相关，这需要采用主成分分析法，找到几个新的综合指标，达到既减少指标数量又能区分区域间差异的目的。

（一）主成分分析法基本原理

主成分分析法是数学上对数据降维的一种方法。其基本思想是设法将原来众多的具有一定相关性的指标 X_1，X_2，…，X_p（比如 p 个指标），重新组合成一组较少个数的互不相关的综合指标 F_m 来代替原来指标。那么综合指标应该如何去提取，使其既能最大限度地反映原变量 X_p 所代表的信息，又能保证新指标之间保持相互无关（信息不重叠）。

设 F_1 表示原变量的第一个线性组合所形成的主成分指标，即 $F_1 = a_{11}X_1 + a_{21}X_2 + \cdots + a_{p1}X_p$，由数学知识可知，每一个主成分所提取的信息量可用其方差来度量，其方差 $Var(F_1)$ 越大，表示 F_1 包含的信息越多。常常希望第一主成分 F_1 所含的信息量最大，因此在所有的线性组合中选取的 F_1 应该是 X_1，X_2，$\cdots$，X_p 的所有线性组合中方差最大的，故称 F_1 为第一主成分。如果第一主成分不足以代表原来 p 个指标的信息，再考虑选取第二个主成分指标 F_2，为有效地反映原信息，F_1 已有的信息就不需要再出现在 F_2 中，即 F_2 与 F_1 要保持独立、不相关，用数学语言表达就是其协方差 $Cov(F_1，F_2) = 0$，所以 F_2 是与 F_1 不相关的 X_1，X_2，$\cdots$，X_p 的所有线性组合中方差最大的，故称 F_2 为第二主成分，依此类推构造出的 F_1，F_2，$\cdots$，F_m 为原变量指标 X_1，X_2，$\cdots$，X_p 第一、第二……第 m 个主成分。

$$
\begin{cases}
F_1 = a_{11}X_1 + a_{12}X_2 + \cdots + a_{1p}X_p \\
F_2 = a_{21}X_1 + a_{22}X_2 + \cdots + a_{2p}X_p \\
\vdots \\
F_m = a_{m1}X_1 + a_{m2}X_2 + \cdots + a_{mp}X_p
\end{cases}
$$

根据以上分析得知：

（1）F_i 与 F_j 互不相关，即 $Cov(F_i，F_j) = 0$，并有 $Var(F_i) = a_i' \sum a_i$，其中 $\sum$ 为 X 的协方差矩阵。

（2）F_1 是 X_1，X_2，$\cdots$，X_p 的一切线性组合（系数满足上述要求）中方差最大的，即 F_m 是与 F_1，F_2，$\cdots$，F_{m-1} 都不相关的 X_1，X_2，$\cdots$，X_p 的所有线性组合中方差最大者。

F_1，F_2，$\cdots$，$F_m(m \leq p)$ 为构造的新变量指标，即原变量指标的第一、第二……第 m 个主成分。

由以上分析可见，主成分分析法的主要任务有两点：

（1）确定各主成分 $F_i(i = 1，2，\cdots，m)$ 关于原变量 $X_j(j = 1，2，\cdots，p)$ 的表达式，即系数 $a_{ij}(i = 1，2，\cdots，m；j = 1，2，\cdots，p)$。从数学上可以证明，原变量协方差矩阵的特征根是主成分的方差，所以前 m 个较大特征根就代表前 m 个较大的主成分方差值；原变量协方差矩阵前 m 个较大的特征值 λ_i（这样选取才能保证主成分的方差依次最大）所对应的特征向量就是相应主成分 F_i 表达式的系数 a_i，为了加以限制，系数 a_i 启用的是 λ_i 对应的单位化的特征向量，即有 $a_i'a_i = 1$。

（2）计算主成分载荷，主成分载荷是反映主成分 F_i 与原变量 X_j 之间的相互关联程度：

$$P(Z_k, \ x_i) = \sqrt{\lambda_k} \, a_{ki} (i = 1, \ 2, \ \cdots, \ p; \ k = 1, \ 2, \ \cdots, \ m)$$

（二）主成分分析法的步骤

主成分分析法的具体步骤如下：

（1）计算协方差矩阵。计算样品数据的协方差矩阵：$\sum = (s_{ij})_{p \times p}$，其中：

$$s_{ij} = \frac{1}{n-1} \sum_{k=1}^{n} (x_{ki} - \bar{x}_i)(x_{kj} - \bar{x}_j) \quad i, \ j = 1, \ 2, \ \cdots, \ p$$

（2）求出 $\sum$ 的特征值 λ_i 及相应的正交化单位特征向量 a_i。$\sum$ 的前 m 个较大的特征值，就是前 m 个主成分对应的方差，λ_i 对应的单位特征向量 a_i 就是主成分 F_i 的关于原变量的系数，则原变量的第 i 个主成分 F_i 为：

$$F_i = a_i'X$$

主成分的方差（信息）贡献率用来反映信息量的大小，则：

$$\alpha_i = \lambda_i \bigg/ \sum_{i=1}^{m} \lambda_i$$

（3）选择主成分。最终要选择几个主成分，即 F_1，F_2，$\cdots$，F_m 中 m 的确定是通过方差（信息）累计贡献率 G（m）来确定，则：

$$G(m) = \sum_{i=1}^{m} \lambda_i \bigg/ \sum_{k=1}^{p} \lambda_k$$

当累积贡献率大于85%时，就认为能足够反映原来变量的信息了，对应的 m 就是抽取的前 m 个主成分。

（4）计算主成分载荷。主成分载荷是反映主成分 F_i 与原变量 X_j 之间的相互关联程度，原来变量 $X_j(j = 1, \ 2, \ \cdots, \ p)$ 在诸主成分 $F_i(i = 1, \ 2, \ \cdots, \ m)$ 上的荷载 $l_{ij}(i = 1, \ 2, \ \cdots, \ m; \ j = 1, \ 2, \ \cdots, \ p)$：

$$l(Z_i, X_j) = \sqrt{\lambda_i}\, a_{ij}\ (i = 1, 2, \cdots, m; j = 1, 2, \cdots, p)$$

在 SPSS 软件中主成分分析后的分析结果中，成分矩阵反映的就是主成分载荷矩阵。

（5）计算主成分得分。计算样品在 m 个主成分上的得分：

$$F_i = a_{1i}X_1 + a_{2i}X_2 + \cdots + a_{pi}X_p \quad (i = 1, 2, \cdots, m)$$

实际应用时，指标的量纲往往不同，所以在主成分计算之前应先消除量纲的影响。消除数据的量纲有很多方法，常用方法是将原始数据标准化，即做如下数据变换：

$$x_{ij}^* = \frac{x_{ij} - \bar{x}_j}{s_j} \quad (i = 1, 2, \cdots, n; j = 1, 2, \cdots, p)$$

其中：

$$\bar{x}_j = \frac{1}{n}\sum_{i=1}^{n} x_{ij}, \quad s_j^2 = \frac{1}{n-1}\sum_{i=1}^{n} (x_{ij} - \bar{x}_j)^2$$

根据数学公式知道：①任何随机变量对其作标准化变换后，其协方差与其相关系数是一回事，即标准化后的变量协方差矩阵就是其相关系数矩阵。②根据协方差的公式可以推出标准化后的协方差就是原变量的相关系数，即标准化后的变量的协方差矩阵就是原变量的相关系数矩阵。也就是说，在标准化前后变量的相关系数矩阵不变化。

第六章

区域规划的编制

　　区域发展战略的实施，其中关键的一环是规划方法的选取，必须按照区域的特点、规划的目的和任务要求，采用适宜的规划方法。

第一节　区域规划方法的分类

在区域经济与社会发展规划的过程中，对相关问题进行分析研究必然要采用各种规划方法，有时甚至是多个方法并用。区域规划方法主要有系统法、综合平衡法、投入产出法、比较论证法和数学模拟法等。

一、系统法

系统法又称系统分析法。系统论认为区域本身是一个复杂的系统，是一个诸多要素相互联系的复杂的完整综合体。宇宙间的一切事物都是由彼此相关的多种要素组成的；要素本身也可能是另一系统，它相对于原来的系统而言是子系统；这些要素之间存在着一定的组织和结构，而且按照一定的关系组成有机结合的整体；事物的各组成要素都有一定的属性，执行着特定的功能，各组成要素相互联系、相互依存、相互制约、相互作用，形成一个统一体。事物处在一个不断的运动之中，事物的发展是由量变到质变、由渐变到突变、有低级到高级的运动过程。事物的发展受到外部环境的影响，同时事物的发展变化又影响外部的环境。[①] 区域组成要素，如土地、水域、植被、人口、工业、农业、城镇、中心村、各种基础设施、建筑物、生态工程等，都是区域系统中的一个要素、一个子系统。区域诸系统要素组成一定的结构，区域结构是区域诸要素之间相互联系的特定形式。通过对诸多要素进行一系列定性和定量的，对要素的性质、功能、相互关系进行分析，并通过综合处理，建立模型，反复论证，最后提出规划方案。

（一）系统法的基本构成

系统法通常由三个基本环节构成：问题形成、系统分析、系统评价。三个环节环环相扣，紧密相连，且每一个环节都有诸多定性和定量方法可供利用，确保规划的整个过程都能科学有序进行。

---

① 宁森，王奇，叶文虎. 区域可持续发展战略规划的理论与方法研究 [J]. 中国人口·资源与环境，2006（16）.

第一，系统问题的形成。在规划制定之前，需要对被研究系统进行综合了解，确定其性质、边界，并充分利用各种方法设计好价值体系，并将各因素进行综合。确定规划的区域、规划的目的要求、发展的总体目标和具体目标等，为规划制定奠定基础。

第二，系统分析。系统分析是对系统要素的性质、功能、相互关系进行分析，对系统的各种不确定因素、系统的组织、结构、状态和可能的变化，通过综合处理，建立模型，反复验证，以做出判断，并提出抉择方案。系统方法要回答为谁、为什么、何时、何地、做什么、怎么做等问题。在区域经济规划中大体是区域经济发展条件的评价、规划方案的设计。系统分析这个环节，上连接系统问题，下连接系统评价，要经过反复分析、思考和判断，才能使可行方案逐渐完善。这时，系统分析人和方案决策人之间的对话及配合是十分必要的，他们结合的好坏往往是整个规划项目成败的关键。

第三，系统评价。即分析设计方案（包括书面报告、图件等）提出后，或者分析设计方案实施过程中，根据效应、成本、影响等基本指标，对规划设计方案做出综合评价。评价时要注意方案的可靠性、安全性、先进性、学术性、可操作性、经济性、规范性、生态环境可相容性、社会性及可扩展性、灵活性等，进行总体评价。

在系统分析和系统综合中常常同时采用两种方法：①演绎法，它是从一般到特殊的研究方法，属于理性分析方法，一般是从普遍概念、原理、原则出发，结合地区实际，进行逻辑程序推理，然后得出结论。②归纳法，它是从特殊到一般的研究方法，属于实验性或试验性分析方法，一般是从大量的调查入手，从大量的实证材料出发，通过整理综合，认识事物的性质，再联系同类事物，进而进行归纳推理，从而得出有关此类问题的结论。

（二）系统法的主要特征

规划过程是一种不断反馈的循环过程，系统分析法注重运用系统活动的结果来调整系统活动，把系统的输出通过一定的途径返回输入，从而对系统施加影响。系统分析法的主要特征包括整体性、联系性和动态性。

第一，整体性。运用系统法进行区域经济规划，必须把区域经济规划的对象即规划区域看成为一个整体。一方面，这个整体是由许多要素、许多部门、许多地块相互联系的完整的综合体；另一方面，这个规划区域又是与外界有密切关联的更高序列区域体系中可分解为序列较低的体系中的一分子。

第二，联系性。规划区域的各个要素、各个部门、各个地块都有一定的相互联系。通过这些联系的性质、结构、次数、频率和稳定性就可以判定这个规划区域是复杂的还是简单的，是稳定的还是功能活跃的，是静态性的还是动态性的，是多核心的还是单一核心的。

第三，动态性。规划区域的面貌、状态是区域要素相互作用和受外界输入因素影响的结果。通过它们相互作用及与外界输入因素的关系分析，可以分析区域的特征，全面地认识区域布局的变化趋势，并确定未来发展的抉择方案。

用系统法解决区域规划，可以比较精确地形成关于研究对象的最基本的概念，可以确定其发展目标和方案，可以制定具体实施措施。

（三）系统法的实施步骤

系统法主要采用系统工程创始人之一的霍尔方法，亦称三维结构方法：一是逻辑，即对区域规划进行逻辑思维的"务虚"过程；二是时间维度，实际工作步骤，即"务实"过程；三是知识维度，指在区域规划中，必须具备的知识，主要指专业科学知识及解决问题所需要的有关知识。对于区域研究与规划而言，可以把三维结构归纳为以下几个步骤：

（1）问题阐述。通过全面深入的调查研究和资料收集，系统地了解区域发展的历史、现状及区域系统自然发展趋势，研究现状特点及自然发展趋势与所要规划的理想效果之间的差距，提出问题的症结所在，为进一步解决问题、规划区域提供可靠的依据。

（2）目标选择。根据区域发展战略目标，针对区域存在的问题，确定区域发展的具体目标。目前较为普遍采用的是"目标树形序列图"，即把总目标作为一个母系统，下面按不同层次分解为若干个子系统。例如，区域规划的总目标可以分解为经济、社会、生态三个目标子系统。三个目标子系统又可进一步分解，经济目标系统可以分解为优化产业结构，提高劳动者素质，降低物耗、能耗，加强基础设施建设等多个子目标系统。每个子目标系统还可以再细分，降低能耗、物耗目标可以分解为加强科研和技术改造，提高工艺水平和专业化水平，加强经济协作，降低土地、原料、水、电等物质消耗水平等目标。这些不同层次的目标构成了"树形结构"，总目标为树干；经济、社会、生态三个目标为从树干分出来的三个主要干支；加强科研等又是降低能耗下面的更小分支，等等。这些大大小小的目标按内容和层次有秩序地排列构成了目标体系。每个规划都根据区域特点不同而选择不同的目标体系。

（3）系统综合与分析。目标确定后，要通过综合研究确定解决问题、实现目标的方案。可能存在多个方案，每个方案在规划的方针、政策、控制手段、技术选择等都会有所不同，要通过数学模型和定性分析，鉴别各方案的特点和优缺点，以供最后选择。

（4）系统选择与抉择。在多种被选方案中，通过比较和分析，从中选出最优的系统方案。当评价目标有多个，它们又彼此相互矛盾时，要选出一个所有目标都优秀的方案，一般是不可能的；必须在各指标之间有一定的妥协和取舍。这时就需要使用多目标最优化方法选出若干个最优的系统方案，综合权衡利弊得失，做出最后的选择和决策。

（5）实施与反馈。根据最后选定的方案制定出具体的实施步骤和措施，并付诸实施。在实施过程中，可不断地反馈信息，以便对规划进行补充、完善。当问题较多时，可根据需要进行规划修编。

表 6-1 系统分析法的基本程序与步骤

步骤	内容
系统问题的确定	确定被研究系统的性质、边界，设计好价值系统并进行综合。在区域规划体系中体现为确定规划的区域、规划的目的要求、发展总体目标和具体目标
系统分析与决策	对系统要素的性质、功能、相互关系进行分析，对系统的各种不确定因素、系统的组织、结构、状态和可能的变化，通过综合处理，建立模型，反复验证，以作出判断，并提出选择方案。系统分析要回答为谁、为什么、何时、何地、做什么、怎么做等问题。在区域经济规划中大体是区域经济发展条件的评价、规划方案的设计。系统分析这个环节，上连接系统问题，下连接系统评价，要经过反复分析、思考和判断，才能使可行方案逐渐完善。这时，系统分析人和方案决策人之间的对话和配合是十分必要的，他们结合的好坏往往是整个规划项目成败的关键

步骤	内容
系统评价 与反馈	分析设计方案（包括书面报告、图件等）提出后，或者分析设计方案实施过程中，根据效应、成本、影响等基本指标，对规划设计方案做出综合评价。评价时要注意方案的可靠性、安全性、先进性、学术性、可操作性、经济性、规范性、生态环境可相容性、社会性及可扩展性、灵活性等，进行总体评价。在评价过程中必须十分重视决策的实际效果和作用，并与预定目标进行比较分析，从而根据新掌握的情况及研究结果提出必要的修改建议

二、综合平衡法

综合平衡法是区域规划的方法，可使部门经济和地区经济有机地结合起来，将地区内国民经济各部分组成有机的整体，使国民经济有计划、按比例地发展。综合平衡法要求进行多方案比较，选择最优方案，是编制好的区域规划，加快建设步伐的一个重要方法，同时也是贯彻群众路线，集思广益，求得经济合理的规划方案的重要手段。

（一）综合平衡法的基本内涵

传统综合方法是与系统分析相反的逆向思维方法。它是在系统分析的基础上，不断将系统分析结果加以综合形成的整体认识的一种科学方法。这种方法的一个特点是，一直在系统思想的统率下完成综合过程，因此又可称为系统综合方法。它是按照系统整体化的要求，把各个要素综合成相应的小系统，再将各个小系统综合成一个大系统。这种方法的另一个特点是创造性。它不是将已经分解了的要素再按照原来的联系机械地重新拼接起来恢复到原来的系统，而是根据系统分析的结果，把各个要素按照要素与要素、要素与系统、系统与外界环境之间的新联系，形成整体优化的新结构，创造出更符合总体目标要求的新系统。

综合平衡法是传统综合平衡法中的一种，也是国际上区域规划分析方法中最基本、使用得最广的一种。平衡就是各种关系的处理。一是它要求生产与消费之间的平衡，第一、第二、第三产业及内部各具体产业部门之间协调平衡；二是对各产业部门、区位布局和厂址进行选择时，应加强彼此之间的相互协作与专业化分工；三是尊重区域间的经济、社会、人文联系，立足本区，广泛开展国际分工与协作，使各区域平衡发展；四是使生产发展与各种条件和资源在空间配置上协调平衡，以便使自然条件和各种资源得到充分的开发和利用；五是合理分配使用人、财、物，安排建设速度和顺序，使生产与基础设施建设、生产与资金、技术和劳动力以及生产与生活之间相互协调配套，加快建设步伐，提高投资效率。①

综合平衡法说明生产与需求之间的相互适应（在数量和质量上）程度。它反映了国民经济各部门之间合理的比例关系，要求相互协调、平衡。如土地利用平衡，就是要处理好农业用地（如耕地、花地、果园、苗圃、牧草地、林地、水产养殖地）与非农业用地（如城镇建设用地、农村居民点用地、独立工矿区用地、交通建设用地、军事用地等）之间的关系，农业内部各项用地的关系，各项非农业用地之间的关系，同时要处理好各类土地在空间分布上的平衡。

（二）综合平衡法的目标

总体来说，区域经济规划的综合平衡要处理好三方面的关系：

（1）供给与需求的关系。规划应尽可能使需求和供给在品种、数量及质量上相适应、相互协调。规划的制定应充分发挥市场在经济调节中的决定性作用，达到市场均衡，为实现规划的目标创造良好的环境。

（2）国民经济各部门、各种具体的建设项目的用地关系。要使各种物质要素各得其所，有机联系，密切配合，在空间上相互协调。规划应充分发挥各种要素在市场的积极作用，调动各市场主体的积极性，激发市场活力，使各建设项目之间相互协调，达到最优结构。

（3）地区与地区之间的关系。要在讲求效益、公平、安全等原则的基础上，在建设项目的空间布局、建设进度和程序上合理安排，使地区之间相互协作，共同发展。统筹区域发展是区域规划的重要目标之一，只有合理的区域空

① 杨岱锦，孙兴华. 浅析区域经济规划的研究方法［J］. 现代经济信息，2013（12）.

间布局才能使区域内各要素充分流动，调剂余缺，互通有无，达到资源的最大化利用。

（三）综合平衡法的基本步骤

（1）确定综合平衡的内容和指标体系。区域规划中需要规划平衡的内容很多：在经济方面，有生产与市场的平衡，资金平衡，劳动力平衡，土地、水、矿产等自然资源的平衡，物资平衡，交通、电力等供需平衡；在社会方面，有城乡人口平衡，教育、医疗、体育、娱乐设施平衡，粮食、肉类、蔬菜、水果及住宅平衡；在生态系统方面，有林木采伐与营造平衡，污染物排放与治理的平衡等。确定合理的指标体系也是综合平衡的重要内容，为确保规划的科学合理性，规划的制定往往需要涉及经济、社会、生态诸多方面，指标体系的合理与否往往是衡量规划的重要标准。

（2）预测发展需求。包括部门发展和地区发展的预测，确定各项目的需求量。规划具有指导未来经济社会发展的重要作用，需要在总结历史经验的同时具有前瞻性，能够尽可能地预测部门和地区未来发展的需求，进而制定更加科学合理、符合发展规律的规划。

（3）综合平衡。通过供需双方的比较，反复调整，最后确定规划方案。在综合平衡过程中，规划工作者往往需要与需求部门和各个地区多次商量研究，才能制定出平衡方案。其中，平衡表是进行综合平衡的一个重要工具。编制平衡表的基本思路是：在供给总量控制的前提下，各部门、各地区的需求与供给总量应基本保持一致。当然，由于平衡的内容各不相同，平衡的格式和编制方法也就会有所差别。

三、投入产出法

区域分析法是对区域发展的自然条件和社会经济背景特征及其对区域社会经济发展的影响进行分析，探讨区域内各自然和人文要素间以及区域间相互联系规律的一种综合性的方法。投入产出法是区域分析法的一种，目前在区域规划领域的运用越来越普遍。

（一）概述

投入产出技术是美国著名经济学家、诺贝尔经济科学奖获得者列昂惕夫在20世纪30年代所提出的一类经济数量分析方法。它以棋盘式平衡表的方式反映、研究一个经济系统各个部分之间表现为投入与产出的相互依存关系，并以其在深刻复杂的经济内涵与简洁数学表达形式上的完美结合，成为经济系统分析不可替代的工具，被普遍用于经济预测和规划、分析重要决策和重要事件影响等方面[①]。

现在越来越多的国家或地区编制了投入产出表，且呈现定期编制的趋势。1973年，我国编制了第一张全国投入产出表（61种产品的实物型表）。目前，我国已编制过全国、地区、部门和企业等各层次及各种种类的投入产出表。就部门而言，化工系统于1978年编制了16种产品的实物型投入产出表，这是我国最早部门投入产出表。其后有关部门编制过能源、船舶、冶金、农业、畜牧业、水利、电力、军工、信息等部门投入产出表。到目前为止，除西藏以外，全国30个省（自治区、直辖市）与国家同步编制了1987年、1992年和1997年本地区投入产出表。部分省（自治区、直辖市）还编制了1990年、1995年和2000年本地区投入产出延长表。投入产出技术不仅在我国宏观经济领域和微观经济领域获得了广泛的应用，而且在微观经济领域的应用也取得了可喜的成绩。2013年已有一些企业编制了企业投入产出表，并用于企业计划、生产、成本等管理工作中。

投入产出法从诞生到现在已有半个多世纪，通过经济学家悉心研究和辛勤探索，在理论上取得了丰硕成果，并得到了很大的发展，在应用方面也有突出的成就。在理论研究方面，投入产出技术从一开始的静态、线性模型发展到了动态、非线性模型，并与最优化等其他分析方法相结合。目前，理论上发展比较成熟的是动态模型、投入占用产出模型、投入占用产出技术与动态化以及最优化模型结合的方面。非线性模型还处在研究的起步阶段。投入产出的基本模型和基本方法已经定型，现有研究在编表方法、模型精度等各方面推进了投入产出技术的进步。

---

① 吕金飞，金笙等. 林业投入产出分析综述［J］. 林业经济问题，2006（2）.

（二）投入产出法的前提条件

任何一种经济模型都有其前提条件（或必要的假定），以使问题简化。投入产出模型实质上是一组联立的线性生产函数，它至少要求系统满足五个前提条件（或假定）：①部门间的投入系数固定不变；②任何部门投入与产出规模收益不变；③任何一个部门从投入要素的比例考虑，只有一种生产方式；④系统有严格的边界；⑤系统部门分类相对稳定，在模型的有效期内不会产生新的部门，产业结构相对稳定。

运用投入产出法进行区域规划时，要求该区域的实际情况基本符合投入产出法的前提条件，并且投入产出法的简化假定不能与区域的实际情况发生重大的偏差，否则，用投入产出法分析区域具体情况是没有意义的，甚至会产生错误的结论。虽然投入产出法是一种现代的经济分析工具，但如果不满足投入产出模型的前提条件，机械地套用模型的分析方法，不仅不会得益于先进的分析工具，反而会被引入歧途。

（三）投入产出法的作用

投入产出法虽有一定的局限性，但经过多年的发展，其理论和实践不断完善，已为越来越多的国家或地区接受和使用，在区域规划领域发挥着越来越重要的作用。

首先，投入产出模型能够综合全面地反映某一区域经济系统再生产过程中的实物构成、实物流动、价值构成和价值流动，这是其他任何方法都难以替代的。投入产出表中的投入和产出，使用和分配，实物与价值一一对应，相当于全系统的一个二维复式账户。因此，它能反映该系统的经济活动在某一时期的全过程，对系统的规模、效益、分配关系、产业联系、投入与产出构成做出全面的把握和判断。

其次，由于投入产出表实际上是某区域经济系统的一个综合性大账户，它必然会反映出经济系统的基本特征。例如，通过投入产出表可以计算出该系统第一、第二产业的比例关系以及产业内部的比例关系，从而对系统总的经济特征做出判断：是偏重于农业还是偏重于工业；在工业中，哪些行业规模大些，哪些行业规模小些。从投入产出表的每一行，可以计算出每个行业的中间投入和最终使用的比例。某一行业的产出中用于中间投入的比例越大，说明本地区经济对该行业的依赖性越大；相反，某一行业的产出中最终使用（商品性）的比例越大，该行业越依赖于外部市场。

最后，通过编制地方投入产出表，可以检验、促进、改善地方的经济统计工作，并促进统计工作的规范化。因为投入产出表是全系统的一个全面综合的复式账户，投入产出表的部门分类和诸如消耗系数、最终使用 V 和 M 等栏目是根据国际标准结合我国具体情况设计的，它既能够和我国传统的 MPS 保持一致，又可以比较容易地和新的统计指标如国民生产总值相吻合，也利于和西方的 SNA 进行比较。所以，编制一次投入产出表，会大大地提高地方统计的素质和水平，促进地方统计工作的发展。①

（四）投入产出表

投入产出分析，是研究经济系统中各个部分间表现为投入与产出相互关系的经济数量方法。投入是进行一项活动的消耗，如生产过程的消耗，包括本系统内各部门产品的消耗（中间投入）和初始投入要素的消耗（最初投入）。产出是进行一项活动的结果，如生产活动的结果是为本系统各部门生产的产品，包括物质产品和劳务。

表 6-2　投入产出表的分类

分类标志	种类	
分析时期	静态	开模型
		闭模型
		局部闭模型
	动态	开模型
		闭模型
		局部闭模型
计量单位	价值型、实物型、劳动型、实物价值型	

① 马晋民，艾屹. 投入产出分析在地区规划中的实用性和有限性 [J]. 统计研究，1988（8）.

分类标志	种类
研究范围	世界 I-O 模型；全国 I-O 模型；地区 I-O 模型；地区间 I-O 模型；部门 I-O 模型；企业 I-O 模型
时间	报告期 I-O 模型；计划期（预测期）I-O 模型

如表6-2所示，投入产出表中的横向反映产品的流向，纵向反映生产过程中从其他部门得到的产品投入。投入产出模型是运用数学方法和电子计算机，研究经济活动中投入与产出之间的数量依存关系，特别是研究和分析国民经济各个部门产品生产及消耗之间数量依存关系的一种经济数学模型。其主要内容是编制磨盘式的投入产出表，并建立相应的线性代数方程体系，构成一个模拟现实的国民经济结构和社会再生产过程的经济数学模型。

区域国民经济投入产出表能够提供区域内各种产品和各个部门的直接消耗系数、完全消耗系数、完全需要系数以及一系列的宏观经济效益指标，从而形成一个十分宝贵的信息库。计算结果能为科学决策提供定量依据，在综合平衡的基础上为制定科学的发展规划创造条件，为经济分析、经济预测和计划管理服务，为研究和构造其他数学模型以及进步开展经济与社会的系统分析奠定坚实的基础。

四、比较论证法

比较论证法是科学研究的基本方法之一，也是地理学认识区域特征和规划学进行方案论证、择优方案的基本方法。实际上，在传统综合法中也运用到比较法，那就是根据区域经济发展战略，从经济发展总体目标出发，对社会再生产各方面、各环节、各领域的人力、物力、财力的资源和需要进行对比，以调节和处理经济发展中的不平衡及矛盾。在进行区域规划时，对不同的方案分析比较，采用技术、经济论证，进行方案优选，是系统工程思维的一个重要步骤，也是规划方案不可缺少的路径。从区域规划方案论证择优看，应主要从生态、社会、经济和技术四个方面进行比较评价。一般而言，区域的各方面发展水平与经济的发展相关程度更大，区域规划方案的比较论证更重视方案的经济合理性与技术的先进适用性。

（一）比较法在规划工作中的运用

比较论证法在区域规划中的运用主要包括以下五个方面：

（1）工业企业分布与不同配置方案的比较。内容应包括发展哪些工业、数量多少、项目多少、规模多大、厂址选择的具体方案；工业区组合、性质、内容及其规模；开拓新工业区和调整现有工业区的不同方案；矿山基地的选择及其开发程序；大型重点建设项目；交通组织运输；城镇居民区与工厂的相对位置关系等。

（2）资源综合利用的经济评价。包括如何充分合理地利用资源，区内主要企业所需大宗原料、燃料是否都加以综合利用，工业副产品的利用以及废料的回收等；如何经济合理地利用资源，重要的资源是否被用到国民经济最需要的部门，如何在资源缺乏地区寻找新的资源、组织资源等。

（3）有关专业部门规划方面的技术经济论证。包括对不同专业部门规划综合性的矛盾分析，交通运输规划与其他规划的适应程度等。

（4）土地合理利用及其经济评价。包括土地的自然、经济条件评价与论证，各部门、各行业的土地利用是否处于最佳区位，是否充分体现土地的级差收益；土地的数量是否满足各部门发展的需要，是否尽可能地节约利用土地等。

（5）区域环境质量的评价论证。包括区域环境质量的现状，引起环境污染的成因，污染源的分布、危害程度，区域环境质量发展变化趋势，规划布局中采取怎样的方案和措施来改善区域环境质量，环境质量的改善达到怎样的标准等。

（二）工作步骤

区域规划的比较与论证通常包括横向和纵向两个方面。主要工作步骤包括选择比较对象、确定比较的标准和分析评价等。

（1）选择比较对象。比较对象应具有内在的联系性，具有可比性。必须注意不同时代、不同国家、不同地区、不同时期客观条件的差异，切忌生搬硬套。

（2）确定比较的标准。针对比较对象，明确比较内容，确定比较标准，才能使比较的结论有据可依。比较标准一般应从社会效益、经济效益、环境效益进行综合。有时政治因素也会成为比较标准的首要条件。

（3）分析评价。即目标和方案的优选。规划工作中通常要对所选方案或目标在一定的时间尺度内作纵向的比较并在一定的空间尺度上进行横向比较。因为区域规划发展过程中总会留下历史的烙印，从区域的过去会更清晰地认识现状，并且能更准确地预测未来。对不同国家、地区的环境条件和经济发展状况加以比较，更有利于认识区域的特点，判断规划方案的先进性、可靠性和实施的可能性。

五、数学模拟法

在区域经济规划中采用数学模拟法是非常必要的。因为规划只停留在定性描述、定性分析、定性下结论的话，往往会分析不准确，论证不充分，结论不正确。在规划研究中引入数学模拟法，可以使规划建立在更加理论化、科学化的基础上，提高规划成果的质量和实用价值。这里，并不是否定定性分析的必要性及其价值，而是说，仅仅依据职业经验，越来越难以说明和评定可能有的大量的抉择方案，并难以确定区域最佳发展方案。另外，采用数学模拟法，能比较有效地掌握多方面的大量信息，并进行有效的整理，解决多目标、多方案、多种结构所提出的复杂要求。实践表明，自 20 世纪 60 年代以来，电子计算机技术和数学模拟方法应用于区域规划研究，使得以多目标、多要素、复杂结构、多方案和动态变化为特征的区域发展规划的许多问题得到了较为满意的解决。

建立模型是数学模拟法的关键。按照功能和应用范畴大致分类，区域规划模型可分为如下几类：

（1）区域结构功能分析模型。着重对区域组成要素的作用、功能进行结构分析，以分析区域发展变化的内因，并组建未来合理的结构，如投入产出模型、判别分析模型、网络模型等。

（2）经济社会发展预测模型。根据经济发展的历史轨迹预测未来，或者根据经济发展过程中各要素变化的相互关系预测总体的变化。如时间序列模型、回归预测模型等。

（3）决策分析模型。经过详尽的预测分析，虽然能够为规划提供决策方案，但预测的结果不一定符合区域发展的目标。另外，预测不等于决策。决策过程是拟订方案和对方案可能产生的效果进行评价的过程。所以，决策与评价是不可分割的，并且是交错进行的。这类模型又可分为两类：①单目标决策分析模型，如线性规划模型、非线性规划模型、求极值的模型等；②多目标决策分析模型，如线性加权模型、成本效应分析模型、模糊分析模型等。如表 6-3 所示。

表 6-3　区域规划常用数学模型及其应用方向

模型类型	应用方向
网络分析技术模型	主要用于解决课题分解和时序协调等课题组织管理问题，其形式为网络分析图
结构—功能模型群	主要用于调查分析及诊断，由投入产出、聚类分析、层次分析、技术进步因素分析、生产力布局等模型组成
预测分析模型群	主要解决各种方案的未来趋势和前景中复杂而又不确定的问题，由直观预测、回归预测、指数平滑、马尔科夫链分析等模型组成
计量经济学模型群	主要用于描述整个区域经济社会运行的内在规律和联系，一般有定义方程、经验方程、随机方程三大类模型组成
系统综合模型群	主要解决发展战略方案合成问题，由组合结构模型法、德尔菲法、形态分析法等模型组成
系统仿真模型群	主要用于在计算机上把方案进行动态仿真，模拟真实系统，检验方案的准确性，并进行模式比较、策略实验等问题，采用的是系统动力学模型
优化决策模型群	常与系统仿真模型群配合使用，从最优的路径及发展趋势两个方面解决总体发展战略在实施运行中的控制调整及策略问题。主要由多级线性规划、最优控制、自适应控制、动态规划、动态投入产出等模型组成
结构优化模型群	主要用于产业结构、投资结构、资源分配结构、消费结构等的优化分析，主要由线性规划、非线性规划、动态规划、目标规划等运筹学及经济控制论模型组成

第二节 区域规划的编制程序

　　区域规划是对整个区域的经济和社会发展进行统一部署，是对区域生态、社会、经济系统进行的宏观调控。区域规划是一个庞大的系统工程，规划过程应遵循科学的程序。区域规划编制程序是指进行规划工作的先后顺序，亦可称为规划工作的步骤。规划程序与规划方法密切相关。由于规划决策过程是一个前后关联的连续性及回馈性的过程，所以规划工作步骤只能大体上进行划分。各个步骤都是整个规划工作中必不可少的，但前后顺序可以在工作中交叉或调换。拉斯韦尔在《决策过程》一文中将决策分为情报、建议、规定、行使、运用、评价、中止七个功能活动环节。[①] 区域规划编制的主要程序可分为准备工作阶段、具体规划阶段、反馈与循环阶段。

一、准备工作阶段

　　在进行规划之前，必须首先做好规划的准备工作。准备工作阶段是区域规划编制程序的重要阶段，准备工作充分与否，对规划工作能否顺利进行关系甚大，必须予以高度重视，不能草率而为。规划准备工作主要包括明确规划任务、组织工作机构、准备相关资料等内容。

（一）明确规划任务

　　区域规划总的任务是寻求和制定能促进区域生态、经济、社会各系统协调发展，资源合理有效配置利用的区域发展布局行动方案。要充分了解规划部门和领导的要求，充分理解规划的实质内涵，以避免在规划制定实施的过程中出现误解，偏离规划本来的宗旨。要通过调查、座谈等各种形式，了解群众对规

---

　　① 陈振明. 决策科学 [M]. 北京：中国人民大学出版社，1998.

划的实质需求，并结合实际，宣传区域规划的性质、任务，使群众充分了解规划工作的内容，理解规划工作的实质，取得群众的充分认可和支持，为规划的实施奠定良好的基础。

（二）组织强有力的综合指挥协调机构

成立规划办公室和研究机构、领导小组以及工作技术人员班子。由于区域规划的综合性，其覆盖的知识面广，涉及学科、部门多，纵横关系复杂，条条块块矛盾多，因此规划班子应由多学科、多方面、多层次的人才组成。既要有一个权威、强有力的领导决策机构，又要有一批专家和从事实际工作的技术力量。规划的制定需要强有力的组织保障，需要组织有权威的领导机构。

首先是领导小组，它包括主管部门领导和决策人员，是规划班子的最高层次机构，负责决策、协调和指挥。如果规划区域是完整的行政区域规划，行政区主要负责人应参与到领导机构中；如果是跨行政区的规划，规划领导机构必须有它们之上的高一层次行政区的主要负责人或主管部门的领导者参加。只有权威的领导机构才能保证规划制定的连续性，使规划制定不至于是一纸空文。强有力的领导机构能充分调动各方面的资源和力量，解决规划过程中可能出现的各类问题，使区域规划的制定更加顺畅。领导机构的组织、协调和决策的作用至关重要，是规划成功与否以及质量高低的关键所在。

其次是组建参与规划方案设计的工作队伍，优化队伍结构，集合规划制定过程中需要的各类专业人员，组建一支业务能力强、综合素质高的专业化队伍，是规划方案设计的重要基础。

第一，组建负责综合规划方案编制的规划人员队伍。规划方案往往是一个系统的工程，涉及经济、社会、生态等诸多方面，需要从全局出发，充分考虑规划可能涉及的方方面面，结合地方实际制定出符合地方特色的规划，能切实解决问题的规划，达到经济效益、社会效益和生态效益的和谐统一。

第二，组建负责各个专项规划的专业人员队伍。专项规划是总体规划的基础，针对某一领域的专项规划才能有针对性地解决具体的问题。

第三，组建经验丰富的专家班子。规划涉及的诸多领域需要专家的指导，没有专家的支持，规划就难以走在时代的前列，很可能走远路、走弯路。只有经过专家认证的规划，才具有可行性，才能形成高质量的规划，才能发挥规划应有的作用。

（三）准备相关资料

准备规划的基础资料，主要是指收集整理区域经济发展的现状和趋势，区域自然资源、经济资源、技术资源条件等方面的资料。包括区域工业、农业、交通、水利、电力、环保、科教文卫等各部门现状及发展规划资料；了解区域各类原材料、劳动力、土地资源、水资源等生产要素的供求状况，掌握区域市场需求、基础设施建设、科学技术和管理水平等生产的外部条件；了解区域产业、行业、部门结构、规模结构、产品结构、消费结构以及地区布局结构等生产力结构现状；了解区域资源条件，分析区域资源的分布状况、组合特征以及现状开发利用的合理程度等；了解区域经济发展的优势条件和限制性因素，生产力分布状况和居民点体系布局情况等。

区域发展现状资料的调查和收集是编制区域规划工作的开始，对现状调查并加以分析研究，就是要认识区域的本质特征、经济的结构和演变过程，明确区域发展的优势和限制性因素，找出发展中的关键问题及潜力，为制定区域发展战略和目标、设计规划方案打好基础。资料收集的途径主要有三个：一是向各有关部门收集现存的统计汇总资料；二是通过召开座谈会、发放调查表等形式，获得访问资料；三是实地现场勘察，获得第一手现场资料。

（四）筹措规划经费

规划的制定实施需要强有力的资金保障。区域规划每一步的实施都需要人力物力的支出，若没有资金保障，规划制定的质量得不到保障，甚至会处于停滞状态。规划的制定应符合国家的大政方针和历史发展的趋势，应符合发展的规律，取得国家支持的规划才有强大的生命力，应努力争取各级财政资金，并积极吸纳民间资金，引入社会力量，支持规划的制定。除了支付规划工作人员必要的报酬外，规划制定的调查与研究阶段都需要大量的投入，有了政府和社会资金的保障，区域规划的每一步才不会有后顾之忧，才能确保规划的质量和持续性。

（五）规划区域的地图

区域规划的编制离不开准确的地图，最新的地形图和行政区划图是区域规划必要的前期准备。地形图和行政区划图不仅是规划制定实施范围的重要依据，也是衡量规划科学与否的重要标尺。在绘制地形图和行政区划图之前，要确定合适的比例尺，比例尺需要根据规划区域的大小和规划任务的要求而定，确保采用最合适的比例尺，制定最合理的区域规划地图。

（六）确定规划方法，制订工作计划

确定科学合理的规划方法并制订可行的工作计划，是编制区域规划的重要准备。规划理论和方法不是针对某一个问题或阶段的，它贯穿规划过程的始终，在不同阶段、不同领域都可以运用其中的理论和方法。有了科学理论和方法的指导，在区域规划的过程中就能避免走很多弯路，节省很多成本，能更好更快地制定更高质量的规划。为了确保规划的顺利完成，工作计划必不可少。要初步拟定规划的进展要求、阶段划分以及各阶段的工作任务、内容和成果要求。只有有了合理的工作计划，有一个工作进度条，才能更好地激发规划制定工作者的活力，充分发挥主观能动性，如期按质保量完成规划任务。

（七）培训规划工作人员

区域规划是一项复杂的系统工程，涉及经济、社会、生态等方方面面，对规划工作人员的数量和质量都有一定的要求。因而，培训规划工作人员成为前期准备阶段必不可少的环节。为有针对性地解决规划过程中的问题，高效完成规划任务，在培训过程中应对各类工作人员进行有针对性的培训，明确任务和工作方法，使每名规划工作人员都能发挥应有的作用，高效、及时完成规划的制定工作。

二、具体规划阶段

（一）规划模式

人们最早认为规划就是编制方案，编制方案就是画出详细的规划图。随着人们对区域发展问题认识的深入，区域经济规划的重点转到规划所要完成的任务和完成任务的各种途径的选择上，从而开始提出各种政策，评价各种政策造成的结果。同时，编制的方案也从详细的规划图转到文字的说明和解释。这种区域经济规划被称为以控制论为基础的系统规划。

控制论的中心思想是将世间万物都看作一个复杂的、相互联系、相互作用的系统，一个大系统是由若干个子系统组成，每一个子系统的运行都受到各种要素的影响。人们可以对系统的各个部分引入各种控制的机制，系统将向特定的方向运动和转化。把这个思想应用到区域经济规划中，人们可以有两种手段对制定的规划进行控制：第一，控制公共投资的方向，包括在基础设施、住房、教育或科技等方面的投资比例；第二，鼓励或限制私人投资对产业开发的权利。如果区域或城市的政府手中有了控制的手柄，就可以控制区域经济发展的方向。

对这种规划过程控制的看法或程序，亦即规划过程的模式主要包括三类。

1. 直线发展的规划过程

规划过程呈直线发展，然后通过一个回路不断重复。规划方案要列出广泛的目标，根据这些目标确定一些较具体的任务，然后借助系统的模型来确定将要采取的行动方向。规划要求根据具体的任务和可能的财力来评价和比较各个方案。隔一段时间检查一下系统的状态，看一看离假设的状态有多远，同时进行相应的修正，并以此为基础，重新进行这样的过程。

这种规划过程适用于规划目的明确的规划，如城镇体系规划、土地利用的规划等。基本方法是：上一级布置规划决定，确定规划目标、内容等，根据当地条件分析设计方案，然后实施。

2. 周期循环的规划过程

这个规划过程把对受控系统的观察和对控制方法的设计及试验明确地分开。在过程的每一个阶段，都必须把对系统的观察和打算采取的控制手段的发展情况加以对照。

这种规划的过程适用于不是事先给定的规划，如区域经济发展战略规划、县域规划等。这类规划的特点是：规划区域的政府希望找一条正确的区域发展道路，提出规划的目的。但规划的具体内容需要经过研究之后才能确定。这样的规划先是对地区的发展情况进行分析，找到影响区域经济发展中存在的问题，规划的好与不好，有没有价值，关键要看规划者对规划地区存在问题的认识的深度如何，能否找到影响区域经济发展的关键因素。

根据发现的问题确定目标，对提出的发展目标进行预测，提出规划方案，评价比较方案，监控方案的执行情况，进行双回路反馈，是这类规划过程的特点。

3. 三级式的规划过程

三级式的规划过程是将整个规划的过程划分为三个阶段，纵向分为三级。最下面称为"了解"，它关系到分析受控系统所需的方法和模型等操作工具的设计；中间称为"设计"，它涉及在分析问题和综合比较各方案时对上述方法的使用；最上面称为"政策"，是管理和控制系统所采取的行动，包括罗列目标、评价比较方案以及最优方案的实施。

这类规划过程的特点是分步骤区域经济规划，适用于大多数的规划，但对于那些具有比较强的评价性的规划，适用性更好些。如大型项目所在地区的发展规划、流域区的发展规划等。这类地区的规划首先要求对某一个项目的作用和影响做一个合理的评价，其次才能够进行具体的规划。如三峡地区的发展规划、黄河上游地区的发展规划等。

这类规划的第一阶段是方法的确定。用什么方法对主导的项目进行评估，使用什么模型，这需要进行室内作业。第二阶段是一般的规划制定，与前面的过程相似。第三阶段是制定政策，是具体的行动的机制，这是最重要的，也是规划的难点。

（二）规划步骤

目前区域规划通行的程序是系统分析和系统综合程序。从系统的观点出发，区域规划也就是区域系统规划。根据系统分析和系统综合的要求，在具体规划阶段，大体可分为几个步骤，如图 6-1 所示。

（1）根据已有资料分析区域发展中的问题。这些问题主要包括自然、社会、经济、技术等方面。按照系统工程思想，这是规划中关键的一步，找出问题就解决了问题的一半。在分析中要从区域实际出发，反映区域特点。

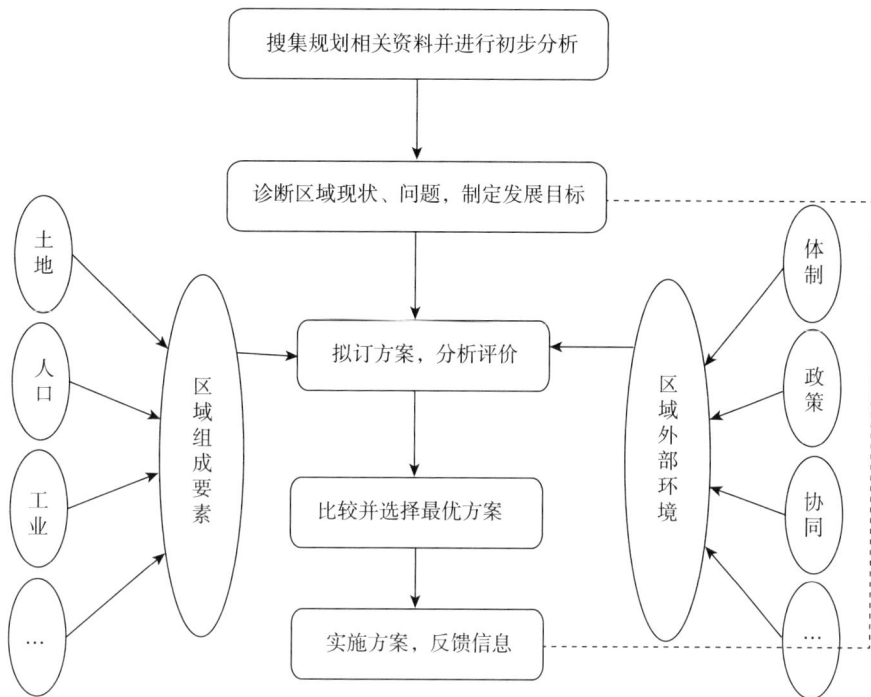

图 6-1 区域规划基本思路框架

（2）明确区域发展目标。区域发展目标是区域发展战略中的核心部分。目标是发展的导向，有了目标，才能提出发展方向，研究发展方针，组织合理的结构和提出实现目标的对策建议。区域发展目标实质是对规划区域提出发展的"臆想状态"，以经济社会发展的大趋势为前提，结合发展的需要与可能确定的状态。由于目标涉及区域宏观的发展趋势，国内外、区域内外的发展需求，以及区域内发展基础、条件和资源等可能性，因此需要对区域发展进行大量的预测和分析，在此基础上才能确定目标。目标的确立有两个原则：第一，遵循形势发展的需要原则。发展目标要顺应历史发展的潮流，才能具有强大的生命力，不至于被社会所淘汰。第二，遵循地方的发展条件和资源的可能性原则。发展目标不能超过地方发展的承载力，要结合地方实际，制定科学合理的发展目标。

（3）区域发展的课题与对策研究。课题研究的实质、课题确定的依据和课题的类别都是区域发展的课题与对策研究的重要组成部分。首先，课题研究实质是指对区域各经济部门和重大建设项目或重点开发区域、限制开发的保护区域的深入研究，这是生产力总体布局的工作基础。其次，课题确定的依据一般是根据自然环境、历史发展背景、未来发展目标、重大建设项目而提出来的。最后，课题的类别主要包括水、土、矿产、林业资源的开发利用，人口增长，就业问题，主导产业，经济结构，交通运输系统，自然保护区、生态与环境保护、重点开发区域、科技园区等方面的研究与规划。① 每个课题都可以存在数个解决问题的方案，规划工作者要从中选择一两个方案，作为解决问题的对策。

（4）进行区域产业结构规划和区域空间布局。区域规划中，有三个全局性和关键性的问题，即发展目标的确定、产业结构规划和地区布局。通过产业结构规划和地区布局，可解决区域条块分割的矛盾，进行规划的定性、定量和定位工作，促进区域协调发展。区域空间布局应解决空间投资政策、主要资源开发规模、重点开发地区、重点项目建设等问题，完成城镇体系规划、主要工业部门布局、农业总体规划、基础设施建设规划和区域环境保护规划等。

（5）总体规划方案设计和评估。依据区域发展目标和课题研究的对策，立足各部门、各区块的"和谐、协调和有效"发展，规划工作者综合各种设想和方案，设计出可供比较、选择的若干方案，拟订区域发展的总体方案，方案的设计要使区域各部门、各子区域协调发展。方案内容包括部门发展的专项规划方案和综合的总体规划方案，覆盖区域所应覆盖的范围。规划的成果由规划图和附件组成，规划图可以是规划报告和规划说明的形式，附件可以是相关图表和研究资料。

规划方案的评估分为两个阶段。第一阶段是在规划方案未决定之前，对若干个供比较、选择的方案进行评估。评估要有共同的评估方法和评估标准，以判断规划的优劣，选出较为合适的方案。第二阶段是对初步拟订的规划方案进行"评估、论证和评审"。评审参与人包括政府负责人、业务主管部门和各方面专家，规划参与人应对规划进行调整、修改，最后形成图件或报告形式的规划文件。

---

① 李克强. 区域经济规划理论与方法［M］. 北京：中央民族大学出版社，2006.

（6）报批定案与实施反馈。规划成果应依法按有关规定程序，报上级主管部门或相关政府权力部门审批：①全国性和跨省、区的大区域规划，以及大江大河流域的规划，应报国务院批准；②省域及以下的规划，报省政府或同级人民政府批准。在规划方案的具体实施过程中，要经常检查规划的"可行性"和"实际效益"，根据新出现的情况和问题，对原规划方案进行必要的调整、补充和修改，使规划方案不断科学完善，更加适应不断变化的形势和环境，不断符合最初制定的发展目标。

以上是对规划步骤进行的逻辑划分，在实际工作中有前后顺序的不同，各个步骤中的有关工作也有交叉，各阶段的具体任务和各地的区域规划也会有所差别。

三、反馈与循环阶段

社会制度的主要作用是通过确立一种稳定的结构来降低人类交换的不确定性。制度的稳定性与制度的可变性并不矛盾。作为一种准社会制度，不论规划本身多科学合理，都会在实践中遭遇意外情况的冲击，因而不得不对规划进行调整。区域规划的条件和要素是不断变化的，规划不应是静态的成果，而应适时进行动态调整，重视规划过程的循环性，保持规划的弹性，定期检查规划的实施状况。

（一）重视规划过程的循环性

规划工作的各环节相互联系，故在工作过程中应及时反馈信息，及时调整、修改各环节。崔功豪等认为，在瞬息万变的区域环境中，不存在"一劳永逸"的规划方案，规划应该是一个循环的过程。[①] 规划的制定和实施是一个有机的整体，即是一个规划系统。规划是一个过程，且处于一个时刻变化的环境之中，规划制定的整个过程，都受诸多因素的影响。

几十年来，我国编制区域规划基本沿用"自上而下"的模式，各种规划方案多是政府单方意见的反映，较少顾及占据区域发展主导力量的民众的意见和

---

① 崔功豪，魏清泉，陈宗兴. 区域分析与规划 ［M］. 北京：高等教育出版社，1999.

利益。随着市场机制的不断完善，我国区域规划编制模式有所完善，但总体而言，政府对区域规划的编制仍起主导作用。这种规划模式往往忽略了规划过程的循环性，重结果，轻过程，难以在过程中不断进行反馈和修正。规划过程的各环节环环相扣，但却不是一成不变的，各环节是一个循环往复的过程，针对规划制定实施过程中可能出现的问题适时进行相应调整。当我们制定一个发展目标时，就该围绕目标进行生产力总体布局，对资源、基础设施等进行全面分析，若发展目标不切实际或与当地特点不适应，就应适时调整目标。当土地利用规划、工业布局规划、城镇体系规划、基础设施规划间出现矛盾或不协调，应及时反馈、修正。

（二）保持规划的弹性

大多数规划的研究和制定是在不确定的环境下进行的，因为规划所面临的问题和所要解决的问题都是"将来时"的。影响规划的因素包括自然的、社会的、经济的、政治的、科学技术的等各个方面，这些因素会随着时间的变化、空间的变化和其他条件的改变而不断发生变化。这些变化因素的存在使得一项决策将受到极其复杂而又不确定的多重因素牵制。科学合理的规划首先要面对的是决策过程中所面对的不确定因素，能随区域发展条件的变化而做及时的弹性调整和适应。

根据肯尼思·阿罗的定义，行为者面临的信息约束主要在于三个方面：成本约束、时滞约束和有限理性。① 进一步分析，规划决策过程中的不确定性产生的根本原因可归结为两方面。首先，信息在传递过程中的失误，或者由高成本导致在决策时所收到的信息失真、不全面，有时甚至是因为根本无法取得所需的信息。其次，由于决策者本身或外部环境的影响，不能很好地预测、控制事物的未来发展。因此，规划决策的不确定性是人类认识理性受到局限的必然结果，是无法回避的事实。人们习惯于用确定性的方法做出对策，但这只是主观上有意或无意地假定决策所面对的问题比较简单明了，是确定的。然而由于信息传输过程的复杂性，可以被看作已确定接收到的信息是极少的，也就是简单的、已知效果的规划方案是没有的，因此用确定性的方法去评估不确定的行

---

① 肯尼思·阿罗.信息经济学［M］.北京：北京经济学院出版社，1989.

为，势必要增大失误的可能性。人们能接收到的信息包含大量的不确定因素，因此，决策的不确定性是绝对的、肯定的。

因此，针对未来的不确定性，要保持规划的弹性。虽然"弹性规划"理念已逐步根植于我国规划编制思想中，并在规划成果中得到切实体现，但仍存在对"弹性规划"内涵理解上的偏差和"弹性度"确定的不严谨等问题。① "弹性期限"、"弹性内容体系"以及"弹性度"的合理与否，直接影响到规划成果质量的高低。在规划的制定实施过程中，运用多种技术将不确定性因素定量化。目前不确定因素的定量化主要包括灵敏度分析、先验统计贝叶斯、复杂统计和概率分析、蒙特卡罗模拟等。还有许多数学方法来处理不确定性，如概率理论、马尔科夫模型、模糊集、事件树、影响图、启发式模型等。当然，在具体应用时还需要针对具体问题选择不同的方法，随时保持对规划的弹性调整。如在人口规模、用地安排上能随时满足重大项目和基础设施项目的用地需求，保证区域基础工程设施的布局能满足区域人口及经济发展的变化需求。

（三）定期检查规划实施状况

在实施规划方案过程中，要经过一定的法定程序，经常检查规划的可行性和实际效益，根据新出现的情况和问题，对原规划方案进行必要的调整、补充或修改，使其适应不断变化的形势和环境。规划本身就是一个过程，不存在起始状态和终极状态，为了提高规划实施效果，要建立并运行规划编制与实施全过程控制系统，包括回诊、会鉴、检讨、纠错、报废与置换等追踪监控，以适应区域与城市动态变化的要求。② 因此，定期检查规划实施状况至关重要。

在区域规划编制过程中，受决策者有限理性和信息不对称等因素制约，区域规划难免存在一些不符合未来变化的设想和推测，甚至存在一些"臆想"。③再理性的规划决策者都可能是短视的。从这个意义上，无论采用多么合理的规划编制程序和组织形式，只要这种编制是"一次性"的，就无法做到规划决策的科学性，这迫切需要在区域规划编制和实施间建立多层信息的反馈及互动机

① 刘传明，曾菊新. 新一轮区域规划若干问题探讨［J］. 地理与地理信息科学，2006（4）.
② 方创琳. 中国区域发展规划编制与实施的病理分析及根治途径［J］. 地理科学，2001（2）.
③ 李广斌，王喜，王勇. 我国区域规划存在问题及其对策思考［J］. 地域研究与开发，2006（5）.

制。规划的过程管理不仅体现在规划编制阶段，更应体现在规划实施中。强调区域规划是一个过程规划，根据区域发展出现的新形势、新问题，适时对原有规划进行评估、调整、修编和重新审定。尽管区域规划过程管理烦琐，大大增加区域规划管理的成本，但实现了区域规划最关键的环节——规划实施。在学界，加强区域规划的过程管理的观点基本已明确，但如何实现规划的过程管理是今后研究的方向。由于市场环境下区域发展的种种不确定性，区域规划的远期目标只能建立在一个个分阶段目标实现的基础上，根据不断变化的区内外环境而定期检查规划实施状况，进行动态修正。

第七章

新区域主义视野下我国区域规划转型

区域主义亦称地区主义，主要起源于 20 世纪初期。针对工业化的快速发展而引发的城市内部环境恶化、人口过分拥挤以及生活质量下降等城市问题，以社会生态学家盖迪斯和规划学家芒福德为代表的学者主张城乡均衡、分散发展，被称为生态学派的区域主义。但因缺乏深入研究城市经济发展、社会公平和行政制度以及城市向郊区无限蔓延等现实问题，导致当时的区域主义作用较为有限，新区域主义随之兴起。新区域主义是指为了更好地解决区域公共问题，由区域内地方政府、非营利组织和市场主体所构成的治理主体及其组织形态，也包括这些主体在治理区域公共事务过程中所共同遵守的治理理念和相关制度设计。

第一节 新区域主义理论溯源

一、兴起背景

（1）全球经济一体化进程的推动。随着"冷战"的结束和各种区域组织的形成，世界各国之间的贸易和资金往来呈现出前所未有的上升趋势。跨国公司大量在全世界各地投资设厂的行为，从微观经济基础上促使世界各国的经济联系日益密切。① 在此过程中，为了获得更多的经济利益和相对优越的分工地位，许多国家或地区都非常注重自身综合国力和竞争力的提高，因而，那些地理位置邻近、经济上依存度较高的国家或地区通过形成新的区域联盟，以增强自身的经济能力并以此形成在国际经济中一致对外的谈判能力。

（2）资源环境约束下区域合作发展的需求。随着世界政治局势的基本稳定和社会经济的迅速发展，全世界人口总数和各种需求都在不断扩大，与有限的自然资源和空间相比，人均资源和空间占有量均逐步下降，而经济的持续发展却离不开各种资源和要素的投入。因此，为了实现经济、社会等方面的可持续发展，世界各国必须通过一定的合作发展方式来充分利用有限的资源和环境，努力降低管理和交易成本，从而使资源在整个社会经济发展过程中实现产出最大化和最优配置。

（3）各种多边谈判机制和内容创新的努力。由于世界各国的经济发展水平相差很大，以 WTO 为代表的各种多边协议谈判进程越来越艰难。但多边谈判的进程不断地丰富了新区域主义理论②。随着谈判内容的增加和越来越多谈判成员的参与，每个国家都意识到仅仅从自身的经济和政治等方面进行合作或谈判已经远远不够了，必须引入更多新的内容来提升谈判能力或扩展协议的内容。这使那些地理位置邻近和经济发展水平差距不大的国家形成区域联盟以维持自身的发展，增加在多边协议谈判进程中的主导能力。

---

① Ethier W. J. The New Regionalism in the Americas: A Theoretical Framework [J]. The North American Journal of Economics and Finance, 2001 (2): 160.

② 肖欢容. 新地区主义的特点与成因 [J]. 东南亚研究, 2003 (1).

二、理论溯源

(一) 治理理论

（1）治理的基本概念。治理一词最早源自古拉丁语和古希腊语中的"操舵"，原意主要指控制、指导或操控。自 20 世纪 80 年代末以来，它被赋予了新的含义，第一次出现于制度经济学研究领域，以后在比较社会学研究中得以丰富和发展[①]。1989 年，世界银行在讨论当时的非洲问题时提出"治理危机"后，随即引起了巨大反响。由于信息、科技的发展及社会中各种正式、非正式力量的成长，人们如今所崇尚与追求的最佳管理和控制模式往往不是集中的，而是多元、分散、网络型以及多样性的——治理的理念。治理的兴起，是对过去由国家作为绝对主体力量进行各种社会事务协调失败的事例做出的周期性反应，特别是 20 世纪 70 年代中期起应付刚出现的大西洋福特主义危机的企图失败。如今，虽然不同语境下的治理具有不同的定义，但基本形成了"治理通常指的是将政府和非政府参与者组织在一起的控制性和管理结构的基本认识"。治理理论和实践包含了为实现公共目标所必需的各种组织和联系，主要分为正式的和非正式的两种类型，并被公认为是一个约束、协调与控制的过程，其核心内容包括吸引管理对象的参与、多中心、主张市场—政府—社会的合作与依存、管理手段方法多样化等。总体上，它是为维护公共利益，强调行动者之间的自我管理、公私协力及互动的一种管理过程，强调"五性统一"，即合法性、透明性、责任性、回应性及有效性。

（2）治理的主要内涵。由于治理是创造有利于秩序维持及集体行动的条件，并涉及组织集体的行动，而此行动进一步影响到制度的建立，另外，制度是规范或禁止行动的游戏规则，因此，审视治理可以从以下三点展开：从整体社会而言，治理是一个社会化的过程，公私部门皆应参与其中；从政治体系而言，治理是指政治网络中的管理，以及公共利益最大化的引导能力；从政府与外界间的定位看，以治理来取代政府的观点，用来说明政府与公民社会之间的

---

① 胡鞍钢. 中国：新发展观 [M]. 杭州：浙江人民出版社，2004.

关系，不再是对立状态，而是朝向新形态的政治协商与互动发展。因此，治理所隐含的内涵包括：政府意涵的改变、统治的新过程、原有管理规则的变迁以及统治社会的新方法。相应地形成累积模式（新的管制）、社团模式和政策驱动模式三种主要治理模式。

（3）治理的核心主张。当代治理是为维护公共利益，强调行动者之间的自我管理、公私协力及互动的一种管理过程。它逐渐形成以下核心主张，益于多角度思考治理的概念内涵：治理是由政府或非政府制度与行动者的复杂组合；治理出现公私界限和责任模糊化的趋势；治理过程表现为各类机构制度间形成权力依赖关系的过程；这种相互依赖的协同能力将形成自我管理网络；不同于政府管理的治理理念，政府的角色能够被重新界定——仅是领航者角色。

（4）治理的最终目标——善治。治理的最终目标在于，通过多种集团的对话、协调、合作，以达到最大程度动员资源的统治方式，以补充市场交换和政府自上而下调控的不足，最终达到"双赢"的综合性社会治理，即善治。由此，治理不仅意味着政策制定和执行不再仅限于公共机构，还意味着"公共服务与行政管辖"的空间范围将越来越趋于不一致。如今，许多城市和区域依据善治目标理念，更多地促进发展私人部门和公众参与的条件，以使城市公共事务的决策与实施更有效和灵活。这正是全球化和区域化趋势加剧背景下，城市竞争基于提高城市战略能力的目标，而积极致力于改善城市组织资产的真实写照。在此意义上，斯科特认为治理被整合成由一条或若干条边界分割的某一地区或沟通不同体制架构的适宜机制，包括建立和遵循一套规章制度来规范地位、分配角色和职责，指导不同组织之间的相互作用，从而更好地解决集体问题。

（5）治理的依托载体——多层治理体系。多层治理体系研究及其实践出现于 20 世纪 80 年代中期的欧盟。基于一体化发展的效率、效力和民主化目标，欧盟及其成员国的政策协调问题被予以长期关注。在全球治理中，许多跨国家，甚至是超国家的个人和机构、公共和私人共同结合、参与，以管理他们的共同事务，没有单一行动者能垄断执行游戏规则的权威能力。公共政策在此全球化架构中，会纳入各种不同的冲突与利益，以及采纳合作的行为。因此，多层次治理已经成为主要的分析架构，而且会出现垂直的政策协调。

（6）治理的实现路径——政府重塑。治理中善治目标的实现，很大程度上依赖于以治理理论为导向的行政制度改革。它重点包括四个主要方向性路径：一是行政组织从科层制转向扁平式。不同于僵化、烦琐、低效的管理模式，政府要更全面地接触社会、公民并与之加强合作。二是行政体制从集权转向分权。主要通过权力的非集中化。可采用权力下放给地方政府或基层政府，各级政府职能的削减和转移等方式。三是公共物品从政府垄断转向市场参与。政府应鼓励由市场和社会来承担公共物品生产及服务功能。四是行政理念从统治转向服务。作为一种公共组织，政府的最主要作用是提供公共产品和推动制度创新，以公民的满意程度来检验公共服务。

（二）新制度主义理论

新制度主义是西方20世纪70年代之后兴起的重要思想流派之一，主要存在于经济学、政治学和社会学等社会学科领域。与20世纪50年代以前的旧制度主义所主张的"制度预先存在"的观点不同，新制度主义认为具有结构特质、相对稳定的制度存在是影响政治、经济活动的前提，个人行为镶嵌于制度之中，强调制度对于政治、经济、社会运行的重要性、个人主义和整体主义的融合；提出制度并不是决定政治、经济、社会活动的唯一要素，制度概念的外延包括所有政治、经济、社会以及文化等方面的内容，政府应置身于公共领域的合作网络制度之中。

新制度主义同时认为，制度主要涉及空间经济中结构与中介、制度环境与制度安排之间的互动关系。前者指的是对经济有影响和塑造作用的各种类型的正规法则（如法律规章等）和非正规习俗（如习惯、禁忌等）；后者指的是特定的组织形式，如企业、政体、公众参与、基金等。因此，区域一体化过程中的新制度主义，既侧重于立法机构等实体性制度安排（组织），也关注制度环境建设（如理念、信念、行为以及规章制度等）。

新制度主义还认为，区域机构是一个多中心、多层面的政体组织。它综合了各种形式与不同程度的制度化进程，突出体现了行为主体与制度结构之间的互动。此外，新制度主义者强调，在全球化和知识经济时代，经济发展来源于劳动力、自然资源、金融资本、技术等物质禀赋投入的作用已日益减少，一个国家或地区的竞争力不是由所拥有的物质禀赋决定的，而是取决于该政府能不能创造一个良好的经营环境和支持性制度，确保所投入的要素能高效使用。国家或地区的成功发展，除了依靠生产要素以外，更重要的是竞争、开放、统一、可靠的制度。

然而，新制度主义也提出，尽管制度可以为参与者提供新机会或新动机，甚至影响他们的选择偏好和意识认同或抑制不良的结构性变化，但制度本身并不能自觉发生改变。因此，作为增强社会性学习和适应能力的重要先决条件之一，利于修正相互作用关系的某些集体行动能力、区域和地方主要经济社会参与者之间的联动过程正在浮现和加强。例如，协作文化土壤和区域共同意识越来越成为欧盟实现区域动员的潜在重要因素，而不能仅限于集中投放资金及其他资源的简单逻辑。在此意义上，各种正式和非正式制度性安排的创新，不仅决定了区域—地方治理体系学习能力的提高，并最终密切影响到欧盟层次对它们的动员程度。进而，在欧盟政策制定的各个演化阶段，作为制度基础设施的操作性因素，借助于网络范式的兴起，基于持续学习和适应过程的集体行动能力日益显现出重要性。

此外，新制度主义特别关注建立在制度背景下的结构、个人和集体行为，认为个人和集体行为的相互作用对政治、社会和经济环境有着极大的影响，专业化和文化标准也影响着制度行为模式。制度主义认为政策既不是外生的，也不是稳定不变的，而是通过制度、教育尤其是专业知识而由经验形成的。因此，制度化并不仅限于正式的政府组织，也包括被称为"第三领域"的所有组织。

新制度主义着重指出，如果某些制度安排片面强调国家利益，忽视团体利益特别是个人利益，就会严重挫伤和束缚主体的积极性，哪怕花费大量的人力、物力和财力来调动劳动者的积极性，但主体的利益追求得不到实现，甚至受到压抑和束缚，反而事倍功半甚至事与愿违。

（三）网络理论

广义的网络是指关于事物、信息和能量的一系列流动途径，这些途径将重要的流动节点连接起来，并使其成为各种流存储和形成的空间。网络主要分为物质性的网络和社会性的网络。其中，社会学者认为，社会网络是由各种准则、价值标准和实践活动的各种社会关系联结而成，具有流动性和多种边界。

社会学对网络理论的研究主要开始于公共行政学领域。20世纪60年代后，政府管理战略发生了根本性变化，即政府在供给公共物品和服务时，对多机构、政府间以及公—私—非营利伙伴关系的依赖日益增加。在地方—社区层次，公共投资的公共服务中存在一个重要的问题，即进入服务供给网络的组织间如何实现一体化和协调。

自20世纪80年代中期以来，组织网络理论成为公共行政学的研究热点。传统公共行政争论是基于指挥命令统一性假设的，所以早先的科层制治理机制在很大程度上是对市场治理机制的替代。然而，在实践中也不断暴露出种种弊端，即政府失灵，而组织网络作为一种新型的治理机制，它是对市场与科层制的超越。所以，当代西方公共行政学对组织网络理论加以广泛应用，并提出：①组织网络时代的来临给管理者带来跨界相互依赖的挑战，公共职能再也不是政府的唯一领域；②"政府间的"这一术语包含全新的内涵，不仅包括联邦政府—州政府、州政府—地方政府以及地方政府之间的关系，还包括政府与准政府之间的关系，以及政府与政府之外的组织间种种契约的、管制的、援助的、互惠的互动关系；③公共部门的网络就是一种相互依存的结构，它表现为正式和非正式的联结，包括交换或互惠关系、共同利益，而且结合共同信仰和专业视角。其中，自治自利的机构网络通过自愿联系和相互协调，也可取得共同利益和收获。

网络治理的兴起极大地促进了政府治理模式的变迁。从政府治理模式演变的角度看，全球化和区域化给政府带来的最大挑战，莫过于网络治理的兴起，这完全改变了传统的等级制政府治理模式。欧盟区域公共管理的研究专家贝娅特·科勒—科赫认为，欧盟不是通过等级式结构，而是通过一种被称为"在网络中治理"的特殊治理方式实现各种决策行为。她认为，在传统的等级制管理模式基础上，网络治理已经成为政府治理的第四种机制，并认为国家主义、多元主义、和谐主义三种治理机制主要适用于某个民族国家或行政区政府，而网络主义的治理机制则适合特定的跨国或跨行政区的区域共同体。

对于区域发展和规划而言，网络理论是在广泛吸纳了公共产品、交易成本、囚徒困境等理论及其相应合作可能性的基础上，逐渐形成和完善起来的相对成熟的重要理论之一。它可以有效地解释在相互依存条件下的合作模式类型及其选择。这里的网络既可以指机构间的合作企业、政府间的项目管理结构，复杂的合同和公私合伙制，也可以指包括公共机构、商业企业、非营利机构，甚至包括志愿人员群体通过一些共享项目而联结成相互依存的关系。

第二节　新区域主义理论框架

一、新区域主义研究内容

（一）区域和区域功能

1. 区域

新区域主义认为，区域主要包括三个方面的内涵：

（1）区域是协调社会生活的一种先进形式和竞争优势的来源。在新区域主义视野中，区域不仅被看作参与当今全球竞争的重要空间和组织单元，也被看作新形势下全球化的基本动力。因此，传统的区域发展战略、区域规划、区域政策与管制等都面临巨大的转型，发达资本主义国家普遍实行了政府重塑角色和治理权力分散并向区域转移，即国家权力的下放和城市联盟权力的上交。由此，各种区域性的层次制度和空间构架也就成为空间积累的最佳组织。

（2）区域已经成为当今世界众多机构参与的网络空间。这种整体网络结构已经逐步成为研究区域本身的基本点。例如，英国城市经济学家克里斯·韦伯斯特认为，城市区域是在政府和市场经济构成的制度网络中自发生长的，其动力是最小交易成本。美国社会学家卡斯特尔提出，人、物、资本、信息等的流动构成了当今的网络社会，这些流动的空间将会构筑出不同的空间场所，区域空间的形成依赖于上述要素流动构成的网络，且随着网络密集化及其空间流动复杂化，巨大城市区域将会越来越多。英国城市地理学家迈克尔·巴蒂认为，当今自然和人文地理的网络拓扑空间关系动态地影响社会、经济和文化等方面。

（3）多因素动态变化导致区域的边界确定趋于复杂。在当今时代，由于区域经济社会发展的开放性，越来越不可能去明确限定一个区域、城市中心或者城市功能区的边界，区域或者中心的出现常常是跨越已有的功能或者行政边界，甚至是国界。因而，区域边界将会随着经济、社会、文化等因素的变化而发生动态性改变。

2. 区域功能

随着资本的跨国流动，全球化时代下世界经济被看成一个"流动的空间"，而地理空间总体上开始被看成一个无疆界的空间。但是，新区域主义认为，全球的经济和社会活动仍然是通过有边界的空间构筑的，而且全球化时代一个重要的理论论断，就是区域作为经济、文化、政治组织的回归。例如，从制度层面看欧洲的发展，随着欧洲一体化进程的推进，区域层面的政治、经济作用不断趋于增强。

可见，区域空间是一个重要的范畴。全球化时代，区域空间的功能意义比过去任何时候都显得更加重要，各国的区域空间规划理论和实践需要进一步发展。其中，最为核心的问题是，规划的制定和实施过程中，必须充分认识区域空间变化的内生动力，特别是有关经济动因和制度变迁的深刻影响。

（二）区域化

新区域主义认为，区域化是指一个区域内社会整合的成长，以及自发性的社会、经济互动过程，追求以弹性空间加快区域整合，并包括以下内涵要素：

1. 区域化程度的划分

新区域主义认为，由于整个区域会发生不断的演变，分析区域化时应以"过程"或"社会建构"的逻辑来阐释区域的形成和发展。新区域主义的代表性人物赫特纳解释了当代新区域主义视野中的区域化过程。他指出，区域化的主要构成要素包含区域意识或认同、区域合作、国家推动的区域整合和区域凝聚力等（见表7-1）。同时，用区域性具有的依次递进的五个层次来表征不同的区域化程度：区域空间，仅强调地理上的地域特性；区域复合体，强调跨各种团体机构间的互动关系；区域社会，在文化、经济、政治等范畴中所存在的多种互动关系；区域社群，当已有的组织架构能够促进社会沟通和集体价值汇集时，将形成区域整体化的公民社会；区域制度性主体，强调一个更加具有稳固特性的决策结构体系。

表 7-1　区域化的构成要素

构成要素	基本定义
区域意识/认同	经过人们的认知过程逐渐形成对某一区域所产生的归属和认同感。主要指人们经由认知和想象所得到的结果，就如同"认知的区域"，或是想象的共同体
区域合作	行为者进行谈判及制定规范的互动过程。这种互动关系分为正式的和非正式的两种形态，前者如政府领导或机构的峰会和联席会议等，后者如区域合作发展论坛等形式
国家推动的区域整合	国家通过制定特别的政策达到减少或取消联动合作障碍的过程
区域凝聚力	上述三种内涵要素的发展过程结合起来时，就有可能形塑出一个和谐、稳定的区域体

资料来源：Hettne B., Inotai A., Sunkel O. （Eds）. Globalism and the New Regionalism [M]. New York：Palgrave McMillan Press，1999.

2. 区域化与全球化

当今世界已经是一个全球化和区域化并行的时代。为了迎接全球化带来的机会，或者更好地去因应和抵御由此产生的种种弊端，世界许多国家或地区的区域认同及区域意识发生普遍觉醒，推动了经济全球化视野下新一波区域化和区域主义的崛起。在全球化的作用影响下，特定区域内贸易、投资及生产等方面的关系整合受到前所未有的有力驱动，加速了区域化进程，更进一步地通过政府间政策合作的引导、规划来形成区域共同目标或整体认同。由于区域化必然是涉及多因素、多目标的持续性多边合作过程，新区域主义必然选择政府间合作机制来处理和解决各种区域问题。

随着全球化的区域效应或全球化对区域关系的影响日益显现，新区域主义的区域化从一定意义上又构成了对全球化的显著制约。主要原因在于，全球化影响下多种经济结构性因素和社会因素的制约，以及更为强大和复杂的政治和文化因素的制约。因此，鲁格曼曾如此断言：虽然存在着一些推动全球化的经济力量，但是更存在着极强的文化和政治壁垒……对于大多数（跨国公司的）其他生产部门和所有的服务业而言，区域化比全球化的意义更大①。

全球化在根本上加速和加深了区域化及区域竞争的事实，区域竞争的重要性日趋凸显。这种竞争早已不再是传统意义上的资源禀赋等比较优势的竞争，更多的是作为国家或地方战略层面上的区域竞争。由此，便自然衍生出一个重要话题：为了形成区域的独特竞争优势和整体竞争能力，作为区域治理的重要的手段——区域规划应该"做什么"和"怎么做"。

（三）区域治理

长期以来，欧美学者从不同的角度展开了对区域治理的研究，力图建立新的发展观和相应体制机制来满足区域发展的新需要。其共同目的：一是在区域层面建立一种方法以提升地方政府间合作；二是解决区域碎片化的政府组织结构带来的负外部性；三是提供一种财政和减税的办法来促进中心城市的发展，以使其能更好地为整个区域的发展做贡献。与此相对应，主要围绕大都市区治理产生了三种不同的理论争论：主张政府合并的巨人政府论、主张大都市区制度碎片化有利于服务供给有效的多中心治理论、主张多种政策相关主体之间谈判的过程的新区域主义。

可见，基于新区域主义的区域规划必然要求区域治理的根本性转型。新区域主义不仅提供了一种区域治理的新视角，而且也提出如何更新区域治理能力的途径。众所周知，政府和非政府组织单独都没有足够的能力解决区域性问题，新区域主义视野下的区域治理主张通过政策的相关行动者之间的稳定网络关系达成。主要形成两种类型的区域治理：政府之间的协作和公私部门间的协作。

近年来，国外城市密集地区的区域规划创新尝试及其相关制度性变革努力，主旨是建构适应强竞争性区域目标要求的区域治理能力。例如1996年纽

---

① ［英］阿兰·鲁格曼. 全球化的终结 ［M］. 北京：三联书店，2001.

约区域规划协会发表了以《一个处在危险中的地区》为题的第三次区域规划，主张对基础设施、社会、环境与劳动力进行新的投资。同时指出：生活质量正日益成为评判区域在国内外竞争力的标准，经济、环境与公平是生活质量的基本保证，并运用包括治理在内的五方面措施来实现上述目标①。其中，区域治理结构创新的重点是通过新的途径来组织政治机构与民众机构并赋予它们活力。

需要指出的是，新区域主义的区域治理不是聚焦于制度性结构和地方自治体的行为，而是聚焦于为了区域治理目的而在不同公共机构和私人主体之间建立联系。区域治理设计出了基于合作政治学的秩序化但又是灵活的形式。这种形式要求众多参与者具备持久的适应和学习能力，主要原因在于区域治理需要高度关注复杂的、充满动力的、不确定的形势变化。故此，治理成功与否，往往取决于持续的结构多样性和不同控制机制的结合。

新区域主义特别强调，区域治理应该是通过建立整合的政府或专门的机构，运用和动员社会及非政府组织的力量，在充分尊重并鼓励公众参与的情况下，进行的一种解决区域宏观和微观问题的政治过程。因此，新区域主义倡导建立拥有适宜价值体系的区域精英和高度的社会互动作用。由于信息、科技的发展及社会中各种正式、非正式力量的成长，人们所崇尚与追求的最佳管理和控制往往不是集中的，而是多元、分散、网络性以及多样性的。区域规划作为对未来时空范围内经济、社会、资源、人口、环境、科技等方面协调发展的总体战略和宏观调控手段，带有很强指令性色彩的单一、纵向模式已越来越不适应新时代的要求，实施的难度也越来越大。发展一个公平、公开又具有竞争力的区域管理与协调系统就成为保障区域、城市可持续发展的迫切要求。因而，治理理念在区域规划编制与实施管理中的应用成为当今区域规划发展的必然。

新区域主义提供了全面理解区域治理的新视角以及如何提高区域治理能力的可能途径。在新区域主义看来，为了有效实现目标，政府领导人之间、政府领导人与私营部门和非营利组织领导人之间越来越多地需要相互协作。尽管每一个部门在区域治理中都有自己的特殊利益，但为了实现自我利益，必须共享权力和资源。它建议通过一个协作性的而非科层制的过程实施区域治理，且过

---

① 武廷海. 纽约大都市地区规划的历史与现状 [J]. 国外城市规划，2000 (2).

程的参与者包括了在都市区问题解决中的所有公共和私人部门。不容置疑的事实是，政府和非政府组织单独都没有足够的能力解决区域性问题，引入治理理念有利于突破区域政体的限制，通过各种不同层级的政府与私人部门组成的合作与协调网络来解决区域问题显然具有一定的成效。全面动员政府、企业和社会的力量，将引导性和弹性的政策框架导入到层级式的政策网络中，激发各级地方政府、企业及社会的力量，使其成为区域规划政策的复合主体，以社会、经济和环境可持续协调发展为目标，协调各行业、部门的利益，赋予区域成员公平的发展权利，合理利用各类空间资源，有利于实现对经济和社会发展的合理布局。

(四) 治理视角下的大都市区域规划

新区域主义的快速发展主要是由于对城市区域，特别是大都市区域的关注不断增加，将其看作当今经济全球化的关键功能单元之一和提升区域竞争能力的重要政策手段。无论是从经济的还是聚居形态演变的角度看，以特大城市为核心的大都市区发展都是未来空间发展的主要形态[①]。为此，作为全球化背景下正在形成和发展中的大都市区域，无可争议地成为区域规划理论和政策研究的主要对象。

大都市区在空间上和职能上是多中心的、空间连绵不断、服务功能相互交织扩散的广域地区。新区域主义认为，建立统一的大都市区政府存在诸多现实困难，应该强调通过综合性政府改革来促进形成治理战略。它提出有效的大都市区治理可以不依赖成立统一的区域性政府，相反，可以通过合作性安排实现，这种安排建立在政策相关者之间的谈判过程之中。这些网络通常是拥有不同背景及权力的行为主体和机构的异质性混合体，这些主体和机构以一种独立于制度性管辖边界的方式来界定和提供跨区域的服务。

新区域主义视野下的区域治理不是聚焦于制度性结构和地方自治体的行为，而是聚焦于为了区域治理目的而在不同公共机构和私人主体之间建立联系。新区域主义将大都市区治理看作多种政策相关主体之间谈判的过程，而不是通过科层制或竞争的。通常来看，大都市区的区域治理被认为是大都市区进

---

① 姚士谋等. 中国城市群 [M]. 合肥：中国科学技术大学出版社，2001.

行自我管理的多种机制的混合物，即它是基于各参与者具有的不同的行动逻辑而形成的多种合作行动和多种解决方式。

在此意义上，大都市区域治理比一般的区域合作的内涵更为丰富，主要包括以行政机构为主的组织力量、谈判协商的网络体系、约束性制度的创造能力。

二、新区域主义的核心论点

从新区域主义的演化过程看，它的形成和发展既是一个对区域本身加深认识的过程，也是一个提高解决区域问题能力的过程。当前，因为区域的多样性和区域问题的独特性，新区域主义是众多不同学科知识和能力汇聚的庞杂领域。

当今新区域主义的核心观点是：区域主义是一个过程；区域主义是多层次的；区域主义是由区域化的参与者自愿建构的，但此种自愿并不排除非武力的强制因素。

（一）多种含义的区域空间

（1）区域空间具有多种功能含义。在全球经济大融合的形势下，经济与社会发展进入了区域革命时代，单一的城市单元已经不适应这样的全球化战略。以纽曼为代表的新区域主义学者认为，对区域进行的多种物质性和功能性定义，可以被看作狭义的版图地域逐渐被广义的空间所取代的结果。但是，新区域主义的区域是以一定的地理界限为基础但又超越地理意义，根据某个或多个特定的社会、政治、经济等多重关系元素建构，且具有一定规模的社会生活功能空间。这些社会政治关系因素包括内聚力（同质的程度）、交往（互动的程度）、权力的层次（权力的分配）或各种关系的结构（如合作的程度和紧张的烈度）等。

（2）区域类型主要分为两大类。新区域主义将区域分为两大类，一类是国家层面之上的各类区域，另一类是国家层面之下的各类区域。无论哪一类区域，它完全不同于自然地理特质的空间概念，而是不同尺度的制度、政治、经济、社会和文化的综合功能空间。因此,在许多新区域主义学者看来,区域主要是关系空间、过程空间和政策空间。特别是 20 世纪 90 年代以来,新的社会经济发展实践,促使区域具有了新的时空特征,其含义变得复杂化和具有争议。面对全球化的竞争,将不同概念的区域作为在全球经济秩序中获取新竞争优势的观点受到格外关注。

(3) 区域空间包含多种组成因素。新区域主义认为,区域是以一定的地理界限为基础,根据某个或多个特定的经济、社会、政治关系等方面的多种因素进行建构,主要形成自然空间、物质空间和社会关系空间。新区域主义将区域看作协调社会经济生活最先进形式和竞争优势的重要来源。在全球化时代,区域主要作为经济、文化和政治组织的回归。由此可见,区域发展进程中经济因素无疑是重要变量,但不再是唯一变量。

(二) 多层治理的决策方式

旧区域主义认为主要依靠传统力量均衡维持区域秩序,新区域主义却提倡将不同的区域组织视为一个多层治理机构网络。其中,多层是指不同层次权力组织间不再是一种垂直的命令与服从关系,而是平等与协商关系;治理是指从单一的政府行政行为到多元公共治理行为的转变,即政府不再是决策过程中的唯一主角,各种非政府利益群体(工会、学校和各类经济组织等)能够广泛参与决策。例如,20 世纪 90 年代以来,欧盟体制改革的关键强调要不断提高区域直接参与欧盟的决策程序,具体通过一系列的政策和行动计划来推动区域的"欧洲化",从而形成欧洲的多层治理体系。

(三) 多方参与的协调合作机制

新区域主义赞赏多边谈判制度和协作治理理念,积极倡导区域或次区域的整体观念与合作观念,努力超越国家范畴和省(州)域范畴束缚,不断培植出强烈的区域集体认同和组织认同。特别是通过创建不同形式和功能的协调与合作机制,促进整合区域内各种分裂、隔阂现象,以利于加快区域化进程。

新区域主义认为,每一个区域内各城市及其公共管理者处于一个复杂的政府间与组织间的环境中。在过去几十年的实践过程中,地方层面的辖区、政府机构、非营利组织和营利组织之间的相互依赖关系普遍存在。例如，大城市区域的数量、规模及人口、产业分布密度等不断增加，这使得某个城市的管理工作不可避免地成为其他邻近城市必然考虑的外部决定因素之一。同时，新区域主义者提出，实现城市外部事务的经济性、合理性成为重点区域规划协调解决区域中心城市及其周边地区发展关系的题中之义。

任何层次上的区域化，其本质是整合运动下的区域一体化。例如，赫特纳指出，新区域主义的目标在于加快包括经济、政治、文化等各个方面的区域一体化进程。然而，随着区域一体化进程的不断深入，将会在城市间、区域间和国家间带来更多的相互依赖和相互竞争。诚然，竞争可以促进发展，但也会扩大空间发展差距，而差距的扩大又将会威胁到区域经济社会的稳定。因此，新区域主义又把区域当作"联合行动的体系"，积极创建多级政府组织间、政府与私人等社会力量间的主动协调与合作机制。其中，协调与合作的持续性则主要取决于区域的社会凝聚力、经济凝聚力、政治凝聚力以及组织凝聚力的长久保持。西欧和美国的区域规划实践中，多方参与的治理权限远远超出地方政府之间的互相调整，包括许多公共的和非公共的参与者，诸如环境保护、社会服务、就业和培训等。

(四) 多重价值目标的综合平衡

自新区域主义兴起以来，一直重视对区域经济发展和竞争能力的分析。例如，新区域主义的经济地理学派始终关注产业集群、区域创新系统、产业区等区域发展问题；新区域主义的城市经济学派则从全球价值链分工角度构建了世界城市等级体系。但正如经济社会学家格兰诺威特指出的"经济活动融于具体的社会关系之中"，经济与社会、文化、环境等因素密不可分，因而，新区域主义更倾向于调和"经济效率、社会公平、环境友好、文化融合"等多重价值目标，并形成了更加均衡、可持续的综合协调的区域发展观。这是对区域增长本质的精练概括。

三、新区域主义的理论优势

新区域主义范式影响下的区域规划以经济的、环境的和社会的综合系统的内在联系为基础，采用不同地理区域尺度中使用全面综合的规划方法以及区域发展管理机构的建设和运作，可以提高区域在全球化经济中的竞争力。

新区域主义的理论精髓主要在于：一是强调区域不可或缺的价值，并认为区域应该成为现代经济社会政策关注的焦点；二是鼓励区域内多元主体互动、激发内生发展潜力的各种长期政策与行动；三是各种区域政策的关键在于增强合作网络的集体认识、行动与反应能力，强调经济与社会行为的区域化特征；四是改进区域发展的经济、社会与制度基础，培育和提升区域的可持续发展能力与竞争优势等。

新区域主义提供了一种广泛的决策网络体系。例如，新区域主义在欧盟的实践表明，欧盟、成员国、区域政府以及非政府参与者都已经在一个紧密联系的政策网络中找到了自己的位置，它们之间的关系是合作与互利，而非此消彼长。通过建立这种决策网络体系并对其不断加以完善，有利于容纳各种先前无法参与决策的利益群体，从而最大限度地动员与汇聚政策资源，以使欧盟等类似区域能够在日趋复杂的动态环境变化中做出快速适宜的应对，一定程度上提高了决策的效率和准确性。

新区域主义关于区域规划的目标非常明确——提高区域在全球经济中的动态竞争力。然而，新区域主义的理论和政策视野已远远超出了纯经济的范畴，并对制度、文化等因素力量给予了充分的关注和讨论。尤其在区域规划政策实践上，新区域主义为"劣势区域"的经济复兴，提出了超越政府与市场的"第三条道路"，力图摆脱传统政策所形成的"依赖发展"与"不发展"的两难困境，极力倡导以族群与合作经济、学习与调整能力、制度变革和地方资源动员为核心的、以区域竞争力提升为目标的、由区域自主设计与实施的政策。它强调以区域行动主体的程序理性、递归理性和反思理性为基础的政策行为模式，倡导建立信任、互惠、合作、创新的区域文化以及为此所必需的制度变革。

第三节 新区域主义视野下我国区域规划转型路径

一、新区域主义区域规划理念

（一）科学发展理念

1. 科学发展观

我国经过改革开放以来的 30 多年发展，已经顺利实现了现代化建设"三步走"战略的第一步、第二步目标，社会主义现代化建设进入了一个新的发展阶段。在这个新的阶段，我国经济社会发展呈现出一系列新特征：

（1）经济实力显著增强，但生产力总体水平还不高，自主创新能力还不强。长期形成的区域经济社会发展的结构性矛盾和粗放型增长方式尚未根本改变。

（2）社会主义市场经济体制初步建立，但影响区域发展的体制机制障碍依然存在。改革攻坚面临着深层次的矛盾和问题尚待破解。

（3）人民生活水平总体上达到基本小康标准，但收入分配差距拉大的趋势还未根本扭转。城乡贫困人口和低收入人口还占相当比重。统筹兼顾各地区间、阶层间等各方面利益的难度加大。

（4）区域协调发展取得显著成绩，但城市与农村、我国东中西地带间经济社会发展差距总体趋于扩大化。缩小城乡、地区间发展差距和促进经济社会协调发展任务艰巨。

正因如此，十六届三中全会通过的《中共中央关于完善社会主义市场经济体制若干问题的决定》正式确立了"全面、协调、可持续发展，促进社会与人的全面发展"的科学发展观，并强调以"统筹城乡发展、区域发展、经济社会发展、人与自然和谐发展、国内发展和对外开放"要求的指导方针。这是全面建成小康社会的必然要求，也是推进区域经济、社会、生态环境可持续发展的战略选择。可以说，科学发展观和"五个统筹"为我国区域规划的革新和发展指明了方向。

2. 以科学发展观为指导的区域规划

新区域主义将社会、文化、政治、制度、生态、环境等要素引入区域规划理论和实践之中。我国的区域规划也在科学发展观的指导下开始了新的创新变革努力。其中，科学发展观是针对我国经济社会发展中存在的突出问题提出来的，也是国民经济社会发展中改革目标的出发点和归宿。

但需要认识到，科学发展观、"五个统筹"的核心要义与新区域主义的理念价值观有一定程度的吻合关系。因此，科学发展观作为统领我国经济社会发展的重要指导思想，也必然成为贯穿我国区域规划理论探索和实践创新的灵魂主线。新时期我国区域规划必须以"实现我国区域空间的科学发展"为核心任务。

（1）区域规划要体现"五个统筹"的根本要求。在特定的地域空间贯彻和落实科学发展观是区域规划的核心内容，也是区域规划所要实现的最终目标。在借鉴新区域主义核心思想的基础上，把科学发展观融合、渗透到区域规划编制和实施过程中，这是因为科学发展观是一种全面发展、协调发展和可持续发展的新发展观，是区域规划的理论基石，也是市场经济条件下编制区域规划的最高准则。基于新区域主义的区域规划转型与实践科学发展观要求是一脉相承的，其核心是实现"五个统筹"。落实科学发展观和实现"五个统筹"的重要战略思想以及全面建成小康社会目标的实现，客观上要求区域规划必须全面分析区域发展的条件、目标及其可能途径，并在此基础上通过综合协调和平衡区域经济、社会、环境三者之间的相互关系，并以此提出保障规划方案实施的综合政策措施。

（2）科学发展观赋予了加快区域规划创新的良好机遇。综观贯彻和落实科学发展观的每一个环节，各级政府都扮演着极其重要的角色。这需要各级政府通过有效运用国家权力，把人、财、物和信息等各种资源合理地组织起来，经过组织、领导、控制等一定的行政过程，协调政府内外各种关系，向社会和公众提供公共产品和服务，以实现政府的各项职能和国家的总体目标。其中，本质要求是运用公共权力制定并实施公共政策来有效配置公共资源，以实现公共利益的最大化和促进区域全面、协调与可持续发展。科学发展观赋予了区域规划全新的政策目标取向及规划管理机制体制创新的强大动力。

（3）科学发展观提出了新时期区域规划转型的总体要求。根据科学发展观提出的"实现经济、社会、生态的协调发展、以人为本的可持续发展"的基本思想，我国新时期的区域规划转型必须转向实现经济、社会和生态多目标综合协调，而非单纯以经济发展和物质建设为目标。由于在转型期利益主体呈现出多元化格局，区域内各种利益关系处于竞争与非整合状态，区域规划创新的出发点应该是平衡各种利益关系和维持公平秩序。

（4）科学发展观指明了区域规划的主要功能。科学发展观的以人为本、实现全面、协调和可持续发展思想，要求区域规划要重点体现以下功能：重塑区域优势、重组区域发展联盟、找准区域定位、化解区域冲突。具体而言，用科学发展观指导的区域规划是弹性、多目标统筹协调、应对公共问题、调控风险和应用导向的区域规划。这其中，关键内容是理顺规划层次、突出规划重点、加强区域规划与其他规划的分工与协调，从而更好地促进区域一体化发展进程。

（二）主体功能区理念

1. 主体功能区

主体功能区与功能区的定义有所区别。其中，功能区主要是指基于不同区域的资源环境承载能力、现有开发密度和发展潜力等，将某个区域确定为特定主体功能定位类型的一种空间单元（如经济区、农业区、生态区等，居住区、工业区、商业区、旅游休闲区、自然保护区等)[①]。与此不同，主体功能区则是指根据不同区域的资源环境承载能力和发展潜力，按区域分工和协调发展的原则划定的具有某种主体功能发展导向的规划区域。它的作用在于解决人与自然和谐发展问题，并可作为国家调控区域发展关系的地域单元。

需要说明的是，我国的主体功能区既不是类似于美国和欧盟的标准区域，也不完全等同于所谓的"问题区域"。但从作为国家政策的实施对象看，其部分属于问题区域、重点区域与保护区域等范畴，或具有这些特定区域的类似性

---

① 孙姗姗，朱传耿. 论主体功能区对我国区域发展理论的创新 [J]. 现代经济探讨，2006 (9).

质，因此需要加以必要的确定和识别①。可以说，主体功能区理念是旨在进一步明确区域规划政策的主要实施对象和空间领域。

为了实现不同区域间享有均等化的公共服务，促进人口与经济合理分布，从根本上保护生态环境以及加强和改善我国区域调控，进一步优化我国在新时期国土空间开发格局，国家"十一五"规划纲要提出并论述了四类不同主体功能区的定位、发展导向和政策调整方向，列出了 22 个限制开发区和 1164 个禁止开发区②。2007 年 7 月，国务院办公厅下发了《国务院关于编制全国主体功能区规划的意见》，要求根据不同区域的资源环境承载能力、现有开发密度和发展潜力，统筹谋划未来人口分布、经济布局、国土利用和城镇化格局，将国土空间划分为优化开发、重点开发、限制开发和禁止开发四类。确定主体功能定位，明确开发方向，控制开发强度，规范开发秩序，完善开发政策，逐步形成人口、经济、资源环境相协调的空间开发指导原则。

(1) 优化开发区域。主要指国土开发密度已经较高、资源环境承载能力开始减弱的区域。对这类区域要改变依靠大量占用土地、大量消耗资源和大量排放污染实现经济较快增长的模式，把提高增长质量和效益放在首位，提升参与全球分工与竞争的层次，继续成为带动全国经济社会发展的龙头和我国参与经济全球化的主体区域。

(2) 重点开发区域。主要是指资源环境承载能力较强、经济和人口集聚条件较好的区域。对此类区域要充实基础设施，改善投资创业环境，促进产业集群发展，壮大经济规模，加快工业化和城镇化，承接优化开发区域的产业转移，承接限制开发区域和禁止开发区域的人口转移，逐步成为支撑全国经济发展和人口集聚的重要载体。

(3) 限制开发区域。主要是指资源承载能力较弱、大规模集聚经济和人口条件不够好并关系到全国或较大区域范围生态安全的区域。这类区域要坚持保持优先、适度开发、点状发展，因地制宜发展资源环境可承载的特色产业，加强生态修复和环境保护，引导超载人口有序转移，逐步成为全国或区域性的重要生态功能区。目前东北的兴安岭、长白山林地、三江平原湿地等，西北的新

---

① 袁朱. 国外有关主体功能区划分及其分类政策的研究与启示 [J]. 中国发展观察, 2007 (2).
② 杨伟民. 关于推进形成主体功能区的几个问题 [J]. 中国经贸导刊, 2007 (2).

疆阿尔泰、青海的三江源等地，内蒙古的部分沙漠化防治区，西南等地的一些干热河谷、喀斯特石漠化防治区，黄土高原水土流失防治区，大别山土壤侵蚀防治区等，都属于限制开发区域。

（4）禁止开发区域。主要是指依法设立的各类自然保护区域。在这类区域内，要依据法律法规和相关的规划实行强制性保护，控制人为因素对自然生态的干扰，严禁不符合主体功能定位的开发活动。禁止开发区域共包括243个国家级自然保护区、31处世界文化自然遗产、187个国家重点风景名胜区、565个国家森林公园和138个国家地质公园。

2. 基于主体功能区理念的区域规划

主体功能区及其规划在本质上从属于国土规划范畴，但由于其包含了人口、经济、资源、环境之间相互协调发展和空间分类发展的政策导向等理念及内容，对于区域规划理论框架构建具有较强的实际应用价值。尽管主体功能区规划的概念主要以解决区域现实发展中的资源环境问题为宗旨，但它在价值目标取向和主要作用等方面对我国包括区域规划在内的空间规划实践产生广泛的影响。

（1）主体功能区理念要求区域规划必须进行规划政策的空间分类。由于区域是一个有机整体，其不同部分应该具有不同的功能。所以，区域内有些空间主要承担人口和产业集聚的功能，其他空间则主要承担生态服务功能等，亦即要强调空间主导功能分类并根据不同条件发挥各自的优势。与此同时，还必须保障各地区社会公共产品供给的公平性，即保障各地区享有基本一致的公共服务水平。由于自然生态在空间尺度上的逐级、逐层分异，影响着不同空间尺度国土开发利用目标及其功能，面向主体功能区的区域规划也应该以自然生态属性和功能、资源环境承载能力等为重要的依据，紧密结合各地区支撑经济建设的资源系统和生态基础的差异，明确各地区在全国经济、社会、资源、生态系统中所履行的主体功能，科学选择区域发展战略和相应的政策，构筑我国未来高效、和谐的区域空间格局。

（2）主体功能区理念是区域规划的基础，也是区域规划的重点核心内容之一。主体功能区理念主要明确了区域发展的定位方法、区域发展的考核指标、可持续发展的总体要求及区域协调发展的总体思路，它不仅是区域规划的必要基础,也是新时期我国区域规划制定和实施的规划和参考重点。划定优化开发区域、重点开发区域、限制开发区域、禁止开发区域的空间发展"红线",从区域层面把经济中心、城镇体系、产业聚集区、基础设施以及生态保护区、限制开发地区等落实到具体的功能空间和采取相应的政策措施。这对于区域规划促进区域发展的功能再造和空间重构具有十分重要的创新推动意义。为此,在我国更加重视区域规划作为区域调控重要手段的情况下,区域规划必须建立在主体功能区理念基础上,对一个特定区域进行旨在促进科学发展、保护生态环境、协调地区利益的空间规划,主要内容包括基础设施建设、城市发展、流域治理、环境保护、人口增长、产业布局等。

(3)主体功能区和区域规划之间存在一定差异。虽然两者均是指导一个地区(或部门、行业)各类经济社会活动的重要依据,但两者区别在于:一是功能定位不同。主体功能区规划是根据区域的自然、经济、社会等客观存在,并考虑资源环境承载能力、现有开发密度和发展潜力的空间分异,按一定的标准划分区域,确定区域的主导功能的行为。区域规划则是综合考虑当地的自然、经济、社会等条件,确定规划时间段和最适合的功能定位、方向及目标,并提出相应的区域发展综合平衡和协调布局的措施和政策的过程。二是编制时序不同。主体功能区规划具有基础性特征,一般是先做区划,在区划的基础上再做规划,地域主体功能区规划是区域规划的基础和依据。三是约束力不同。主体功能区规划多数是以研究过程的形式出现的,或者以政府纲领性文件的形式进行发布,而区域规划则具有严肃的法律约束力。概括起来,区域规划的制定和实施应该根据主体功能区划分的标准和规则进行分类规划,并对不同功能区实行差异化的区域规划政策。国家应在法制的基础上制定区域规划纲要和实施办法,并在区域规划纲要中重点明确各类功能区及其配套政策。同时,区域规划编制完成后要进行反复论证,并经由人大会议通过而成为具有法律依据的文件。如需修改,也要在反复论证的基础上再履行规定的法律程序。科学性、严肃性和约束力是区域规划能否有效实施的基础及保证条件。

区域规划需要合理处理好以下两类重要关系:一是在进行地域主体功能区划的基础上,统筹协调不同主体功能区之间的关系,保障区域公共服务产品能够均等供给,促进区域协调发展目标顺利实现;二是大力推进主体功能区规划，按照主体功能定位的要求，统筹规划区域基础设施、土地利用和城镇化格局。其中，优化开发区域以功能协调为主导，重点开发区域以功能扩张为导向，限制开发区以生态维护为原则，禁止开发区以自然涵养为任务，以此共同形成和谐的可持续的区域发展格局。

（三）空间治理理念

1. 空间治理

总体而言，区域治理是一种基于地域空间资源的治理，也是将实现经济社会与环境可持续发展，综合资本、土地、劳动力、技术、信息、知识等生产要素的整体区域治理概念。它涉及国家和地方政府以及非政府组织等多组织的权利协调。其中，政府、企业、社团、个人行为对资本、土地、劳动力、技术、信息、知识等生产要素控制、分配及流通起着十分关键的影响。在市场经济环境中，空间资源的分配是协调各社会发展单元相互利益的重要方式①。但是，随着市场导向的经济体制背景的变革，传统的区域规划和管理中所奉行的单一、纵向的空间资源控制方式已经难以付诸实施。以各种形式的空间规划与管理行动面貌出现的区域空间治理，已经成为中外政府行之有效调控社会整体发展的手段之一。所以，我国区域规划必然需要系统而明确地引入治理的思维。在此意义上，以空间资源管理和区域空间结构有序化为主要任务的区域规划，在相关体系、编制方式及管理协调机制等方面都应该充分地运用空间治理理念。

2. 基于空间治理理念的区域规划

由于信息、科技的发展及社会中各种正式、非正式力量的成长，区域发展的最佳管理和控制往往不是集中的，而是多元、分散、网络性以及多样性的。区域规划作为对未来时空范围内经济、社会、资源、人口、环境、科技等方面发展协调的总体战略和宏观调控手段，构建一个公平、公开又具有竞争力的区域治理系统就成为保障区域规划顺利实施的内在需求。在区域规划编制与实施管理中应用治理理念成为历史的必然。

区域规划的主要性质是区域空间规划。进行区域规划的主要目的在于，通

---

① 张京祥等. 城市与区域管制 [J]. 城市规划, 2000 (6).

过空间资源的优化配置来促进不同空间单元的协调和平衡发展，解决区域性矛盾和空间差异，营造提升区域整体竞争力，确定区域内部的空间结构以及不同空间范畴的主要功能是其重要工作。这也正是区域空间治理的本质性任务所在。

区域空间治理理念明确了区域规划是全过程的区域管理行为。其必要性在于国家层面的宏观规划与地方层次的各种规划间要提倡区域空间治理手段和形式的介入，而不仅仅限于国家区域空间规划文本的制定。作为过程管理的区域规划，不仅需要规范的文本、精美的图集、言之有物和言之成理的规划方案，还需要具有综合协调的手段和具体措施。规划作为一种中长期规划和行动纲领，一般应该经历"编制—评鉴—方案决策—实施—追踪监控"五大环节，其编制与鉴定工作的完成还仅仅是规划成功迈出的第一步。能否保证规划决策方案科学并具有可操作性，才是规划能够顺利实施的关键。所以，只有将区域规划编制过程与规划实施追踪过程联系起来，才能构成一个系统完整的规划过程。这种全过程规划要求区域规划编制、实施要引入空间治理理念。原因在于，区域治理逐渐被认为是新时期区域规划进行综合协调的有力工具，它涉及不同层级政府之间、同级政府之间、政府与社会的权力互动关系，而且关系到能否寻求到一种公平与效率并重的区域管理方式。全球治理委员会认为，"好的治理"要能够实现平等包容、反馈及时、透明公开、政府负责、舆论导向、公众参与、遵守法律、效能并存①。这实际上是区域治理的标准和原则，而要在地域或者是空间上落实这些标准和原则就是区域空间治理。

二、新时期我国区域规划转型

（一）转型的主要思路

区域规划是国家进行空间治理不可或缺的层次和手段。随着区域性问题越来越突出和市场化程度提高后国家宏观调控手段的变化，以新的视野和方法开展区域规划在我国已经十分迫切。新时期我国区域规划转型的总体思路是：

---

① 张京祥. 中国都市密集地区区域管治中行政区划的影响研究［J］. 城市规划，2002（9）.

（1）模式构建上形成以"市场主导、利益协调、有限目标和弹性治理"为基本特征的新型模式，最大限度地有效弥补市场机制调节区域发展作用的失灵和缺陷。

（2）功能定位在最大程度发挥市场配置资源的基础性作用基础上，正确处理市场调节与政府干预的合理关系，从着重完善政府宏观调控职能出发，在规划的理念、内容和着眼点上实现较大转变。

（3）功能拓展上转向市场型、弹性型规划，由单纯追求经济发展目标转向经济、社会与人口、资源、环境多目标协调和可持续发展，由速度增长型转为综合效益发展型规划。

加快我国区域规划转型的要点包括：一是从资源开发利用转向开发、利用与保护相结合；二是由主要追求经济发展目标转向经济社会发展同人口、资源、生态环境多目标协调和综合可持续发展；三是由以产业发展布局为主要内容的规划转向以经济—社会—环境建设和谐发展为重点的综合协调型规划。

（二）转型的主要路径

1. 理论转型：树立正确的区域观念和理论创新

长期以来，学术界与政府部门在区域规划功能上存有诸多歧义。究其原因在于对"区域"空间的认识不够全面以及相关理论创新不足。例如，至今不少学者和部门认为"区域规划是指一定地域范围内对国民经济建设和土地利用的总体部署"，其主要功能是实现区域经济的合理空间布局[1]。显然，区域主要被看作"经济资源的地域集合体"，由此使生产力布局思维长期居于主导地位。近年来，各省进行的城镇体系规划主要是按照"三结构一网络"套路范式进行，也即等级规模结构、职能组合结构、地域空间结构、网络系统结构。从总体上看，区域规划还基本上是服务于自上而下的直接调控。这一情况已明显不能适应市场经济体制环境下区域发展的客观要求，"比区域规划更重要的是区域观念"。[2]

根据新区域主义定义的多种区域概念，欧美等国家的区域规划已经普遍带

---

[1] 崔功豪等. 区域分析与规划［M］. 北京：高等教育出版社，1999.

[2] 张勤. 比区域规划更重要的是区域观念［J］. 国外城市规划，2000（2）.

有公共政策的功能内涵，即"在合适的时间和地点，使经济、社会、环境得到合适的综合发展"。它所寻求的核心目标是：时间秩序和空间秩序相统一的综合发展。对于一、二、三产业的发展与布局则应该主要由市场力量来决定，并辅之以国家产业政策和环境政策的合理调控。

借鉴国际经验，面对区域经济社会环境变化及其新要求，区域规划的功能转型更具紧迫性。相对而言，传统的区域规划以生产布局为主而较少考虑环境、社会和生态等其他方面，必然会造成环境生态的退化和社会不稳定因素的增加，区域规划必须走出重经济建设、轻社会生态建设的误区，重塑区域规划的新功能。因此，要实现区域观念的与时俱进和加强对区域规划本质属性的科学理解，同时还要加快理论创新，不断完善其"国家宏观调控目标下激发经济增长、促进社会进步、维护生态平衡"的综合功能。

2. 模式转型：改变自上而下的传统规划思维

从我国区域规划的发展历程看，各类区域规划基本上都属于自上而下以政府为编制和实施主体的纲要性规划，规划的模式比较单一。根据规划学理论的解释，其特征实际上是一种综合理性规划。这种规划模式的主要基础是假设人都具有经济人的特征，即各级政府和相关专家具有辨别各种目标、目的和价值的能力，并在获得完备信息和进行系统评估后能够一致地选择最优方案。但根据新区域主义的观点，区域和区域化又的确是复杂的、不确定的甚至是紊乱的。20 世纪 80 年代末期以后，受新区域主义的影响，西方发达国家的区域规划领域出现了大量的渐进型、倡导型、交流型等多种规划模式。

20 世纪 90 年代以来，我国经济社会发展得到快速发展，且区域规划在规划理念、技术手段等方面也大大进步，但受计划经济体制惯性影响，综合理性规划依然是主导模式。在新的历史时期，区域规划必须改变过分依赖行政力量的惯性思维，实现区域规划调控机制的转型。未来我国区域规划模式转型的正确方向应该是：在合理看待各种区域规划模式优缺点基础上，积极调动学术机构、社会团体、政府部门、社会公民的积极性，共同参与规划，并充分重视受规划与政策影响的多方利益，逐步形成新时期区域规划的新模式和新机制。

3. 体制转型：协调规划及其政策的空间效应

在新区域主义的影响下，以欧洲空间发展展望计划为依据，英、德两国对规划体制进行了革新。2000 年以来，英国主要形成了由国家社区和地方政府管理部、区域发展代表处以及区域议院组成的区域规划管理和实施体制。德国实行的是国家空间规划委员会统一领导下的以州—地方为主的区域规划管理和实施机制和相关体制。其中，英国的国家社区和地方政府管理部以及德国的国家空间规划委员会分别负责制定国家区域规划指引，区域层面则建立起了由传统力量（政府）和新型力量（社会团体、私人机构、公民代表等）共同组成的管理和实施网络。这种新型区域规划的组织和实施机制与体制，比较有效地成为产业、环境、土地、交通等具有空间效应的部门政策进行沟通和协调的制度框架。

我国具有空间规划职能的部门或机构包括国家发展和改革委员会、国土资源部等 10 多个中央部委及其相应的各级地方职能机构。但目前我国区域规划的管理体制存在部门间的规划内容不衔接、规划手段不协调和规划事权不清晰等现实问题，而且地方政府又有落实辖区内国民经济社会发展规划的空间需要，从而形成了"条条分割"和"条块分割"双重叠加的不合理态势，成为我国区域规划难以真正发挥作用的体制性障碍。

为消除多重规划管理和实施不力的弊端，十分有必要加快我国空间规划体制的系统性综合改革。总体思路是，在对新形势下区域规划的目标、权力和属性进行再认识的基础上，尽快制定出台国家统一的《空间规划法》，明确各类规划和各级政府多元规划管理和实施主体的职能界限，建立国家空间规划和政策管理的协调机制和相关体制。同时，加快完善修订相应法律法规，确立区域规划应有的法定地位，更好地发挥区域规划对区域空间发展的引导与调控作用。

4. 功能转型：增强区域规划的科学性

在我国城市区域化和区域城市化快速发展的趋势下，迫切需要通过功能转型来提高区域规划的科学性，以实现区域资源的合理配置与经济、社会、环境的协调和可持续发展。区域规划的科学性体现在以下五个方面：

（1）规划视角的战略性。区域规划应提出对空间发展的战略规划，通过战略规划预测空间变化的多种可能性，分析影响空间变化的决定性因素，使区域规划编制有理有据，并对区域内城市规划的实施发挥指引作用。

（2）规划目标的合理性。我国传统的区域规划大多是通过若干城市规划的拼接来决定规划的目标，并往往围绕区域内"城市人口等级规模结构、城市职能类型结构、城市空间地域组织结构和区域基础设施网络"展开。新时期的区域规划则必须以科学发展观为统领，目标应重点集中在实现"五个统筹"上。当前区域规划的目标设定应主要体现：一是区域城市化和城市区域化的内在联系；二是市场经济体制下的政府调控功能，突出政府弥补市场不足的管治功能；三是人口、经济、资源、环境的协调和城乡一体化可持续发展的要求；四是对区域性公共问题的具体解决方案。

（3）规划内容的针对性。区域规划需要着重解决工业化与城镇体系之间、城镇化与资源有限之间、人口集聚与空间优化之间、污染加剧与人居环境之间、城镇体系空间组织结构对产业结构演进的影响等矛盾问题。

（4）规划布局的前瞻性。在经济全球化时代，相对合理的区域空间组织一定程度上影响了区域利用国内外良好发展机遇的能力。由于不同时代的经济社会发展对区域及其内部的城市有不同的空间要求，作为区域空间组织重点内容的区域城镇体系的合理布局和优化必须有前瞻性。

（5）规划政策的有效性。区域规划能否真正落到实处，还必须实施更有针对性、更有效的区域规划政策加以配套。区域规划政策的效用突出表现在区域规划对公共服务问题的响应能力和公众全程参与机制两大方面。其内容涉及区域内城市之间的公共品协调与基础设施互补、生态环境共保、城乡和地区间的功能互补，基于公众参与的区域治理等。这是考量目前我国以城市区域为重点的区域规划政策效用的主要方面。为此，需要将区域规划编制与实施追踪对接起来，构成系统完整的规划全过程，实现区域规划编制与实施追踪的一体化。这要求在对接规划制定和实施过程时，在编制阶段就有必要也有责任全面综合考虑规划的全过程并提出综合协调的保障措施。其中，区域治理开始逐渐被认为是新时期区域规划综合协调的有力工具。它的重点是不同层级政府（或发展主体）之间、同级政府（或发展主体）之间的权力互动关系，其实质是寻求公平与效率并重的区域治理方式。

三、区域规划转型的实施机制

（一）互动机制：建构我国区域规划全过程的多元主体模式

区域规划的编制和实施不仅仅是一个技术过程，更重要的是一个不同利益主体间的协调过程。它既是政府行政治理行为，也是公众和企业积极参与的集体行动。随着新区域主义思潮的兴起和影响，国家和地方政府在实践中逐渐认识到：纷繁复杂的现代环境下任何一个行动者，不论是公共的还是私人的，都没有解决复杂多样、动态变化的问题所需要的全部信息和知识能力。政府组织虽然是分配资源和价值的主要行为者，但不再是唯一的行为者，需要从单独依靠政府能力转变为借助其他行为主体的资源和能力，积极容纳其他力量并进行合作以达成共识协同行动。

国外治理的经验表明，政府的作用和干预应该以"有限领域、适度有效、间接控制、经济和法律手段为主"，反映在公共政策领域，区域规划需转变为对公共服务空间配置的多元主体参与模式。因此，我国区域规划需要在正确处理政府作用与市场机制关系的前提下，积极鼓励区域内第三方（公民和社会组织）参与区域规划的制定和实施监督，以改变区域公共政策领域内的政府单一主导模式，促进形成建立在政府与市场、社会组织和私人间相互依赖和信任基础上的区域公共政策管理机制体制。

面向未来发展要求，我国的区域规划要求加快从中央到地方的政府职能角色转变，其方向主要是：加强各种不同主体和话语的互动交流，加强区域空间治理及战略政策制定的组织能力，并最大限度地调动区域内政府（部门）间、政府与企业、社会机构及其公民之间的协同配合能力。

（二）网络机制：形成伙伴关系下政府机构及其与社会组织的合作网络

新区域主义认为，区域中不同利益主体之间横向的合作和交流将会构筑起一个充满机遇及活力的网络。这个弹性的网络有利于经济发展、信息交流、政策调整以及整个区域经济和社会的自我学习及创新。自发宏观调控的、自下而上的协调合作过程是新区域主义视野下区域规划制定实施的重要过程机制。

我国区域规划应逐步强化区域内不同等级政府间的横向协调合作网络关系，不断优化其功能。这一网络多以谋求区域多方共存共荣为目的，以区域性基础设施一体化为基础，以区域市场条件下的产业政策导向为核心，以协调不同行政辖区利益为纽带，主要从功能和制度两方面来推动区域共同发展和良性竞争，以充分体现和合法保障区域内各个利益主体的权利，提升区域整体实力。

为了避免市场失灵和政府失灵，依据空间治理理念和网络化决策机制理念，制订和组织实施区域规划，需要积极尝试探索和大胆创新。第一，以区域内各城市及其周边城镇为主要依托载体，发挥其推动区域空间发展目标的关键力量作用，在组建多种伙伴关系基础上，建立不同政府组织间的网络关系联盟及其与各类社会组织间的合作网络，进一步促进形成制定和实施区域规划的网络化机制。第二，建立中央政府与地方政府的纵向协调合作网络、地方政府间的横向协调合作网络，使之成为实施我国跨省级行政区新概念区域规划的必要制度基础。

（三）组织机制：设立制度化的区域规划协调责任主体

国内外相关理论和实证表明，规划的互动机制承认多元的规划主体之间的相互关系。区域规划的主体既可以是一定政治体制安排下政府规划机构，也可以是某些社会组织。L. 芒福德曾经指出，如果区域发展想做得更好，就必须设立有法定资格的、有规划和投资权利的区域性权威机构。Robert S. P. 和 Lloyd G. 指出，过去欧美国家区域规划失败案例的原因主要是缺乏具有区域规划管理责任的固定体系。欧盟的成功经验则表明，区域规划与政策是政府治理区域的必备工具之一，但它的形成、贯彻与评估都的确需要一定的负责机构。因此，我国有必要建立或明确相关的权威性综合协调机构或机制，组织区域规划的编制和具体实施计划，并对规划实施进行全过程评估，统一协调区域规划实施过程中涉及的各种重大问题，适时提出修订方案，确保区域规划的顺利实施。

参考文献

［1］孙久文. 区域经济规划 ［M］. 北京：商务印书馆，2005.

［2］崔功豪，魏清泉，刘科伟. 区域分析与区域规划 ［M］. 北京：高等教育出版社，2006.

［3］吴殿廷等. 区域分析与规划教程 ［M］. 北京：北京师范大学出版社，2008.

［4］李克强. 区域经济规划理论与方法 ［M］. 北京：中央民族大学出版社，2006.

［5］殷为华. 新区域主义理论 ［M］. 南京：东南大学出版社，2013.

［6］张敦富. 区域经济学原理 ［M］. 北京：中国轻工业出版社，1999.

［7］陈栋生. 区域经济学 ［M］. 开封：河南大学出版社，1993.

［8］方甲. 西方经济发展理论 ［M］. 北京：中国人民大学出版社，1989.

［9］李小建，李国平，曾刚等. 经济地理学 ［M］. 北京：高等教育出版社，1999.

［10］［美］西蒙·库兹涅茨. 各国的经济增长 ［M］. 北京：商务印书馆，1985.

［11］韩晶. 区域规划理论与实践 ［M］. 北京：知识产权出版社，2011.

［12］张敦富. 区域经济学导论 ［M］. 北京：中国轻工业出版社，2013.

［13］周国华. 区域规划教程 ［M］. 北京：科学出版社，2011.

［14］张建平，李红梅，田东霞等. 区域经济理论与实践 ［M］. 北京：中央民族大学出版社，2007.

［15］卫兴华，顾学荣. 政治经济学原理 ［M］. 北京：经济科学出版社，2004.

［16］侯景新，尹卫红. 区域经济分析 ［M］. 北京：商务印书馆，2004.

［17］陈振明. 决策科学 ［M］. 北京：中国人民大学出版社，1998.

[18] 肯尼思·阿罗. 信息经济学 [M]. 北京：北京经济学院出版社，1989.

[19] 中华人民共和国国民经济和社会发展第十三个五年规划纲要 [Z]. 2013.

[20] 李广斌，王喜，王勇. 我国区域规划存在问题及其对策思考 [J]. 地域研究与开发，2006（5）.

[21] 曾毅. 区域土地利用现状评价指标体系研究 [J]. 土地资源，2006（5）.

[22] 杨岱锦，孙兴华. 浅析区域经济规划的研究方法 [J]. 现代经济信息，2013（12）.

[23] 马晋民，艾屹. 投入产出分析在地区规划中的实用性和有限性 [J]. 统计研究，1988（8）.

[24] 刘传明，曾菊新. 新一轮区域规划若干问题探讨 [J]. 地理与地理信息科学，2006（4）.

[25] 方创琳. 中国区域发展规划编制与实施的病理分析及根治途径 [J]. 地理科学，2001，21（2）.

[26] 薛普文. 区域经济增长与区域结构的演变 [J]. 地理科学，1988（4）.

[27] 李娟文，王启仿. 区域经济发展阶段理论与我国区域经济发展阶段现状分析 [J]. 经济地理，2000（4）.

[28] 方忠全，丁四保. 主体功能区划与中国区域规划创新 [J]. 地理科学，2008（4）.

[29] 方忠全，陈烈. 区域规划理论的演进 [J]. 地理科学，2007（4）.

[30] 陈明，商静. 区域规划的历史演变及未来发展趋势 [J]. 城市发展研究，2015（12）.

[31] 吴殿廷，胡灿，吴迪. 新常态下区域规划指标体系建设研究 [J]. 区域经济评论，2016（4）.

[32] 王佳宁，白静，罗重谱. 中国经济社会发展主要指标更迭及"十三五"重要指标述评 [J]. 改革，2016（6）.

[33] 邱明静. 物流中心选址的模糊综合评价 [J]. 潍坊高等职业教育，2006（4）.

[34] 王文博，陈秀芝. 多指标综合评价中主成分分析和因子分析方法的比较 [J]. 统计与信息论坛，2006（5）.

后　记

　　《区域分析与规划》是区域经济学专业的专业主干课，是应用性和实践性较强的一门课程。随着我国经济社会的快速发展，区域问题不断涌现，《区域分析与规划》在指导不同类型、不同层级的区域发展中起着愈来愈重要的作用，已成为政府调控区域发展的重要手段。本书的目的在于全面梳理区域规划的基本理论、区域分析方法及编制程序等，以便学生系统学习。

　　本书写作分工为：第一章，李昌龙；第二章，张雪晴；第三章，秦聪；第四章，李旭光；第五章，王时延；第六章，喻芬芬；第七章，邓光奇。在编写本书的过程中，参阅了诸多前辈的著作和研究成果，在此深表谢意。

　　需要说明的是，教材不是专著，要强调系统性、典型性和权威性。所以，书中的内容偏向于理论的梳理总结，区域分析与规划课程具有很强的实践性，在教学过程中需要辅助大量的典型案例，结合具体的区域，才能真正把握其规律，掌握其方法。书中偏颇和疏漏之处还请读者批评指正。

　　区域规划已成为国民经济和社会发展的重要调控手段，本书除作为区域经济学专业教材外，对实际区域规划亦有一定的参考和应用价值。

编者
2017 年 5 月 5 日